编委会名单

主　　编：罗越媚　　张兴成

副主编：蒋冬梅　　陈俊成　　孙　懿

编　　委：罗越媚　　张兴成　　陈俊成　　蒋冬梅　　韩一衍　　孙　懿

　　　　　吴瑞慧　　吴　潇　　李　果　　梁伟真　　汪希达　　龙　进

　　　　　张　钰　　艾展刚　　王美舟　　晏清华　　朱俊擎　　邹志勇

　　　　　张敏怡　　陈　晓　　黄海英　　梁立发　　张东辉　　蔡玫苹

　　　　　易华清　　刘淑平　　段会梅　　杨秀运　　易倩云　　徐碧华

　　　　　覃开颖　　刘　颖　　幸丽映　　陈秀燕　　王武龙　　贾　冰

初中

中小学
《道德与法治》课程
教学设计选编

下卷

张兴成　罗越媚◎编著

暨南大学出版社
JINAN UNIVERSITY PRESS

中国·广州

图书在版编目（CIP）数据

中小学《道德与法治》课程教学设计选编. 下卷／张兴成，罗越媚编著. —
广州：暨南大学出版社，2024. 11
ISBN 978 - 7 - 5668 - 3911 - 4

Ⅰ. ①中…　Ⅱ. ①张…　②罗…　Ⅲ. ①政治课—教学设计—中小学
Ⅳ. ①G633. 202

中国国家版本馆 CIP 数据核字（2024）第 087594 号

中小学《道德与法治》课程教学设计选编. 下卷
ZHONG-XIAOXUE《DAODE YU FAZHI》KECHENG JIAOXUE SHEJI XUANBIAN
XIA JUAN
编著者：张兴成　　罗越媚

出 版 人：阳　翼
策划编辑：周玉宏　黄　球
责任编辑：黄　球　武颖华
责任校对：刘舜怡　潘舒凡
责任印制：周一丹　郑玉婷

出版发行：暨南大学出版社（511434）
电　　话：总编室（8620）31105261
　　　　　营销部（8620）37331682　37331689
传　　真：（8620）31105289（办公室）　37331684（营销部）
网　　址：http://www.jnupress.com
排　　版：广州市新晨文化发展有限公司
印　　刷：广州市金骏彩色印务有限公司
开　　本：787mm×1092mm　1/16
印　　张：10. 375
字　　数：192 千
版　　次：2024 年 11 月第 1 版
印　　次：2024 年 11 月第 1 次
定　　价：69. 80 元（上下卷）

（暨大版图书如有印装质量问题，请与出版社总编室联系调换）

前　言

　　根据《广东省教育厅关于做好 2021 年"新强师工程"中小学幼儿园（含特殊教育）骨干教师、校（园）长省级培训工作的通知》要求，广东第二师范学院政法系承担了全省义务教育阶段道德与法治骨干教师的培训任务。在 2021 年 10 月至 11 月的培训过程中，政法系领导和思想政治教育专业的教师与来自全省各地一线的思政课教师一起努力，不仅高质量完成了相关培训任务，还从培训学员所提交的作业中精选部分教师的教学设计结集出版。书中的教学设计都是参训骨干教师日常教学的课堂教学设计，也是一线思政课教师日常工作的真实写照。

　　习近平总书记在《思政课是落实立德树人根本任务的关键课程》重要讲话中指出，办好思想政治理论课意义重大，办好思想政治理论课关键在教师，关键在发挥教师的积极性、主动性、创造性。对于处在一线的思政课教师而言，如何做好课堂教学设计、上好课，正是充分发挥教师的积极性、主动性、创造性的重要体现。教学设计是教师为了实现课程目标，依据一定的教育教学原理，结合教材与学生特点等，对课堂教学过程进行一种预先筹划和方案设计。这种筹划和设计，需要教师把教育目标、课程目标与学生身心发展特点等结合起来，制定出现实且可行的课堂教学目标。要做好教学设计，需要思政课教师充分发挥积极性、主动性和创造性去设计、去选择、去落实，从而把立德树人的目标和任务落到实处，使学生学有所得、学有所获、学有所成。

　　可以说，本书选编的教学设计正是义务教育道德与法治课的老师们平常在思政课教学中落实立德树人这一根本任务的生动缩影。在这些教学设计中，思政课教师们重点思考并回答了以下两个问题：第一，作为思政课教师，我们应该如何做，才能在教学中落实思政课立德树人这一根本任务？第二，思政课教师如何借助课堂教学来培养学生的核心素养，做到为党育人、为国育才？在教学设计中，老师们采用了各种教学方法和手段，紧紧围绕立德树人这一根本任务来展开教学，依据《义务教育道德与法治课程标准（2022年版）》明确规定的九年制义务教育的思政课课程目标，在课堂教学中努力培养学生具有政治认同、道德修养、法治观念、健全人格、责任意识等核心素养，帮助学生通过学习道德与法治课程，逐步形成正确的价值观、必备品格和关键能力，彰显了思政课是立德树人的关键课程，实现思政课的育人价值。

上好思政课，需要思政课教师自信且坚定地站好讲台，上好每一节课。政法系借助这次骨干教师培训，与参训的一线中小学思政课教师一起，从提交的教学设计中选出优秀的教学设计进行编辑和出版，历时近三年的时间终于完成出版任务。希望通过此次出版，从一个侧面充分展示思政课教师是如何在课堂教学中落实立德树人这一根本任务的。

借这次出版之机，我想重点阐明一下核心素养与知识、能力、情感态度价值观（即三维目标）之间的关系。在本书编写过程中，我们对这一问题有过交流和讨论，也有一些不同的看法。有的老师认为，既然新课程标准已经提出了学科核心素养目标，三维目标这个提法应该可以不用了。有的老师认为，多年来老师们习惯了用知识、能力、情感态度价值观这三维目标来表述课堂教学目标，它更为具体，且有可操作性更强、可评价等优点，学科核心素养目标相对而言要宽泛些、笼统些。

其实，老师们的这些担心和困惑都是可以理解的，也有一定道理。在某种程度上，这些担心和困惑恰恰说明了目前我们在教学中所面对的一个现实问题，就是如何正确理解和把握新课程标准规定的课程目标的核心素养与三维目标之间的关系问题。这一问题的实质就是，核心素养目标在课堂教学中如何实现的问题。从课程标准来看，核心素养是课程目标之一，它关注的是借助课程的学习应该培养学生具备正确的价值观、必备品格和关键能力。课堂教学设计中的教学目标更关注课程目标在课堂教学中应该如何落到实处的问题。我认为，借助知识、能力、情感态度价值观这三维目标，恰好可以较好地解决这一问题。因为，一个人的核心素养往往是一个人的知识、能力、情感态度价值观等方面的综合表现。

以政治认同这一核心素养为例。试想一下，作为老师，你认为政治认同这一核心素养在学生身上是怎样表现出来的？老师可以从哪些方面去观察和评价学生是否已经具备较好的政治认同素养？从知识的角度来看，如果一个学生学习了道德与法治课程的内容，却还不知道我国的基本国情、国策，甚至不了解我国的社会主义制度、文化，我们怎么可能说课堂教学实现了培养学生政治认同这一核心素养目标呢？因此，课堂教学中必须包括知识目标，就是经过课堂教学后学生必须知道和掌握的一些基本知识和信息。以此类推，能力目标、情感态度价值观目标也自然应该包括在课堂教学目标之中。

因此，对于教师而言，课程目标是进行教学设计的依据和标准，而所设计的课堂教学目标则是课程目标的具体化和细化，它应该更具体、更细分，且兼具可操作、可观察、可评价等特点。所谓的三维目标，从知识、能力、情感态度价值观这三个层面去具体化、细化课程目标确实是一个相对可行，也是老师们常用的教学目标表述方式。因此，本书的教学设计在如何科学表述课堂教学目标时采用了综合表述课程目标和课堂教学目标的方式。首先，在教学目标中要依据课程标准要求阐明本课的核心素养目标；其次，采用三维目标的表述方式，分别从知识、能力、情感态度价值观三个层面来具体阐明课堂教学将如何实现和达成核心素养目标。

总之，核心素养是课程目标的总体要求，具体在课堂教学中要如何落实则是我们每一位老师在日常教学中要认真考虑和认真去落实的事情。因此，教师的教学设计既要依据课程标准的要求，又要在此基础上设计出可操作、可评价的课堂教学目标，才能实现立德树人。这是每一位思政课教师必备的素质和能力。

广东第二师范学院政法系　罗越媚

2024 年 7 月 31 日

目　录

《友谊的天空》教学设计

佛山市顺德区第一中学外国语学校　晏清华

教学课题：《友谊的天空》

课时安排： 3 课时

一、教材分析

（一）课程标准解读

培养道德与法治课程学科核心素养的道德修养、健全人格和法治观念。懂得在日常生活中养成团结友爱的优良品行，具备正确的自我认知、积极的思想品质和健康的生活态度。知道友爱互助、真诚友善、拥有同理心、相互支持、相互帮助，具有互助精神，遵守网络道德与法律，形成健全人格。

（二）教材解读

本课的教学内容是部编版《道德与法治》七年级上册的第二单元，在初中生活的起步阶段安排本单元的内容，既是基于学生道德与心理发展在本阶段的重要地位，也是对初中生活逐步展开后学生实际需要的回应，更体现了本单元在学生生命成长中具有重要的意义。具备交往能力和良好的交往品质是学生发展的核心素养。学生步入青春期后，对父母和教师的依赖逐步减少，对同伴友谊的渴望更加强烈。相比儿童期的同伴关系，青少年期的同伴关系发生了质的变化，友谊的主题由"以活动为中心"转变为"以谈话为中心"，活动范围进一步扩大，这对学生的交友态度和能力提出了更高的要求，这些内容都是学生迫切需要学习的。本单元的教学内容，关注了学生成长的困惑，直面学生成长中遇到的问题，给学生的人格发展予以必要的帮助。

二、学情分析

初一学生渐渐步入青春期，对父母和教师的依赖逐步减少，对同伴友谊的渴望更加强烈。同伴间的交往关系在青少年交往能力的培养、人格的健康发展、学业的顺利完成、社会技能发展等方面起着长辈无法替代的作用。笔者任教班的学生，大部分是2010年后出生的学生，且多为独生子女，自我意识强，个性明显，对同伴友谊的渴望和期待也很高，因此，本单元的教学引导是很有必要的。

三、教学目标

（一）学科核心素养目标

培养学生具备正确的自我认知、积极的思想品质和健康的生活态度，培养其正确的交往能力和良好的交往品质，使其具有互助精神，遵守网络道德与法律，培养学生的健全人格。

（二）知识、能力、情感态度价值观目标

1. 知识目标：使学生明白友谊的特质，正确认识友谊，懂得建立和呵护友谊的方法，知道如何慎交网友。

2. 能力目标：培养学生案例分析、理论联系实际的能力。使学生学会结合故事案例情景和自己的生活实际，处理交友中遇到的各种问题；学会同多数人和睦相处，正确认识网络交友，提高辨别能力和自我保护意识。

3. 情感态度价值观目标：

（1）培养学生良好的交往品质和交往技能，帮助学生适应终身发展和社会发展的需要。

（2）使学生懂得中学生积极交往的意义，树立主动交往意识，积极树立以同情、关爱、道义为基础的友谊，营造良好和谐的人际关系。

（3）使学生明白在生活中学会理解他人、欣赏他人、与他人共同生活的重要意义。

四、教学重点和难点

1. 教学重点：友谊的特质、友谊的澄清、呵护友谊。
2. 教学难点：友谊的澄清、网上交友。

五、教学方法

1. 大单元教学，实现课程整合。本单元由单元导言和第四课《友谊与成长同行》、第五课《交友的智慧》组成。第四课、第五课各设两框，原定每框1课时，共需4课时，大单元整合为3课时。"和朋友在一起""深深浅浅话友谊"两框讲的内容主要是朋友圈的变化、朋友的意义、友谊的特质、正确认识友谊；"让友谊之树常青""网上交友新时空"两框讲的内容主要是建立友谊、呵护友谊、网上交友。利用大单元教学思路，可以把朋友意义、友谊特质、认识友谊即第四课作为一堂课的内容，建立友谊、呵护友谊即第五课第一框"让友谊之树常青"作为一堂课的内容，网上交友即第五课第二框"网上交友新时空"的现实拓展知识作为一堂课的内容。这样，原来的4节课可在3节课完成，可以同时培养学生道德修养、健全人格、法治观念和责任意识等方面的学科核心素养。

2. 议题式活动，推进深度学习。"友谊"是学生共同关心的话题，在《友谊的天空》教学中，利用经典故事和生活交往为背景素材，创设议题。议题1——教材第39页"探究与分享"，思考：你交友的范围、与朋友的活动内容有哪些变化？朋友圈有什么变化？议题2——教材第44页"运用你的经验"，与同学分享哪些特质赢得的支持率较高。思考：什么特质最重要？议题3——教材第45页"探究与分享"：我与李鸣的故事，思考：友谊的特质是什么？议题4——看李白与杜甫交往的小视频，思考并在小组内合作交流：从"李杜"的故事中，你感受到了友谊怎样的力量？议题5——教材第46页"探究与分享"：我和小美的故事，思考：为什么"我"与小美的友谊变淡了？议题6——看陈梦与孙颖莎争夺世乒冠军视频，思考：这场比赛伤害了她们俩之间的感情吗？从孙颖莎的回答中我们可以了解到什么？议题7——教材第47页"探究与分享"：小川带给我的烦恼，思考：作为小川的好朋友，"我"应该怎么做？答应小川的要求才算是他的好朋友吗？议题8——"设计材料"：小黄人交友烦恼，层层递进思考：如何建立友谊，如何呵护友谊？议题9——设计吴凡档案和网上交友事情，递进引导思考：网上交友有哪些特点？网上交往对我们有什么影响？应如何正确结交网友？

议题式学习注重情感态度价值观目标实现，实施知识目标和能力目标有了依托，也就很好地达到了教学目标，即引导学生关注生活、思考人生，凸显道德与法治学科的生活化和情景性，懂得在日常生活中养成团结友爱的优良品行，具备正确的自我认知、积极的思想品质和健康的生活态度，培养道德修养、健全人格和法治观念。

六、教学过程

▶ **导入环节**

师：同学们，步入初中有一个月了，你们会想念小学的同学吗？现在有没有交到新的朋友呢？

学生回答。

师：同学们，刚刚大部分同学都回答"想""有交到新朋友"。是啊，朋友和友谊是人生永恒的话题。现在进入初中，我们会想念小学的朋友，也会迎来新的友谊，这都是正常的。人为什么会需要友谊？是否别人的友情深，我的友情浅？都说友谊地久天长，可为什么也会发生让人失望的事情呢？

学生回答。

师：让我们一起进入第二单元"友谊的天空"的学习，探寻友谊的真谛，缔结真挚的友情吧。请同学们先按照老师投影中自主预习的内容，结合教材第 37~58 页，思考以下问题，在书上做好标画：①我的朋友圈有哪些变化？②友谊的力量有哪些？③友谊的特质内容是什么？④如何正确认识友谊？⑤如何建立友谊？⑥怎样呵护友谊？⑦处理朋友间冲突的基本方法有哪些？⑧我们如何慎重结交网友？⑨网上交友的特点有哪些？

学生根据自主预习题进行自主学习，教师在教室巡查，进行个别辅导。

【设计意图】教师将第二单元"友谊是什么""为什么要交朋友""怎样交朋友"三个板块细化成 9 个小问题，学生根据问题进行整体单元内容自主预习，用问题导向，达到熟悉教材内容、实现导入新课的目的。

▶ 讲授新课环节

<h2 style="text-align:center">第一课时：友谊是什么</h2>

师：同学们，第二单元的学习，我们采用大单元教学方式，教材内容将会重新整合处理，将用 3 个课时。首先，我们上第一课时"友谊是什么"。同学们，请翻开教材第 39 页，看到"探究与分享"：填写"我的朋友"图，思考：随着年龄增长，你交友的范围、与朋友的活动内容有什么变化？

活动安排：学生阅读教材，填写。

师：好，很多同学都填写完了。同学们，随着年龄增长，我们发现有的同学朋友圈扩大了，有的同学朋友圈变小了，请同学们观察并结合自己的生活经验，深入思考其中的原因。想想，你的交友范围、与朋友的活动内容有什么变化？

学生回答。

师：这位同学回答得很好，我们小结下，有两种情况：第一，随着年龄的增长，也许有人发现，自己的交往范围扩大了，朋友圈也扩大了，交往内容更丰富了。第二，也许有人发现，自己的朋友圈比以前变小了，但是交往更加深入了，朋友之间的关系更加密切了。

【设计意图】学生在填写自己幼儿园、小学、初中亲近或疏远的朋友名字的过程中，会意识到自己交友范围和活动内容的变化，想到原因，进而理解随着年龄增长朋友圈所发生的变化，加强自我认知。

师：我们了解到了朋友圈有变"大"或变"小"，同学们要经常梳理自己的朋友圈，逐渐学习处理交友中遇到的各种问题。下面，请同学们翻开教材第44 页，阅读小栏目"运用你的经验"：选择你认为最重要的三项特质，与同学分享，哪些特质赢得的支持率较高？将支持率最高的前三个词语填写在横线上。

活动安排：通过班级优化大师随机选人的功能抽选两位同学到讲台黑板上填写，其他同学在座位上与同学交流并填写。

师：我们来看看，黑板上书写的有无共同的词？

学生回答。

师：通过对比总结，同学们看看，友谊有什么特质呢？

生：友谊是一种亲密的关系。

【设计意图】通过学生自主填写，并进行反思、对比，提高学生的分析能力，增强自我认知能力，提高对知识的深层认知。

师：这位同学回答得很好，友谊是一种亲密的关系，那还有其他特质吗？在与朋友交往的过程中，由于性格等原因，自己与他人的相处可能会出现一些不快的事，请同学们翻开教材第45页，阅读"探究与分享"：我与李鸣的故事，思考："我"心中的滋味怎么样？"我"与李鸣的友谊会长久吗？友谊的特质是什么？

活动安排：学生阅读教材第45页，思考。

学生回答。

师：对的，这位同学感同身受，回答正确。友谊还有一个特质：友谊是平等的、双向的，是一种心灵的相遇。

【设计意图】通过教材中"我"与李鸣的故事，让学生思考并作答，明白友谊的特质，提高学生的分析能力，加强对知识的理解。

课堂小结：

随着年龄的增长，有的人朋友圈也扩大了，交往内容更丰富了。有的人朋友圈比以前小了，但是交往更加深入。友谊是一种亲密的关系，友谊是平等的、双向的，友谊是一种心灵的相遇。

课堂练习环节

1.（2022·天津市·单元测试）升入初中后，不同的同学对朋友圈的变化有着不同的认识。下列观点不正确的是（　　）

A. 我与朋友之间的关系更加密切了

B. 交朋友很麻烦，因此我选择不交朋友

C. 我的朋友圈扩大了，交到了更多知心朋友

D. 我与朋友的活动内容比以前更丰富了

2.（2021·广东省·其他类型）初中生小明以前不爱运动，但自从和班里的体育委员小林成为朋友后，他也逐渐喜欢上了运动，他们还经常一起晨跑。这个事例告诉我们（　　）

A. 朋友之间需要真诚与豁达　　　B. 友谊需要相互信任和忠诚

C. 朋友对一个人的影响很大　　　D. 友谊需要共同分担

▶ 板书设计

$$
友谊是什么
\begin{cases}
朋友圈的变化
\begin{cases}
内容更丰富 \\
关系更密切
\end{cases} \\
友谊的特质
\begin{cases}
是一种亲密的关系 \\
是平等的、双向的 \\
是一种心灵的相遇
\end{cases}
\end{cases}
$$

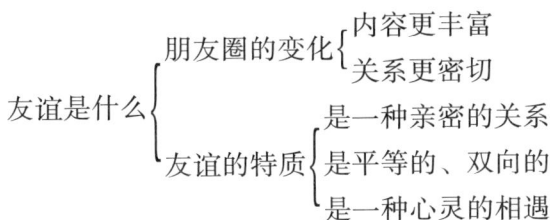

第二课时：为什么要交朋友

师：同学们，上一节课我们学习了"友谊是什么"，大家一起来回顾一下，请同学回答：友谊是什么？

学生回答。

师：是的，友谊是一种亲密的关系，在与朋友交往的过程中我们会感受到友情之美，朋友对一个人的影响很大，我们来看看李白与杜甫交往的小故事，一起感受友谊的力量。下面请同学们一起来欣赏李白与杜甫交往的动漫小视频，思考：友谊的力量是怎样的？观看完后进行小组交流。

活动安排：观看小视频，思考，小组交流。

师：同学们刚刚小组交流得很热烈，我想请个小组代表来展示下你们小组的交流结果，谈谈友谊的力量有哪些。

学生回答。

师：很好，这位同学感受到了朋友对一个人的影响很大，我们的言谈举止、兴趣爱好甚至性格等都或多或少地受到朋友的影响，朋友见证了我们一起走过的成长历程，丰富了我们的生活经验，我们与朋友共同体悟生命的美好。

【设计意图】课堂教学中融入视频小故事，加深学生对友谊的感性认识，促使学生深入思考理解，抓住其本质，提高认知能力，培养学生核心素养，突破重点。

师：随着时间的推移，朋友之间在一些方面会发生改变，有些友谊保持，有些逐渐淡出，对此，我们应持怎样的态度呢？请同学们阅读教材第 46 页的"探究与分享"：我和小美的故事，思考：为什么"我"与小美的友谊变淡了？

活动安排：阅读"探究与分享"思考问题，组织作答。

学生回答。

师：谢谢这位同学的回答。情景中"我"与小美参加歌咏比赛，"我"被选上了，她落选了，然后她不再主动与"我"说话，友谊渐渐变淡了。说明友谊不是一成不变的，我们要学会接受一段友谊的淡出，坦然接受新的友谊。

【设计意图】设计情景，引导学生思考，结合生活实际，明白要学会接受一段友谊的淡出，坦然接受新的友谊，学习知识，提升认知水平。

师：朋友之间总会有一些竞争，竞争会伤害我们的友谊吗？请大家观看陈梦与孙颖莎争夺世乒冠军的视频，思考：这场比赛伤害她们之间的感情了吗？从孙颖莎的回答中我们可以了解到什么？

活动安排：带着问题观看视频，思考。

学生回答。

师：是的，这位同学很有思考力，通过陈梦与孙颖莎的故事我们可以感受到竞争并不必然会伤害友谊，关键取决于我们对待友谊的态度。在竞争中能坦然接受并欣赏朋友的成就，做到自我反省和激励，我们会收获更多。

【设计意图】通过班级优化大师随机选人作答。设置情景，通过观看视频，感悟朋友之间相处之道，理解竞争并不必然伤害友谊，关键是我们对待竞争的态度。

师：当朋友要你为他做任何事时，我们是不是都应答应呢？友谊需要有原则吗？请阅读教材第47页的"探究与分享"：小川带给我的烦恼，思考：作为小川的好朋友，"我"应该怎么做？答应小川的要求才算是他的好朋友吗？小组合作交流。

活动安排：学生阅读教材情景案例，结合问题自主思考；小组同学交流互动，取长补短。小组派代表作答。

学生回答。

师：通过刚刚的小组交流和同学们的回答，我们明白了友谊不能没有原则。友谊需要信任和忠诚，但这并不等于不加分辨地为朋友做任何事。

【设计意图】通过案例情景，学生思考，小组交流，提高合作能力、分析问题和辨别能力，以更好地理解和掌握友谊不能没有原则，不能不加分辨地为朋友做任何事。

课堂小结：

本堂课我们通过学习明白了为什么要交朋友。因为友谊拥有以下力量：①我们的言谈举止、兴趣爱好甚至性格会或多或少受朋友的影响；②朋友见证了我们的成长历程。③朋友丰富了我们的生活经验，友谊让我们更深刻地体悟生命的美好。同时，要明白：①友谊不是一成不变的，要学会接受一段友谊的淡出，坦然接受新的友谊；②竞争并不必然伤害友谊，关键是对待竞争的态度。③友谊要有原则，不能做违反道德和违法的事，不能不加分辨地为朋友做任何事。

课堂练习环节

1. (2020·全国·单元测试) 张学友和刘德华风靡整个娱乐圈。外界有传闻说，张学友和刘德华不和，但其实两人的关系还是不错的。张学友说，和刘德华是竞争的朋友，在事业上有着竞争，但是在私底下却是好朋友。这告诉我们（　　）

A. 友谊是一种亲密的关系　　　　B. 维护友谊需要坚持原则

C. 竞争并不必然伤害友谊　　　　D. 友谊并不是一成不变的

2. (2020·全国·单元测试) 小莉转到新的学校读书后，发现班里没有一个认识的同学，她感到很孤独。她想交到更多的知心朋友，获得更为持久的友谊。你给小莉的建议是（　　）

①用心去关怀对方　②学会尊重理解对方　③开放自己，敞开心扉主动表达　④只要专心学习、成绩好就会获得想要的友谊

A. ①②③　　　　B. ①②④　　　　C. ①③④　　　　D. ②③④

▶ **板书设计**

```
                      ┌ 我们的言谈举止、兴趣爱好甚至性格会受朋友的影响
              友谊的力量 ┤ 朋友见证了我们的成长历程
              │        └ 朋友丰富了我们的生活经验，让我们体悟生命的美好
为什么要交朋友 ┤        ┌ 友谊不是一成不变的，接受一段友谊的淡出，坦然接
              │        │   受新的友谊
              友谊的澄清 ┤ 竞争并不必然伤害友谊，关键是对待竞争的态度
                       └ 友谊要有原则，不能做违反道德和违法的事
```

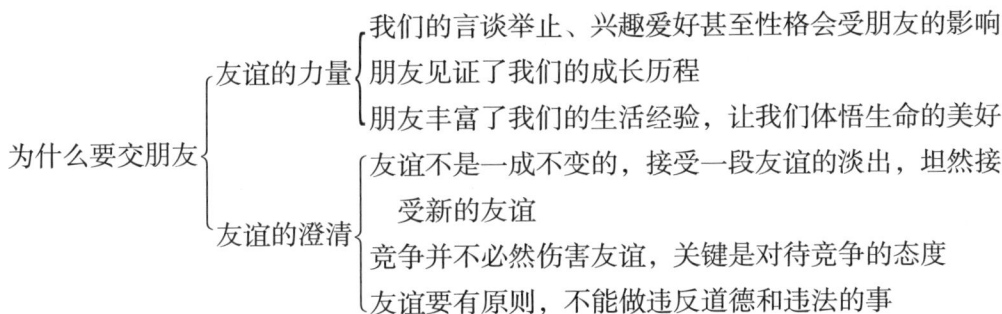

第三课时：怎样交朋友

师：同学们，前面两个课时我们知道了友谊是什么，为什么要交朋友。友谊在每个人的生活中都很重要，那我们应如何交朋友呢？播下友谊的种子，一定会开花结果吗？现实生活中，与朋友同行的路，有时并不平坦，不管是结交朋友还是维护友谊，都会遇到各种困惑，我们应该如何建立和呵护友谊呢？让我们随着"小黄人"的故事，一起来思考和体悟。

活动安排：学生阅读"小黄人"的故事，思考问题。学生阅读材料，结

合问题，递进思考。学生举手或班级优化大师随机选人作答。

学生回答。

师：是的，同学们通过"小黄人"的四个情景材料，都明白了建立友谊需要开放自己、持续行动和掌握方法。要呵护友谊，用心去关怀对方、尊重对方。要正确处理冲突、正确对待交友中受到的伤害，这需要勇气和智慧。

【设计意图】利用"小黄人"交友故事，一案到底，引导学生思考，合作探究，培养逻辑思维，提高辨别能力和认知能力。

师：同学们，我们明白了如何建立友谊和呵护友谊，目前信息技术高速发展，网络开启了我们交友的新时空，网上交友成为学生交友的重要方式。提高在虚拟世界交友的警惕性，学会保护自己，要认识到不能因为网上交友而忽视了现实中的朋友，我们要如何认识网上交友呢？请同学们一起跟着我看看吴凡档案和网上交友事情，思考：网上交友有哪些特点？网上交往对我们有什么影响？应如何正确结交网友？请大家自主思考后小组合作交流。

活动安排：学生看案例，自主思考；小组合作交流，组员自主发表意见，交流看法，达成共识。有的问题由学生自主举手回答，有的问题由班级优化大师随机选人作答，有的问题由小组推荐代表作答。

学生回答。

师：同学们讨论很激烈，回答得很中肯。是的，网上交往具有虚拟、平等、自主等特点，它有利也有弊，我们要提高自我保护意识，慎重结交网友，将网上的朋友转化为现实中的朋友需要慎重，要多与现实同伴交往。

【设计意图】设置情景，问题驱动，一案到底，启发思维，层层递进，培养学生的合作探究能力，由感性认识到理性分析，提高道德修养和法治意识。

课堂小结：

通过学习，本堂课我们学习了三个主要问题：第一，建立友谊一要开放自己；二要持续行动；三要掌握方法。第二，呵护友谊一要学会用心去关怀对方；二要学会尊重对方；三要学会正确处理冲突；四要学会正确对待交友中受到的伤害。第三，慎重结交网友一要学会理性辨别、慎重选择；二要有自我保护意识；三是将网上的朋友转化为现实中的朋友，要慎重；四要遵守道德、纪律和法规，抵制不良诱惑；五是不沉迷于虚拟的网络世界，要学会在现实中与同伴交往。

课堂练习环节

1. （2020·全国·同步练习）"求扩列"：扩充好友列表，"养火花"：持续好友互动……当下，不少中学生利用网络社交媒体搜索志同道合的网友，在群内展示自我，对各式话题都有很强的表达欲望，相互点赞，聊得火热。然而，日常生活中他们与同伴、父母、老师缺少互动，无话可说。对此，你应告诉这些中学生（　　）

A. 虚拟交往难把握，远离网络是良策

B. 网络虚拟非全部，现实交往不可少

C. 师长同学情谊长，暂时忽略也无妨

D. 虚拟世界最精彩，现实世界很无奈

2. 在网络交往中，我们（　　）

①要学会理性辨别、慎重选择　②要真诚守信，要谨慎，注意明辨是非　③要有一定的自我保护意识　④青少年应远离网络

A.①②③　　　　B.①②④　　　　C.①③④　　　　D.②③④

▶ **课后作业**

通过回顾，制作第二单元知识结构思维导图。

▶ **板书设计**

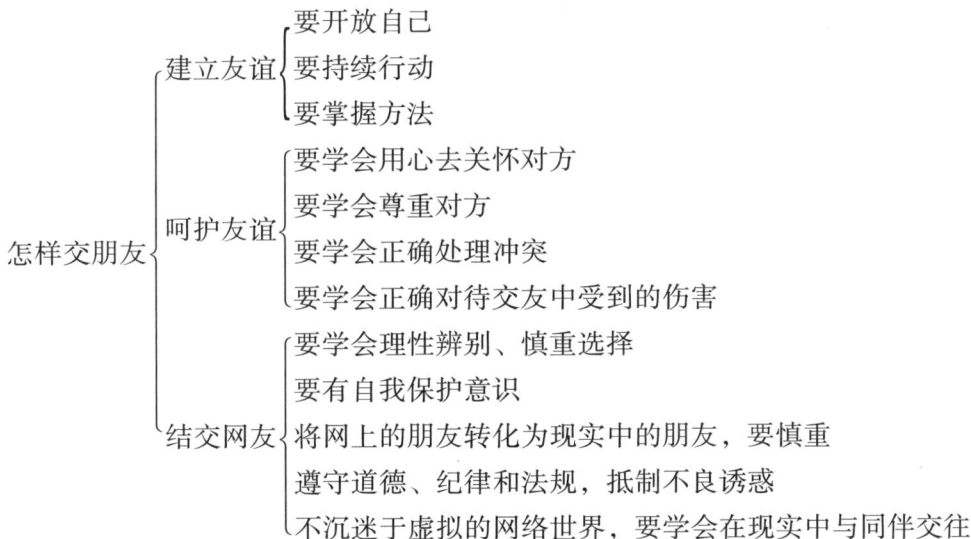

▶ **小结环节**

师：同学们，第二单元"友谊的天空"，我们通过 3 个课时的学习学完了，相信同学们对什么是友谊、为什么要交朋友、如何交朋友这几个问题有了深刻的认识，下面请同学对本单元学习的内容进行回顾，谈谈通过本单元学习，你有何收获？

活动安排：学生举手作答或通过班级优化大师随机选人作答。

学生回答。

师：看来同学们都有不少的收获，朋友和友谊是人生永恒的话题。步入初中，我们会想念小学的朋友，也会迎来新的友谊。带着对友谊的憧憬，让我们走进友谊的天空，积极交往，有效互动，建立和维持良好的人际关系，探寻友谊的真谛，缔结真挚的友情。祝愿我们每一个人都能找到自己的友谊，享受友谊的快乐！

【设计意图】回顾知识，总结提升。

七、教学反思

道德与法治课是落实立德树人根本任务的关键课程。大单元教学是新课标的新要求，实现学科单元教学的整体化和系列化，有助于培养学生的学科核心素养。现代教育由"知识核心时代"走向"学生核心素养"，笔者以初中《道德与法治》七年级上册第二单元"友谊的天空"为例开展大单元教学，通过议题式活动，推进深度学习，构建"思维课堂"进行教学反思，做些探索与研讨，希望对初中道德与法治课程的教师践行"大单元教学、议题式活动"，建构"思维课堂"有所帮助。

1. 整合课程，激活思维。

按照课程安排，每一框需要 1 课时，本单元共需要 4 课时，通过大单元教学思维的整合，原来的 4 节课内容可在 3 节课完成，采用议题式活动教学加强对学生知识的传授，同时培养学生道德修养、健全人格、法治观念和责任意识等方面的学科核心素养。余下的 1 节课可以进行核心素养的进一步深化，如辩论赛"网上交友之利与弊"等，达到激活思维效果。

2. 转变角色，教学相长。

践行新课改理念，教师必须转变角色，成为学生学习的组织者、引领者、促进者，相信学生的能力。教师退一步，学生才能进一步。真正把课堂还给学生，发挥学生的主观能动性，让学生成为课堂的主人，让课堂成为学生展示、收获、成长的大舞台。笔者在本单元中采用议题式活动，引导学生思考、交流、展示，在层层递进的思考中，理解知识，提升认知，让学生成为课堂的主体。在组织教学中，遵从"是什么、为什么、怎么做"的逻辑思维，重组课堂教学顺序，让教学内容更符合思维逻辑。

3. 教学建议，争取更好。

大单元教学和议题式教学是较新的教学手段，能够激发学生的积极性，提高课堂的趣味性和逻辑性。但是有两个方面要注意加强：一方面，这对于教师的重组能力有较高的要求，要把整个单元内容重新按照一定的逻辑进行建构，需要教师提升自我总结、归纳能力和重组能力，尤其需要加强备课组教学活动，用集体智慧来进行更好的大单元整合教学和议题式活动教学，以提高教学的效益。另一方面，对学生要加强课前的预习任务布置，使之熟悉教材内容，跟上教师上课的节奏。

《享受学习》教学设计

广东第二师范学院广州南站附属学校　朱俊擎

> **教学课题：**《享受学习》
> **课时安排：**1 课时

一、教材分析

本单元"成长的节拍"是七年级的起始单元，进入七年级，学生的中学生活正式开始，能否适应新的环境，对学生的健康成长具有重要的意义。

本框内容是从学习方面落实七年级的教育主题——适应问题。本课时学习的是第一单元第二课《学习新天地》的第二框，在第一框"学习伴成长"学生认识学习新内涵及其重要性的基础上，本框旨在引导学生感受学习过程的苦与乐，领悟学习中的快乐，能够乐学好学，树立正确的学习态度，学会学习，形成终身学习的理念。学生只有学会学习才能体会到学习的快乐，一个人能把学习作为一种享受，对其一生的成长、发展意义重大。

本框应设计体验式教学，让学生从已有的知识，尤其是进入中学阶段学习后的亲身感受出发，体会学习的快乐与辛苦；通过交流学习中遇到的困扰，探讨该如何学会学习。

二、学情分析

七年级学生已经具有一定的学习能力和思维能力，并且活泼好动，具有强烈的好奇心和求知欲。但是，生理和心理发育尚不成熟，认知能力较弱。学生初入中学，在学习过程中，随着学习难度的增大与学习任务的增加，在心理上一时还难以适应，不能准确认识和处理学习上的困难，在学习过程中也会出现厌学、恐学的心理现象。所以，针对学生存在的问题，有必要进行学习观和学习方法的指引，培养学生乐观、积极、稳定的学习态度，让学生在知识的海洋里享受学习带来的快乐，体会学习乐趣，珍惜自己的学习机会。

三、教学目标

（一）学科核心素养目标

培养学生自尊自信的人生态度，在生活中磨炼其意志，帮助其形成良好的抗挫折能力。

（二）知识、能力、情感态度价值观目标

1. 知识目标：懂得学习是一个苦乐交织的过程，知道如何学会学习。

2. 能力目标：学会正确对待学习中的辛苦，调节学习中的不良情绪；学会学习，初步掌握有效的学习方式方法，提高学习能力；培养良好的学习习惯，提高自我管理能力。

3. 情感态度价值观目标：体会学习中的快乐与辛苦，享受学习的过程；养成自觉、主动的学习态度，形成热爱学习、独立思考、敢于质疑、善于合作的学习品质。

四、教学重点和难点

1. 教学重点：明确学习是苦乐交织的，学会学习，做学习的主人。
2. 教学难点：学会以积极的态度对待学习，体验学习的乐趣。

五、教学方法

合作探究法、情境分析法。

六、教学过程

▶ **导入环节**

教师活动：请同学们带着问题"视频中同学们认为学习快乐的理由有哪些"，观看一段小视频《学习使你快乐吗?》，引出本课课题——享受学习。

学生活动：带着问题观看视频，根据视频提供的信息，回答视频中学生认为学习快乐的理由。

生1：受到老师的表扬很开心。

生2：和同学在一起读书很快乐。

生3：学习到知识，发现到学习的乐趣。

评价活动：教师观察学生能否从视频信息中准确提取回答的关键性词语。

【设计意图】小视频激趣，引发学生关注，以积极的状态投入下一环节的课堂辩论中。

▶ **讲授新课环节**

环节一：体味学习

教师活动：

1. 过渡提问：你认为学习能使你快乐吗?

2. 组织课堂辩论：PPT展示辩题——学习是痛苦的VS学习是快乐的。

辩论要求：

（1）按大组分配辩题。

（2）小组长根据辩题组织讨论，指定一位同学记录讨论内容（3分钟）。

（3）每个小组派一位代表发言，可以有理有据地陈述己方观点，也可以有理有据地反驳对方观点（1分钟）。

师：以讲台为中心，左边这两列三组同学的辩题是：学习是快乐的，右边这两列三组同学的辩题是：学习是痛苦的。请各小组长根据辩题组织小组同学进行讨论，每个小组都要指定一位同学负责记录讨论内容，将讨论内容记录在研学案中，讨论时间为3分钟；3分钟后每个小组派出一位发言人，发言时间为1分钟，发言的同学既可以有理有据地陈述己方观点，也可以有理有据地反驳对方观点。

3. 副板书学生观点。

（1）副板书左：

作业多、压力大（预习、复习）

知识难、题目难（认真、多问）

枯燥（参与、兴趣）

（2）副板书右：

认可、尊重

解难题，新方法（时间、精力、抓狂）

知识、视野、朋友、充实、解答生活问题

4. 正板书小结：1. 学习是苦乐交织的。

学生活动：在教师的指导下开展课堂辩论。

1. 小组长根据辩题组织讨论，负责记录的同学在研学案中的"课堂探究"对应部分做好记录。

2. 负责发言的同学根据课堂讨论实际并结合自身能力参与辩论，陈述己方观点，或者反驳对方观点。

评价活动：

1. 教师观察学生能否参与小组互动和交流（合作学习）、是否主动分享个人对该主题的已有认知和体验，同时给予学生鼓励或帮助。

2. 教师观察并分析学生的课堂语言表达逻辑，根据学生对辩题的陈述或反驳，引导学生对学习苦与乐的正确认识。

【设计意图】在学生辩论的过程中，引导学生合作学习，提高其分析比较能力；学生可结合自身的体验和认知，在你来我往的辩驳中，锻炼语言表达能力，也逐渐认识到学习是苦乐交织的过程，从而学会正确对待学习中的苦与乐，懂得要调节学习中的不良情绪，形成良好的抗挫折能力，从而突破教学重难点。

【实战演练】

师：接下来，我们来认识一位学霸"追星星少年熊家锐"，看看他在学习中可能会面临什么样的苦与乐？（PPT 展示探究情境）

熊家锐是华中师范大学第一附属中学的一名高三学生，从小喜爱天文学。步入高中后，他加入了学校的学生科学院天文与地球科学分院，在指导老师的带领下，和同学们进行天文观测等科研探究类活动。2017—2021 年，熊家锐曾 4 次闯进国际天文奥林匹克竞赛决赛，取得了 2 银 1 铜的成绩。2021 年，熊家锐参与国际小行星搜寻活动（International Astronomical Search Collaboration, IASC），利用一个月的课余时间对小行星进行搜索。近日，这位"追星星"的少年所在小组发现的一颗主带小行星被国际天文学联合会小行星中心确认，熊家锐小组将拥有此小行星的命名权。班主任形容他"目标明确、意志坚定、勇于探索"。熊家锐打算选择天文学或理论物理作为研究学习方向，继续自己的"追星"梦想。

学生活动：在教师指导下，带着问题阅读研学案上关于熊家锐事迹的文字材料，思考回答熊家锐在学习上可能面临的苦与乐。

师：（在学生回答基础上小结）

熊家锐可能面临的苦：①搜索小行星需要集中注意力、耗费精力；②遇到困难和阻挠时需要调节不良情绪；③协调课内学习和课外兴趣的关系……

熊家锐可能面临的乐：①做自己感兴趣的事情；②收获成功果实；③体验探索的过程……

评价活动：教师根据学生对问题的回应与反馈，组织讨论并进行评价。

【设计意图】本环节意在引导学生学会阅读连续文本，训练学生根据问题提取材料信息，学会归纳和整理核心观点，把握主干知识。

环节二：学会学习

教师活动：

1. 过渡提问：学霸也会在学习上面临苦与乐的问题，他是怎样把学习中的苦变成乐的呢？如何把学习中的痛苦变成快乐？你有没有什么好方法可以跟大家分享呢？

2. 教师组织学生分组进行分享活动："小小交流会——分享你的学习方法"。

（1）小组长组织小组同学讨论分享，指定一位同学记录讨论内容（3分钟）；

（2）每个小组派一位同学代表发言，分享本小组同学的学习方法，不要重复（1分钟）。

3. 教师副板书学生重要观点，小结时补充正板书：2. 学会学习。

4. 教师引导学生在教材中找到描述学习兴趣、学习方法、学习方式的古语。

学生活动：

1. 学生在教师的指导下分享自己的学习方法：

（1）小组长组织就学习方法进行交流分享，取别人之长补己之短；

（2）负责记录的同学在研学案中的"课堂探究"对应部分做好记录；

（3）小组成员向全班同学分享本组同学的学习方法，学生根据自己的实际借鉴他人的学习方法，找到适合自己的学习方法。

2. 学生在教师的引导下，借助原有的语文知识储备，将古语与其对应的学习要求进行匹配。

评价活动：

1. 教师观察学生在小组内交流学习的情况，及时给予鼓励或帮助。

2. 教师分析学生汇报展示的情况，对教与学的成效进行评价。

3. 教师观察学生对古语的理解情况。

【设计意图】本环节引导学生总结自己的实际经验，并介绍交流，使每位学生都能深入角色，更好地借鉴他人的学习方法，将学习从理解过渡到应用实践。这样大家都能有所收获，从而提高学习能力，培养良好的学习习惯，提高自我管理能力，突破本节课的教学难点。

▶ 小结环节

教师活动：

1. 请同学们归纳整理本节课的内容，在研学案上绘制知识体系图。

2. 展示部分学生绘制的知识体系图。

学生活动：自主绘制本课的知识体系图。

课堂练习环节

1. 下列语句是对学习中的辛苦与快乐的描述，其中描述以学习为乐事的语句是（   ）

A. 书山有路勤为径，学海无涯苦作舟

B. 头悬梁，锥刺股

C. 知之者，不如好之者；好之者，不如乐之者

D. 宝剑锋从磨砺出，梅花香自苦寒来

2. 重温宋代诗人陆游的诗《冬夜读书示子聿》"古人学问无遗力，少壮工夫老始成。纸上得来终觉浅，绝知此事要躬行"。这首诗对我们学习的启示是（   ）

①我们的知识都是从实践活动中学到的　②实践活动可以替代书本知识学习　③学习是一个长期的过程，不能急功近利　④我们不仅要重视书本知识学习，更应注重在实践中学习

A. ①②　　　　　B. ②③　　　　　C. ①④　　　　　D. ③④

3．"独学而无友，则孤陋而寡闻。"这启示我们（   ）
①可以与同伴相互帮助、分工合作，共同完成任务   ②可以独立思考，自己学习   ③学习中要珍惜团队合作   ④科学的学习方法很重要
A．①②   B．③④   C．①③   D．②④

▶ **课后作业**

阅读材料，完成下列要求。

2021 年 7 月，中共中央办公厅、国务院办公厅印发了《关于进一步减轻义务教育阶段学生作业负担和校外培训负担的意见》（简称"双减"政策），要求学校全面压减作业总量，初中生在校内完成大部分书面作业；培训机构不得在节假日及寒暑假期开展学科类培训。

"双减"政策实施后，同学们对七年级的学习生活有各自的看法。

同学甲："双减"政策规范了校外学科培训，学习就只是在学校里学文化知识。

同学乙：在新的学习阶段遇上"双减"政策，我真担心我的学习成绩会下降。

结合材料，运用所学知识回答：
（1）请评析同学甲的观点。
（2）面对同学乙的担忧，你有何解决高招？

▶ **板书设计**

享受学习

1. 学习是苦乐交织的
2. 学会学习
（1）发现并保持——兴趣
（2）掌握——科学方法（策略、时间、习惯、能力……）
（3）运用——不同方式（自主、合作、探究）

七、教学反思

这节课重视学生的学习情感体验，让学生根据自己的思考参与教学活动，

教师在情感、态度方面加以引导，通过自主学习、小组探究，归纳总结出学习的要点，做到既加深重点，又突破难点，水到渠成地得到升华，努力做到了情感态度与价值观的统一。

本节课还注重对学生的评价，采用激励性的语言，调动学生的积极性。通过环环相扣的教学内容，为学生提供了广阔的表现空间，锻炼了学生的概括能力和口头表达能力。

《认识自己》教学设计

乳源瑶族自治县教师发展中心　邹志勇

教学课题：《认识自己》
课时安排：1 课时

一、教材分析

　　《认识自己》是部编版《道德与法治》七年级上册第三课《发现自己》第一框的内容。本框的教学目的是引导学生了解自我评价的重要性，客观认识自己，成就更好的自己。刚刚步入中学的学生，对如何客观评价和认识自己还很迷茫，他们对自己的评价和认识既不全面也不客观。教材为了帮助学生更好地认识自己，设置了"认识自己的重要性"和"认识自己的途径"两目，希望通过学习，提高学生对认识自己重要性的意识，掌握客观认识自己的途径，客观、全面地认识自己。

二、学情分析

　　与小学阶段相比，中学生的自我意识开始增强，会不断提出一些与自身相关的、基本的问题：我是谁？我的能力、价值如何？我想成为怎样的人？别人如何看待我？同时，中学生有了更复杂的角色和更大的责任，而面对刚刚开始的中学生活，学生可能还不适应这些变化，以至于他们还不能全面、客观地认识自己，甚至还可能会根据某些信息片面地认识自己，从而产生自卑或自满的心理。因此，我们很有必要指导学生掌握客观认识自己的途径，帮助孩子们客观、全面地认识自己。

三、教学目标

（一）学科核心素养目标

本节课旨在引导学生正确认识自己，形成健全人格。通过学习认识自我探索的重要性，正确对待他人的评价，掌握自我认识的途径和方法，客观认识自己，为发展自己、成为更好的自己打下基础。

（二）知识、能力、情感态度价值观目标

1. 知识目标：通过学习，让学生了解认识自我的重要性，知道认识自我的途径。

2. 能力目标：通过学习，帮助学生掌握认识自我的途径与方法，掌握正确对待他人评价的方法。能够客观地认识、评价自己，形成比较清晰的自我整体认知。

3. 情感态度价值观目标：通过学习，让学生树立积极的自我概念，懂得认识自己很难，也很重要，对自己的认识和探索是一个不断深化的过程。学会用理性的态度面对他人的评价，认清和挖掘自己的优点，改掉缺点，增强自信心。

四、教学重点和难点

1. 教学重点：了解认识自己的重要性，掌握认识自己的途径和方法。
2. 教学难点：了解认识自己的重要性。

五、教学方法

自主学习、合作交流、讨论分享、情境体验、练习巩固等。

六、教学过程

▶ 导入环节

教师出示"斯芬克斯之谜"，请学生猜。

学生猜谜语。

教师出示谜底：认识你自己。

【设计意图】活跃气氛的同时导出本课的学习主题。

▶ 讲授新课环节

教师活动：

1. 多媒体出示课题并在黑板上板书：认识自己。

2. 出示学习目标：

通过学习，树立积极的自我概念，懂得认识自己很重要，懂得探索自己是一个不断深化的过程。认清和挖掘自己的优点，改掉缺点，增强自信心。

通过学习，学会认识自我的途径与方法，掌握正确对待他人评价的方法。客观地认识、评价自己，形成比较清晰的自我整体认知。

学生活动：朗读本节课的课题和学习目标，做好学习准备。

【设计意图】让学生明确学习内容和目标，以积极的情绪进入学习状态。

环节一：学生自主学习

教师活动：出示自主学习思考题，要求学生在 6 分钟内完成。

思考题：

1. 为什么说认识自己很重要？

2. 认识自己的途径有哪些？

3. 我们如何看待他人的评价？

4. 如何成为更好的自己？

学生活动：根据思考题开展自主学习，在课本中快速寻找问题的答案。

【设计意图】明确学习任务，让学生知道本节课的知识脉络，使他们有目的地去学习，积极参与并努力快速完成任务。

环节二：小组合作学习

教师活动：布置任务小组开展交流，交流完成后教师抽查。

学生活动：四人小组交流思考题答案，解决疑问，纠正错误。

【设计意图】让学生成立学习小组，通过合作，"兵教兵"解决自主学习中遇到的疑难问题。教师通过抽查了解学习效果和存在的主要问题，做好二次备课，有针对性地解决问题。

环节三：情景探究

情景探究活动一：人贵自知（认识自己的重要性）

教师活动：出示阅读材料《小明的故事》。

问题：小明为什么第一关就被淘汰？这个故事告诉我们什么道理？

学生活动：学生阅读故事，思考问题并回答。

（答案：原因：小明太自负了，没有正确认识自己的能力。道理：要正确认识自己）

【设计意图】激发学生的学习兴趣并开展学习，知道认识自己是非常重要的，也是不容易的。

教师活动：在学生意识到认识自己的重要性之后，教师接着问：正确认识自己对我们有什么帮助？请举例说说认识自己的重要性。（学生回答后教师板书）

学生活动：学生思考并回答教师的问题。

【设计意图】让学生明白认识自己是非常重要的，知道能否正确认识自己关系到自己的成长，影响自己的一生。

过渡：一个人能否正确认识自己，对学习和生活有着极其重要的影响。正确认识自己能够促进自我发展和与他人的交往，是人一生中能否有所创造、有所成功的关键。那么我们应该怎样来认识自己呢？

情景探究活动二：多把尺子量自己（认识自己的途径1——我们可以从生理、心理、社会等方面来认识自己）

教师活动：播放视频《镜子中的我》，出示思考问题：

1. 请说说视频中有多少个"我"？

2. 为什么有那么多的"我"？

（答案：不同的认识角度）

3. 请完成教材第28页"探究与分享"，挖掘更多的"我"。

学生活动：

1. 学生看视频，思考问题并回答。

2. 挖掘更多的"我"。

【设计意图】通过观看视频让学生认识不同的角度下有不同的"我"，会有很多的"我"，并尝试挖掘更多的"我"。

情景探究活动三：多把尺子量自己（认识自己的途径2——我们可以通过自我评价来认识自己）

教师活动：出示小故事《孔雀和朱娜》材料及《橄榄树和无花果》材料，组织学生进行合作学习。提问：

1. 孔雀为什么会死去？

（答案：因为它只看到自己的缺点——自信不足；自卑）

2. 橄榄树为什么失去了它的美丽和生命？

（答案：因为它只看到自己的优点——自信过度；自傲）

教师总结：我们可以通过自我评价认识自己，但是自我评价要恰当、客观。既不应该骄傲，看不到自己的不足；也不应该妄自菲薄，看不到自己的长处。

学生活动：阅读小故事，合作学习，小组探讨交流问题并派代表回答。

【设计意图】通过学生阅读与合作学习探讨，解决疑难。认识到我们可以通过自我评价来认识自己，但是要注意避免骄傲与自卑，导致错误或片面地认识自己。

教师活动：出示自我评价的方法。（教材第29页"方法与技能"：自我评价的方法）

学生活动：学生朗读教材第29页"方法与技能"：自我评价的方法。

【设计意图】帮助学生了解自我评价的更多方法，从而客观全面地认识自己。

情景探究活动四：多把尺子量自己（认识自己的途径3——我们可以通过他人的评价来认识自己）

教师活动：组织生生互动活动——"Say you say me"。

1. 合作交流：请合作学习小组同学之间互相指出对方的优缺点，并请小组成员评论是否正确，帮助学生认识自己。

2. 学生互动后，教师请小组派代表发言，说说通过同学对自己的评价，自己有了哪些新的认识。

学生活动：学生根据要求开展活动，在同学眼中认识自己。

【设计意图】通过小组合作互动活动，让学生在碰撞互动的氛围中找到正确认识与评价自己的又一个途径。

过渡：刚刚在互相评价环节中，有没有同学不认可他人对自己的评价？为什么？我们是否一定要认可他人的评价？

教师活动：出示小故事《青蛙之死》，提出思考问题：

1. 你怎么看待青蛙的行为？

（答案：没有自知之明）

2. 我们该怎样对待他人的评价？

（答案：①用心聆听；②勇于面对；③平静拒绝）

学生活动：学生阅读小故事，思考教师出示的问题并回答。

【设计意图】让学生通过阅读思考，认识青蛙之死的原因。做到既重视他人的态度与评价，也要客观冷静分析；既不能忽视，也不能盲从。学会扬长避短，对缺点应有则改之，无则加勉。

教师活动：请同学们总结一下，认识自己的途径有哪些？（学生回答后教

师板书)

学生活动：学生回答问题，并全体朗读，牢记认识自己的途径。

【设计意图】检查学生通过活动和合作探究的学习效果，明确认识自己的三个途径。

▶ 小结环节

学生活动：请学生谈谈自己本节课的学习收获，说说有没有发现新的"我"。

教师总结：认识自己是一个过程。随着年龄的增长、生活阅历的增加，我们要不断探索自己、发现自己、发展自己，才可能成为更好的自己。希望每一位同学都能认真学习，不断实践，成为更好的自己。

课堂练习环节

1. （单项选择题）我国古代著名思想家老子认为：一个人能够认识他人，是聪明的表现，能够认识自己，才是真正的明智，"自知"比"知人"更加可贵。所以说（   ）

A. 人有严于律己的美德　　　　B. 人能学会战胜自己

C. 人贵有自知之明　　　　　　D. 人贵有自强精神

2. （单项选择题）中学生小红总是认为自己长得不漂亮，同学们会看不起她。所以，不与同学打交道，上课也不敢发言，班里的活动更不愿意参加，一个人独来独往。对此，你应该对她说（   ）

①每个人的身体发育情况各有不同　②要正视自己，不要因此而自卑
③内在美最重要，不应该追求外在美　④多参加集体活动，感受集体的温暖

A. ①②③　　　　B. ②③④　　　　C. ①②④　　　　D. ①③④

3. （辨析题）随着身体的变化和趋向成熟，我们的内心世界也会越来越细腻复杂，常常会为别人怎么看自己、自己是否受人喜爱等各种问题所困扰。对此，小琼和小华发表了不同的意见。

小琼：走自己的路，让别人说去吧！自我评价最重要。

小华：以人为鉴，可以明得失嘛！他人的意见才最可靠。

请你辨析这两位同学的观点。

► **课后作业**

回家请父母评价自己，看看父母眼中的自己是怎样的？他们对你有什么期待？

【设计意图】通过这个实践作业，把课堂的学习延伸到家庭，实现家校联合教育，促进亲子和谐。同时也提高学生对课堂所学知识的应用能力，成就更好的自己。

► **板书设计**

认识自己

一、人贵自知（认识自己的重要性）

1. 正确认识自己，可以促进自我发展

2. 正确认识自己，可以促进与他人的交往

二、多把尺子量自己（认识自己的途径）

1. 我们可以从生理、心理、社会等方面来认识自己

2. 我们可以通过自我评价来认识自己

3. 我们可以通过他人的评价来认识自己

七、教学反思

本节课是部编版《道德与法治》七年级上册第三课第一框的内容，我根据课程标准、教材特点和学生情况开展教学设计，并制作了相应的教学课件。整个教学按照设计顺利完成，学生的课堂反应和练习反馈表明教学的效果良好，教学任务的完成度较高。下面就本节课的得失进行反思。

成功之处：

1. 教学基本实现了立德树人、铸魂育人的根本任务。坚持以生为本，实施素质教育、践行核心素养目标，达到了培养效果。

2. 尊重学生主体地位，采取科学高效的课堂教学方式方法，采用自主、合作、探究的互动教学方式和融入式的情境体验活动，引导学生快乐并积极地参与课堂。

3. 创设了合作学习、探究分享、看视频说话等多个教学活动，引导学生融入教学过程，激发学生的学习兴趣和积极性，调动班级学习的气氛，燃起了

学生探究的热情。

4. 在教学中我用自己饱满的教学热情激发学生积极的学习情感，将教师内心对教材的情感融进教学内容。在学生回答问题时，我注意及时鼓励："你答得很好，大家请鼓掌。""再仔细思考下，可以答得更好。"对待学生做到了多鼓励，少指责；多进行正面指导，少板起面孔训人，让学生在学习上有信心、有积极性，从而亲其师而信其道。

5. 与学生交流就像和自己的朋友交流一样平等、和谐。比如在请学生说说对自己的认识时，有个男生顺口就说，我最喜欢玩网络游戏。我笑着回答，我也喜欢，看来我们是同道中人。但是，我玩游戏很注意节制，是在完成工作和不影响生活和健康的条件下玩的。你玩游戏有没有影响学习和健康呀？一定要请家长和同学监督自己哦！

6. 组织小组合作学习较成功。这个从小组活动时学生讨论的情景和答题的正确率可以看出，也证明"兵教兵""一帮一"的小组合作学习是正确可行的。

不足之处：

1. 在教学机智方面，还可以做得更好，在发现学生回答的不足之处或精妙之处时如能巧妙地利用和引导，学生就会有更深的印象和认识。

2. 小组合作学习上，个别小组的讨论气氛不够活跃，个别学生有依赖心理，存在等待同伴给答案的现象，仍待教师进一步解决。

3. 教学时的面部表情可以更丰富一些，语言可以更幽默一些。

4. 本节课表面上看似简单，仅有几个问题，解答也比较容易，但是，其中的第二个问题"认识自己的途径有哪些"（也是本节课的重点内容）不仅仅要在知识上让学生了解这些途径，还要关注对学生能力的培养，把这些学到的知识用于客观认识自己的实践上。这个培养的难度较大，需要的时间多，不是一节课可以解决的。这节课也未能达成这个目标，应考虑将它延伸到课后，延伸到今后的学习和生活中，一步步实现。

总之，一节好课不但要取百家之长、借他山之石，更要善于创新，上出自己的特色和风格。今后，我会注意发挥特长，改进不足，争取更上一层楼！

《做更好的自己》教学设计

珠海市斗门区城东中学　张敏怡

教学课题：《做更好的自己》
课时安排：1 课时

一、教材分析

从整册教材来看，七年级上册第一单元是初中学生开展道德与法治学习的入门课。本节课教学内容为部编版《道德与法治》七年级上册第三课《发现自己》的第二框，这既是对上一框"认识自己"的承接，也是第一单元教学的落脚点。本框包含两目，第一目"接纳与欣赏自己"主要引导学生认识到自己生命的独特性，从而学会接纳与欣赏自己；第二目"我要飞得更高"主要是引导学生学会方法，学以致用，将所学落到实处，在成长的过程中，能够做到扬长避短，主动改正缺点，不断激发潜能，进而成就更好更优秀的自己，在自己与他人和社会相联系中体现社会价值，为他人和社会作出相应的贡献。

二、学情分析

初一学生涉世不深，且刚刚从小学升上初中，从生理和心理上都需要一个适应过程。根据这一特点，教师应循序渐进地引导学生在逐步适应初中生活的基础上，通过认识自己，发现自己的优缺点，接纳自己的完美与不完美，从而学会怎样做更好的自己。我校是一所地处城乡结合部的初级中学，学生素质参差不齐，生活经验尚浅，对自己的认识不够客观，对成长为更好的自己缺乏信心。本课旨在通过具体的例子和活动引导学生学会客观面对自己，帮助学生树立自信心，找到认识自己的正确方法，激励学生努力成就更好的自己。

三、教学目标

（一）学科核心素养目标

结合《义务教育道德与法治课程标准（2022 年版）》，具体对应的内容标准如下：

1. 道德修养：引导学生培养科学的精神、理性的态度和乐观的心态，增强学生的勇气和智慧，做更好的自己。

2. 健全人格：正确认识自己，能够自我反思，不断完善自我，保持乐观的态度，学会合作，树立团队意识。

3. 责任意识：使学生在活动中认识到如何做更好的自己，明确成为更好的自己是在为他人、为社会谋福祉的过程中实现的。努力做到完善自我，开发自身潜能，增强参与社会生活的能力，履行社会责任。

（二）知识、能力、情感态度价值观目标

1. 知识目标：知道接纳与欣赏自己的方法；知道如何才能做更好的自己。

2. 能力目标：学会接纳与欣赏自己，能在与他人、社会交往的过程中做更好的自己。

3. 情感态度价值观目标：培养乐观自信的态度，积极接纳与欣赏自己，完善自我，做更好的自己。

四、教学重点和难点

1. 教学重点：如何做更好的自己。
2. 教学难点：学会接纳与欣赏自己。

五、教学方法

案例教学法、活动教学法、情感激励法。

六、教学过程

▶ 导入环节

（一）课前热身，营造氛围

教师活动：

1. 教师先用 PPT 展示一个小男孩紧握拳头为自己加油的图片。

2. 师：同学们，请跟我一起模仿图片中的小男孩，先握紧拳头，然后大声说"我是最棒的"，表情要像小男孩一样努力、认真哦！

3. 请同学们说说模仿后的感受。

学生活动：

模仿并回答：模仿后感觉充满了力量，充满了信心。

师由此引入新课："这实际上是一种心理暗示，它能激励我们努力去做更好的自己，这正是我们今天要学习的内容。"

【设计意图】通过"模仿秀"这一别出心裁的活动拉近与学生的距离，以良好的开端和高涨的热情把学生带入新课。

▶ 讲授新课环节

（二）以例生情，讲授新课

环节一：创景设情，肯定自我

教师活动：

播放视频《东施效颦》，让学生思考并回答：

（1）西施皱眉，人们有什么反应？

（2）东施学西施皱眉，人们又有什么反应？

（3）这个寓言故事告诉我们什么道理？

学生活动：

观看视频，回答问题：

（1）西施皱眉，人们觉得美。

（2）东施学西施皱眉，人们觉得丑。

（3）这个寓言故事告诉我们不要盲目去模仿别人。

教师活动：

PPT 展示树叶和双生儿的图片并引导学生仔细观察、思考：

（1）世界上有两片完全相同的树叶吗？

（2）世界上有两个完全相同的人吗？

学生活动：

观察图片，回答问题：

世界上没有两片完全相同的树叶，也没有两个完全相同的人，每个人都是独一无二的，我们每个人在性格、兴趣等方面都有自己的特点，我们要学会接纳和欣赏自己。

【设计意图】《东施效颦》这个故事有趣且有教育意义，能帮助学生迅速意识到盲目模仿别人是错误的，从而知道接纳和欣赏自己的重要性。

环节二：接纳欣赏，真我最棒

教师活动：

1. 设计"木桶效应"活动，要求每位学生先写后读，再分小组讨论。

写一写：把你满意自己的部分写在长的木片上，把不满意自己的部分写在较短的木片上。

读一读：写好后，请你面向同桌大声读一读所写的内容。

说一说：面对自己满意的部分，你有什么感受？面对自己不满意的部分，你有什么好办法接纳它？

2. 通过举例进一步说明该怎样接纳和欣赏自己。

3. 引导学生思考、分析、归纳。

学生活动：

1. 学生先完成"写一写"和"读一读"，再分组讨论"说一说"的问题。

2. 学生分享心得：通过活动，我们知道每个人都有优点和缺点，都有完美和不完美的地方，接纳自己就要接纳自己的全部，欣赏自己就要学会欣赏自己的优点、努力和为他人所作出的奉献。

【设计意图】通过"木桶效应"这一活动，让学生先写后读再议，学会正确认识自己，并有勇气去接纳自己的全部和欣赏自己的独特之处，再通过具体例子帮助学生进一步学会怎样接纳和欣赏自己。

环节三：立足当下，超越自我

教师活动：

1. 再议木桶，具体要求如下：

想一想：如果把所有的木片围成一个圆桶，并在里面注水，水的多少与哪一部分有关系？

议一议：（小组讨论）

（1）如何让木桶盛水更多？

（2）假如木桶里的水代表我们的成就，你如何让自己取得更大的成就，做更好的自己？

2.教师点拨：把短的木片换成长的木片就是扬长避短，把短的木片加长就是主动改正缺点，通过增加木片来增加储水量就是激发潜能。

3.举例说明该如何做到扬长避短和主动改正缺点。

4.先展示潜能的含义，再利用美国心理学家霍华德·加德纳（Howard Gardner）的多元智能理论帮助学生进一步理解潜能，最后通过列举学生身边的例子来归纳出激发潜能的途径。

学生活动：

1.学生分组讨论，在教师的帮助下归纳出要点。

2.学生发言分享心得。

3.通过学习多元智能理论，结合案例，加深对做更好的自己的三个方法的理解。

【设计意图】通过"再议木桶"等活动层层递进，让学生明白应怎样做更好的自己，尤其是要掌握做更好的自己的方法。

▶ **小结环节**

教师活动：

1.展示每课箴言：路也漫漫，遥遥其途，心向往之，虽远莫阻。

2.通过每课箴言和板书对本节课进行小结。

3.情感升华环节：一边播放励志歌曲《飞得更高》，一边让学生把对自己的欣赏或激励写在书签上。

学生活动：

1.朗读箴言，畅谈收获。

2.书写感言，自我激励。

【设计意图】知识在淬炼中内化，践行在升华中落实。

课堂练习环节

1. 张超凡一出生便失去了左臂，这并没有阻碍她追梦的步伐。从全国艺考冠军到中国大学生自强之星，她说："只要肯坚持，我就能拥有全天下最有力量的左臂。"这启示我们接纳自己需要（ ）

①接纳自己的全部 ②乐观的心态 ③赢得每一场比赛 ④勇气和智慧

  A. ①②③   B. ①②④   C. ①③④   D. ②③④

2. 进入初中以后，小红因长相一般而感到自卑，不愿意与同学们交往，整天郁郁寡欢。作为小红的同学，你应该对她说（ ）

  A. 要认识到自己的形象是最好的

  B. 要学会欣赏自己的独特和优点

  C. 要善于掩饰自己的不足和缺陷

  D. 可以通过整容美颜来改变自己

3. 禁烟英雄林则徐年轻时性情急躁，为了控制情绪，在父亲的启发下，他书写"制怒"二字横幅挂在厅堂上，将其作为座右铭时刻警策自己。这个例子告诉我们，做更好的自己（ ）

  A. 需要练习书法   B. 需要主动改正缺点

  C. 需要扬长避短   D. 需要重视他人评价

4. "神笔警探"林宇辉曾仅凭监控截图还原出相似度极高的人脸，这种"刻骨画人"的技术是靠他十几年来专注自己的兴趣，并努力钻研模拟画像才做到的。林宇辉激发潜能的方法是（ ）

  A. 珍视自己的兴趣爱好并努力实践

  B. 通过与他人积极合作来实现

  C. 专注自己喜爱的领域并沉迷其中

  D. 通过广泛参与社会活动激发

▶ **课后作业**

阅读材料，回答问题。

材料一：奥运冠军张家齐和陈芋汐小时候都曾练习过体操，之后才转为跳水，她们搭档在东京奥运会上获得了女子双人 10 米跳台金牌。这足以说明，选对适合自己的行业很重要。

材料二：东京奥运会的赛场上，"四朝元老"巩立姣一直在为奥运冠军努力，她在前三届奥运会上获得过第四名、季军、亚军，却始终没有站到最高的领奖台。此时她的对手就是自己，只要正常发挥，这枚金牌应该是稳拿的。最终巩立姣以 20.58 米的成绩，以领先第二名 0.73 米的巨大优势夺冠，创造了中国田径铅球的历史。

（1）结合材料谈谈，三位奥运冠军成就更好的自己的方法有哪些？

（2）从奥运冠军们的成功事例中，我们可以得到哪些启示？

▶ **板书设计**

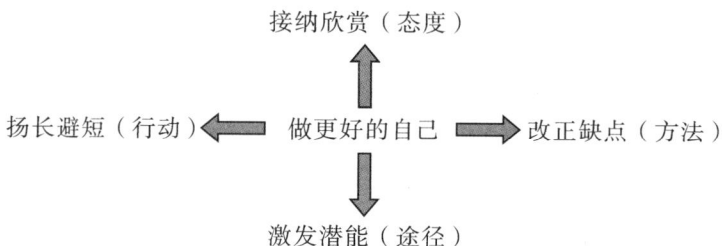

七、教学反思

优点：

1. 新课导入别出心裁，学生的热情一下子就被点燃了。

2. 案例教学法是这节课的核心，整节课以"木桶效应"这一主要案例来突破教学重难点，体现了教学设计的连贯性、科学性和哲理性。同时，辅助案例的选用也非常恰当，无论是《东施效颦》视频，还是其他的例子，都能起到画龙点睛的作用。

3. 课堂气氛很活跃，学生在每个活动中的参与度都很高，都很投入。课堂活动的设计十分有效，学生能通过活动领悟到相关的道理。

不足之处：

1. "木桶效应"的"读一读"环节中，不需要设计成要求学生面向同桌大声读出所写内容，因为大声读显得很不礼貌，其实设计成同桌之间相互读就可以了。在学生读到自己不满意的部分时，音量也许会降低，这时候老师应适当点拨，告诉孩子每个人都有优点和缺点，都有完美和不完美的地方，对于自己不完美、不满意的地方不需要刻意回避，而要勇于面对。

2. 在选取案例的时候，不应该只选取影视明星或名人的例子，而应该加入一些普通人、平凡人的例子，这样说服力会更强。

《让家更美好》 教学设计

东莞市道滘中学　陈　晓

教学课题：《让家更美好》
课时安排：1 课时

一、教材分析

　　《让家更美好》是部编版《道德与法治》七年级上册第三单元"师长情谊"中第七课《亲情之爱》第三框的内容，也是本单元的落脚点。本框内容分为"现代家庭面面观"和"和谐家庭我出力"两目。第一目"现代家庭面面观"主要通过对传统家庭与现代家庭的比较，引导学生认识现代家庭的特点；第二目"和谐家庭我出力"通过活动引导学生分析自己家庭存在不和谐因素的原因，并在活动中探究正确处理家庭矛盾和冲突的做法，树立共建和谐家庭的意识，共创和谐美满之家。

二、学情分析

　　初中生逐渐进入青春期，由于特殊的生理变化、心理特点以及学业与生活的压力，他们既需要得到父母的呵护、关注和关爱，享受家庭的亲情，又容易与父母产生矛盾，甚至滋生逆反心理。许多初中生在与父母沟通中出现矛盾和冲突，表现为自我封闭，不愿意与父母沟通，或与父母沟通交流时间短、交流的内容多为父母对自己学业成绩的询问和关注，等等。有时，初中生对父母爱自己的表达方式不认同，不理解父母的关爱之情，不能体会父母的养育之恩，不能体谅、理解父母的苦衷。初中生家庭责任意识比较淡薄，较少关心父母和家人，对共同营造温馨的家庭氛围、共建共享家庭美德缺乏责任意识。对于"孝"文化认同程度低，在意识和行动上缺乏相应的教育与引导。

三、教学目标

（一）学科核心素养目标

1. 政治认同：理解中华民族孝悌忠信、礼义廉耻的荣辱观念，理解家国情怀的重要性；认同"家和万事兴"的家庭文化观念，把家庭梦融入实现中华民族伟大复兴的中国梦。

2. 道德修养：感念父母养育之恩、长辈关爱之情，能够以感恩的心与父母和长辈沟通，能够为父母排忧解难，尊重师长；感知劳动创造的成就感、幸福感，热爱劳动，主动承担力所能及的家务劳动，学会承担家庭责任。

3. 责任意识：学习参与家庭决策，为父母分忧，自觉分担家庭责任，具有较强的责任感。

（二）知识、能力、情感态度价值观目标

1. 知识目标：了解家庭结构的变化、沟通方式的变化、家庭氛围等，初步感知现代家庭特点；懂得家和万事兴的道理。

2. 能力目标：能以良好的心态面对家庭发展中的问题，学会有效沟通，做家庭成员的黏合剂。

3. 情感态度价值观目标：培养学生热爱家庭、孝敬父母的情感，以实际行动促进家庭和睦幸福。

四、教学重点和难点

1. 教学重点：树立民主、平等的家庭观念。
2. 教学难点：作为家庭成员，努力为建设和谐家庭贡献自己的力量。

五、教学方法

合作探究法、情境体验法、角色扮演法。

六、教学过程

▶ 导入环节

教师活动：播放视频——班里某同学家里给老人家过生日时拍摄的视频。

提问：该视频给你的感受是什么？

学生活动：观看视频短片，思考问题。

【设计意图】通过学生身边的生活体验，让学生直观感受和谐、温馨的家庭氛围，从而引入新课。

教师小结：是的，家是我们心灵的港湾，是一个充满爱的地方，我们都希望自己的家充满温暖与幸福，那我们应该如何构建一个和谐美好的家庭呢？这节课我们就来探讨这一话题。请同学们打开课本第83页，我们先通过一个例子来了解我们的家庭都有什么特点。

▶ 讲授新课环节

探究活动一：现代家庭面面观

教师活动：课件展示案例一。

小雨是一名七年级的学生，平时和爸爸、妈妈、妹妹一起生活，他们是一个幸福的四口之家。白天，爸爸妈妈上班，他和妹妹去上学。到了晚上，爸爸妈妈下班回来为孩子们做美味的晚餐，之后一起看新闻、聊天，一家人其乐融融。爷爷奶奶住在农村，生活得很充实，最近还像年轻人一样玩起了微信，把大家都加了微信好友，发起了朋友圈，还时不时跟大家视频聊天。今年寒假，小雨和妹妹除了学习，还陪着父母一起锻炼身体，陪着他们和爷爷奶奶去了趟三亚旅游，在那里吃了年夜饭、看了央视春晚，感受了亲情和家庭的美好。

提问：结合课本内容，通过小雨家的日常生活，请你说说现代家庭与传统家庭相比有何特点。

学生活动：根据案例内容进行小组讨论（2分钟），由小组推选代表回答。

【设计意图】通过学生的实例创设情境，培养学生合作探究的能力，提高分析材料、提炼关键信息的能力，并在活动中锻炼语言表达能力。

教师小结：现代家庭的特点：①结构趋于小型化，二孩、三孩家庭增多；②家庭成员的交流、沟通方式发生变化；③家庭氛围越来越平等、民主。

教师活动：课件展示现代家庭三个特点，同时简要分析核心家庭与联合家庭的区别，让学生判断自己的家庭属于哪一种结构类型。

探究活动二：和谐家庭我出力

环节一：家国名言

教师活动：课件展示关于家国情怀的名言金句——"家是最小国，国是千万家。""家国相依，命运与共。"

学生活动：阅读感悟。

【设计意图】让学生在阅读感悟中进一步理解构建和谐家庭的重要性，在感悟中体会家国情怀，增强社会责任感和使命感。

教师小结：家庭成员之间和睦相处是家庭幸福美满的重要条件。

环节二：合作探究

教师活动：利用投影展示学生课前预习填写的调查表，并课件展示比较有代表性的几个事例。

小丽：我们家一直是奶奶做饭，她总舍不得倒掉剩菜剩饭，反复加热，直到吃完。妈妈责怪奶奶这样做很不健康。奶奶很不高兴，还说妈妈爱挑剔，一气之下回了老家。

小华：我和我哥关系不太好。哥哥总是取笑我成绩不够好，我就跟他翻白眼，还故意叫他的绰号；轮到哥哥整理房间时，他总是以他初三了作业多为借口，让我代劳，我才不呢！结果妈妈下班回来看到满屋狼藉，把我们狠狠地批评了一顿。

小林：最近爸爸失业了，妈妈也换了一份工作，每天工作很辛苦，下班回到家后还要做饭给家人吃，爸爸也不帮忙。这令妈妈很烦躁，甚至跟爸爸吵架。

提问：产生这些家庭冲突的原因是什么？

学生活动：阅读材料并进行小组讨论（2分钟），由小组推选代表回答。

【设计意图】引导学生学会辩证地看待生活中的问题，学会客观分析问题，归纳总结家庭成员间发生矛盾冲突的原因。

教师小结：家庭成员间发生矛盾和冲突往往是基于以下原因。

①不同年龄的家人在价值观念和生活方式方面存在差异，可能导致家庭矛盾与冲突。

②随着我们的成长，我们的家庭也在发生变化。家庭成员的增加或减少，都会带来人际关系的变化；家庭成员的工作、身体和情绪状况等变化，也可能带来家庭氛围的变化。

③沟通方式不同。

④不理解对方、不懂得尊重对方、不善于调控自己的情绪等。

环节三：情景表演

教师活动：展示典型案例。

学生活动：针对不同案例，小组成员上台分角色表演，呈现解决办法。

【设计意图】引导学生在体验活动中探索解决生活中实际问题的方法，通过换位思考进一步理解家人的辛劳，在解决问题的同时增强学生的家庭责任感。

教师小结：怎样构建和谐的家庭？

①家庭成员之间要相互理解、信任、体谅和包容。

②家庭成员共同分担家务劳动。

③以良好的心态面对家庭发展中的变化。

教师活动：课件展示教育部颁发的《义务教育道德与法治课程标准（2022年版）》《义务教育劳动课程标准（2022年版）》，强调关于初中生劳动课程设置的要求。

教育部印发的《义务教育劳动课程标准（2022年版）》提出将劳动、信息科技从综合实践活动课程中完全独立出来。这就意味着，劳动课将正式成为中小学的一门独立课程。

如：在烹饪方面（7~9年级），学生需能设计一日三餐的食谱，独立制作午餐或晚餐中的3~4道菜等。

在家用器具与使用方面（7~9年级），学生需能通过阅读产品说明书，了解家庭常用电器的基本结构、工作原理和保养方法。用螺丝刀、扳手等工具对家用电器进行简单的拆卸、清理、维修等，如空调滤网的清洗，饮水机的清洗、消毒，家用电器小故障的判断与维修，等等。

教师活动：展示课前"家务劳动小调查"结果，请家务小能手来谈谈做家务的感受。

【设计意图】结合国家政策引领与学生的实际生活设计这一环节，引导学生反思自身在承担家庭责任过程中取得的成就和存在的不足，让学生明确承担相应家务劳动对构建和谐家庭的重要性。

▶ 小结环节

教师活动：课件呈现本节课主干内容。

学生活动：自由发言，总结本节课学习内容。

【设计意图】引导学生在总结反思中整体把握本节课的知识脉络，提高将所学知识用于解决实际问题的能力。

课堂练习环节

一、选择题

1. "妈妈是我的好朋友，有时候，我在外面受了委屈，她就安慰我，逗我开心，我有不会做的作业，她总是耐心给我讲解，直到我听懂了她才放心；爸爸是我的好伙伴，他常常陪我下棋、打羽毛球、做游戏。我有一个幸福的家!"初中生的这段话说明（　　）

A. 现代家庭的氛围越来越平等、民主

B. 关心世界和国家大事，探讨社会和人生问题，已成为现代家庭生活的重要内容

C. 学习现代科学文化知识，创建学习型家庭，参与社区活动，是现代家庭的重要内容

D. 父母是孩子最好的老师和朋友

2. 小逸在微信上建立了一个以爷爷奶奶为核心的大家庭群，大家常常在这个群里聊聊家里的事。这一事例告诉我们现代家庭（　　）

A. 结构、规模、观念都发生了变化

B. 成员之间的交流、沟通方式发生了较大的变化

C. 氛围越来越平等、民主

D. 家族成员之间越来越相互理解、信任、体谅和包容

3. 朵朵最近心里很烦恼，她找到好友小尤倾诉："自从我弟弟出生之后，我爸爸妈妈整天围着弟弟转，都不怎么理我，我觉得他们都不爱我了，所以在家里很烦，经常发脾气。"如果你是小尤，你可以告诉朵朵（　　）

①理解父母，帮助父母　②离家出走，试探父母　③关爱弟弟，承担责任　④走进父母，坦诚想法

A.①②③　　　　B.①③④　　　　C.①②④　　　　D.②③④

二、阅读材料，回答问题

材料一：2023年5月14日，在5月15日国际家庭日来临之际，全国妇联揭晓2023年全国最美家庭，1 000户家庭获选。其中，广东省有38户家庭获选。

材料二：在中国家庭文化中，"孝"是重要的精神内涵。小明认为："我们现在还小，没有能力孝敬父母。等到成年有工作了，再孝敬父母也不迟。"

（1）结合材料一，请你分析当选为"全国最美家庭"的理由是什么。

（2）结合材料二，你如何看待小明的观点？

▶ **课后作业**

针对自己的家庭状况及父母的工作情况，和家人一起制订建设美好家庭计划。

建议：

1. 与家人一起完成这份计划；

2. 计划要切实、具体可行；

3. 可以根据自家的实际情况，侧重某个方面制订行动计划，如：孝心、责任、家风等；

4. 和家人一起践行计划，体味"家和万事兴"之美好。

▶ **板书设计**

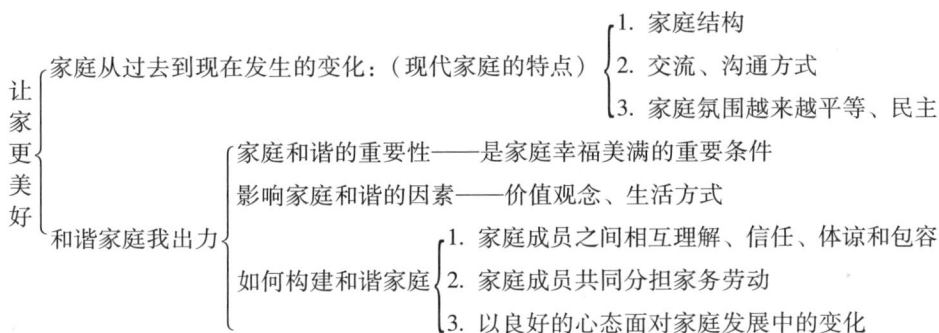

七、教学反思

本节课教学目标具体、明确，符合新课标要求和学生的认知水平，能将核心素养目标有机融入课程教学内容中，并有意识地贯穿于教学过程中，让学生在学习过程中培养相应的核心素养。

作为道德板块的重要组成部分，这一内容与学生日常生活密切相关。本节课从学生真实的现实生活中寻找合适的情境来设计符合课程特点的问题，让学生通过合作探究、角色扮演、情境体验找寻解决问题的合理方案。在这个学习过程中，学生的自主学习、团队配合、人际交往以及语言表达能力都得到了提高和发展。

在分析家庭成员间发生矛盾与冲突的原因和探究解决办法时，教师适时引导与点拨，充分调动了学生学习的积极性与参与度，在较大程度上激发了学生思维，提升了学科自信，师生积极互动、共同发展。

　　不足之处：在分析家庭成员间发生矛盾与冲突的原因和探究解决办法时，如果采用先由学生在课堂上讲述自己家庭出现的不和谐因素，再由其他同学来分析矛盾出现的原因，并提出合适的解决办法的这一做法，更能调动学生的学习兴趣和热情，能让学生在探究过程中生成自己的认识。但应注意学生讲述的故事会存在角度单一、重复的情况，也可能会出现新的问题，导致无法按计划完成教学目标，在以后的教学中可以针对这一情况进行探究。

　　附：学生家务劳动调查表
　　请同学们在对应的家务上打√，并把每项分数加起来，在"总分"一栏填上自己的总分。

姓名：　　　　　班级：　　　　　学号：

	扫地、拖地	洗、晒、叠衣被	刷碗	饭前饭后整理饭桌	收拾房间、整理自己的书桌	做饭前的准备如洗菜、切菜等	买菜	做饭	扔垃圾	浇花	买东西	照顾弟妹、老人	其他（注明是什么）
从不(1分)													
偶尔(2分)													
经常(3分)													
总分													

《敬畏生命》教学设计

惠州市惠阳区第一中学 黄海英

教学课题：《敬畏生命》

课时安排：1 课时

一、教材分析

《敬畏生命》是部编版《道德与法治》七年级上册第四单元"生命的思考"中第八课《探问生命》第二框的内容。"生命的思考"是针对初中生开展的比较系统的生命教育，对近年来层出不穷的青少年心理健康问题有着强烈的现实意义和深远的教育价值。本课在前一框激发学生感激生命、热爱生命的情感基础上进行延伸，探讨如何敬畏生命，引导学生体会自己生命与他人生命之间休戚与共的关系，理解并践行对生命的敬畏之情，从而自觉走上道德的生活。

二、学情分析

1. 初中生对生命的话题存在困惑。本课设计的内容引导学生探问生命，对学生进行生命观、价值观的正确引领，具有深远的教育意义。

2. 从能力运用看：随着自我意识的不断发展，七年级学生已经自觉或不自觉地开始探问"生命"，思考生命的意义和价值。

3. 初中学生的心理发展还处于一个半幼稚、半成熟的时期，他们对生命问题的认识和理解不够全面，甚至会产生偏差。这导致其不懂得尊重、敬畏、珍爱生命，甚至会漠视生命。本课学习为引导学生的健康成长创造良好的契机。

三、教学目标

（一）学科核心素养目标

1. 道德修养：能够以恰当的方式珍爱他人的生命。
2. 法治观念：认识到生命价值高于一切。
3. 健全人格：学会善待身边的人。
4. 责任意识：培养敬畏生命、珍爱生命的情感。

（二）知识、能力、情感态度价值观目标

1. 知识目标：认识到生命价值高于一切，能够学会敬畏生命、珍爱生命。
2. 能力目标：学会善待身边的人；能够以恰当的方式珍爱他人的生命。
3. 情感态度价值观目标：感受到生命价值高于一切；培养敬畏生命、珍爱生命的情感。

四、教学重点和难点

1. 教学重点：增强学生敬畏生命、珍爱生命的意识，理解如何敬畏生命。
2. 教学难点：引导学生体会自己生命与他人生命之间休戚与共的关系，探讨在和谐社会中如何做到敬畏生命。

五、教学方法

问题探究法、案例分析法、直观教学法。

六、教学过程

► 导入环节

学生观看视频：《向人民英雄敬献花篮》，并结合课本材料第93页"运用你的经验"中的图片，思考并回答问题：人们为什么要在清明节祭祖？烈士

纪念日人们为什么要向烈士敬献花篮?

材料:烈士纪念日:每年的 9 月 30 日是烈士纪念日。党和国家领导人来到天安门广场,出席向人民英雄敬献花篮的仪式。

【设计意图】通过图片及设问,引发学生思考,使学生初步感受到对生命的敬畏,从而导入本课的学习课题。

教师总结:表达了人们对先辈的纪念,也是对生命的纪念、对生命的敬畏。(PPT 展示学习目标)

► **讲授新课环节**

环节一:自主学习

默读课本第 93 ~ 98 页,完成《同步》第 71 页"自主预习"填空。

课堂笔记要求:①写问题;②找答案;③画横线;④标序号;⑤圈关键词。

1. 为什么要敬畏生命?(第 94 ~ 95 页)

2. 如何理解"生命至上"?(第 95 ~ 96 页)

3. 如何敬畏生命?(第 96 ~ 98 页)

【设计意图】培养学生自觉学习的习惯与能力、学会做笔记。

环节二:第一目——生命至上

教师提问:什么是敬畏?

学生回答:"敬":敬重、恭敬、敬佩;"畏":惧怕、谨慎、威严。(理解"敬畏"的意思,敬畏生命,懂得分寸底线)

教师总结:因为"敬"会有所为,它告诉人应该怎么做,因为"畏"又会有所不为,它警告人不该做什么。敬畏是一种人生态度、一种品德、一种约束。人一旦失去敬畏之心,往往会变得肆无忌惮、无法无天,甚至于丧失底线,最终吞下自酿的苦果。——敬畏生命:尊敬生命,畏惧生命。(今天开始我们的研学之旅,一共三站)

研学第一站:为什么要敬畏生命?(第 94 ~ 95 页)

教师引导提问:敬畏生命,难道仅仅是敬畏人的生命吗?

学生回答:不是。

教师展示图片材料:图片 1 盗猎象牙;图片 2 人类的最后一滴眼泪;图片 3 美丽中国。(统筹人与自然和谐发展)

学生回答:要珍视生命、爱护动物和保护环境。

教师总结:人的生命(珍视)、动物生命(保护珍稀野生动物)、植物生命（保护珍稀植物）。

［提醒关键词"珍视"，让学生懂得敬畏生命、爱护自然］

教师展示图片材料：①地震；②火灾；③洪水；④病毒；⑤坠机；⑥车祸。

教师活动：

1．提问：当我们突然面临这些灾难的时候，一般会有怎样的感受呢？

学生感受灾难发生的场景，并回答问题。

教师总结：突发的灾难——我们要对生命有敬畏的情怀。

教师展示图片材料：①挽救生命；②守护生命；③悼念生命。

2．通过展示灾难的动态图片，让学生身临其境感受灾难来临之时生命的脆弱。

学生思考并回答问题：在大灾大难面前，每个生命都不会轻易放弃，会爆发超越平时的力量。同时，在大灾大难面前，我们也深刻地感受到国家对生命的救助。

教师总结：面对突发的灾难国家出手——我们要对生命有敬畏的情怀。

教师展示图片材料：①医护人员在救援；②十天建好的雷神山方舱医院。

学生思考：国家为什么要不惜一切代价抢救生命？

3．学生阅读材料，思考可以用什么词语来形容生命，并回答问题。

教师总结：（课堂笔记）

（1）为什么要敬畏生命？（第94~95页）

①生命是脆弱的。

②生命是坚强的、有力量的；生命是崇高的、神圣的。

③当我们对生命怀有敬畏之心时，我们就会珍视它。

研学第二站：如何理解"生命至上"？

教师展示材料一：（武汉暴发疫情后）保护人民生命安全和身体健康可以不惜一切代价。

——习近平

材料二：新冠疫情中巨大的财政支出的数据。全国派出330多支医疗队，约42 000人。逾4 000名优秀的军队医护人员支援武汉，光确保生活物资，就耗费了1 169亿元，各级防控总资金超过1 864亿元。

学生思考：举国上下为什么花费如此巨大的人力、物力、财力，来阻断疫情、挽救生命？

小组讨论：怎样理解生命至上？

学生思考并回答：我们的生命都是宝贵的，每个人的生命都比金钱、权势等更重要。生命价值高于一切。

教师展示材料：在新冠疫情暴发时，83岁高龄的钟南山院士赶赴抗疫前线。这一张他在赶赴前线高铁上睡着的图片刷爆网络。

学生讨论思考：为什么把他们称为"最美逆行者"？不顾自身危险去救援他人，是不是不爱惜生命？

教师总结：（课堂笔记）

（2）如何理解"生命至上"？（第95~96页）

①生命是宝贵的，生命价值高于一切。

②生命至上，并不意味着只看到自己生命的重要性，也必须承认别人的生命同样重要。我们应该自觉地珍爱他人的生命，如同珍爱自己的生命一样。

课件展示"仁者爱人，推己及人"。

环节三：第二目——休戚与共

教师播放视频：一方有难，举国驰援。

思考一：河南洪水灾情后的"全民救援"中，人们对生命是怎样的态度？

思考二：生命之间存在着怎样的关系？

学生回答：①敬畏生命；②休戚与共。

教师提问：如何理解"休戚与共"？

学生回答。

教师总结："休戚与共"本义是有幸福共同享受，有祸患共同抵挡。后形容关系紧密，利害相同。同义词有"患难与共、息息相关"等。

研学第三站：如何做到敬畏生命？

教师展示材料图片：图片1——请佩戴口罩；图片2——排队距离间隔1米以上；图片3——食堂安全就餐；图片4——减少出门。

思考：疫情防控期间，为什么要出台此类规定？

学生回答：关怀他人。

教师总结：敬畏生命，让我们从珍惜自己的生命转变为关怀他人的生命，意识到每个人都需要与他人共同生活。（意识层面）

第97页"探究与分享"：上述四个情境分别带给你怎样的感受？你能从上述不同的情境中发现哪些共同的态度？

学生讨论并回答：

①感受到关怀与温暖、帮助和友谊、尊重他人、尊老的美德。

②共同的态度：尊重、关注、关怀和善待身边的每一个人。

七嘴八舌：现实生活中有哪些漠视生命的现象或行为？

学生回答：打架、吸毒、抽烟喝酒、不遵守交规、熬夜、高空抛物、酒驾醉驾等现象。

教师展示图片并总结：我们不漠视自己的生命，也不漠视他人的生命，谨慎对待生命关系，处理生命问题，才会尊重、关注、关怀和善待身边的每一个人。（行为层面）

教师展示图片：请战书。

一个个鲜艳的红手印，郑重地按在了请战书上。这个春节，朋友圈里刷屏的不再是丰盛可口的年夜饭，也不是其乐融融的大团圆，而是一封又一封写着"不论生死、不计报酬"的请战书，一个又一个令人热血沸腾的红手印。在这场突如其来的灾难面前，一位位白衣天使、一个个中国军人，又一次成为危难面前的最美"逆行者"。

学生思考：如何做到敬畏生命？

学生思考并回答。

教师总结：（课堂笔记）我们对生命的敬畏并不是谁的命令，而是内心的自愿选择，当我们能够与周围的生命休戚与共时，我们就走向了道德生活。（道德层面）

（3）如何做到敬畏生命？（怎么做到休戚与共？）（第96~97页）

①敬畏生命，让我们从对自己生命的珍惜走向对他人生命的关怀，使我们意识到每个人都需要与他人共同生活。（意识层面）（第96页）

②我们只有不漠视自己的生命，也不漠视他人的生命，谨慎地对待生命关系、处理生命问题，才会尊重、关注、关怀和善待身边的每一个人。（行为层面）（第97页）

③我们对生命的敬畏并不是谁的命令，而是内心的自愿选择。当我们能够与周围的生命休戚与共时，我们就走向了道德的生活。（道德层面）（第98页）

教师讲解：孟子"四端说"。

教师总结：对生命的敬畏是人们应有的道德需求，是内心的自愿选择，而不是迫于谁的命令。

敬畏生命落实行动（升华主题）：作为中学生，在日常生活中，我们该用实际行动来珍爱自己的生命，关爱他人生命。

学生回答：一盔一戴，不吃"三无"食品，不抽烟、不喝酒，不沉迷小说、游戏……

教师总结展示：积极锻炼身体，不抽烟不喝酒，不沉迷小说、游戏；同学发生矛盾大动拳脚时及时阻拦，遵纪守法，"一盔一戴"，遇到挫折不放弃生的希望，生病及时就医，防火、防盗、防溺水，不吃"三无"食品等。

根据板书进行梳理总结。

课堂练习环节

1. （2022 成都改编）小诗《短》写道："一天很短，短得来不及拥抱清晨，就已经手握黄昏！一年很短，短得来不及细品初春的花红柳绿，就要打点素裹秋霜！一生很短，短得来不及享受美好年华，就已经身处迟暮……"这首小诗启发我们（　　）

①要懂得生命的短暂，活出生命的精彩　②要延长生命的时间，追求生命的永恒　③要感激生命的获得，坐等生命的消逝　④要感悟生命的宝贵，探索生命的意义

A.①②　　　　B.②③　　　　C.①④　　　　D.③④

2. （2022 广东二模）"人命大于天，一定要捐！"一名大四学生得知自己的造血干细胞与一名5岁的血液病患儿初步配型成功后，他没有犹豫，积极配合采集干细胞的各项准备工作。他的行为体现了（　　）

A. 追求卓越的奋进品格　　　　B. 敬业奉献的道德操守

C. 见贤思齐的人生境界　　　　D. 珍视生命的美好品质

3. （2022 陕西）陕西是中华民族和华夏文明的重要发祥地之一，素有"天然历史博物馆"之称。"五一"期间，陕西历史博物馆一票难求，到博物馆"充电"成为一道亮丽的风景线。这是因为，参观博物馆（　　）

①可以欣赏精美的文物，聆听历史的回声　②可以养护精神，充盈生命，追求真善美　③应该严格遵守场馆规定，保护文物安全　④能够感受古人的智慧和灿烂的中华文化

A.①②③　　　B.①②④　　　C.①③④　　　D.②③④

4. （2022 昆明）"谁说污泥满身的不算英雄""谁说对弈平凡的不算英雄""谁说站在光里的才算英雄"……《孤勇者》的歌词寄寓了词作者勇敢抗癌的心路历程，唱出了普通人为生活拼搏的样子，人们从中感受到了生命的力量。这启示我们（　　）

A. 要正确对待挫折和逆境，增强生命韧性

B. 生活中，只有英雄才能战胜挫折

C. 面对挫折，产生负面的情绪是不正常的

D. 保持乐观的心态就不会遭遇挫折

5.（2022 云南）北京冬奥会单板滑雪男子大跳台冠军苏翊鸣说："努力永远不会欺骗人。"17 岁的他用每个训练日七八个小时的高强度雪上训练，见证着自己的冠军之路。由此可见（　　　）

A. 只要努力就一定事业有成

B. 要奋力拼搏，追求事事完美

C. 只有练好体育才能为国争光

D. 实现人生价值需要自强不息

6.（2022 云南）生命是一个逐渐丰富、充盈的过程。下列做法能让生命充盈的是（　　　）

A. 小波不想被"哥们儿"看不起，于是和他们一起抽烟

B. 小彤喜欢阅读，在阅览室看到喜欢的书就随手拿走

C. 小明爱打篮球，积极组织同学参加学校篮球赛

D. 小琳为了追星，逼着父母多给自己零花钱

7.（2022 安徽）一日，某老人突发疾病昏倒在地，一位路过的医生跪在他身旁对他进行急救，周围的群众也纷纷加入救护队伍。经过急救，老人脱离危险。众人的举动（　　　）

①诠释了传统美德，彰显中国价值　②是对他人生命的关切，传递了温暖　③是凡人善举，传递了人间的大爱　④不过是举手之劳，不值得我们赞扬

A. ①②③　　　　B. ①②④　　　　C. ①③④　　　　D. ②③④

▶ 课后作业

（不同层次的学生可分别选择）

1. 完成《名校课堂》对应的选择题部分；

2. "拓展空间"：（第 98 页）

心存敬畏，会让我们对待生命的态度和行为有何不同？有人说，心存敬畏，才能无畏；也有人说，心存敬畏，行有所止。

讨论：请与同学分享对上述观点的看法。

▶ **板书设计**

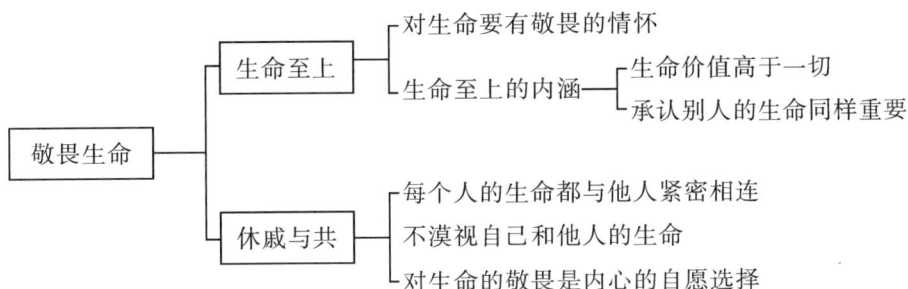

七、教学反思

  本节课依据课程标准强调的生活联系实际，引导学生自主学习和注意学生情感体验的教学要求，教学设计上力求把教材精练、抽象的道理形象化、具体化、生动化、生活化。整堂课设计以活动教学和讨论教学为主，强调让学生在活动和讨论中探寻、体验人的生命的重要性，并且树立热爱生命、敬畏生命的观念。活动设计密切联系学生实际，可操作性强。内化于心，外化于行，学生才能学会敬畏生命。

《守护生命》教学设计

茂名市愉园中学　梁立发

教学课题：《守护生命》
课时安排：1 课时

一、教材分析

　　本节课是部编版《道德与法治》七年级上册第四单元"生命的思考"第九课《珍视生命》第一框内容，也是《义务教育道德与法治课程标准（2022年版)》五大核心素养中的"法治观念"和"健全人格"相应的内容。本节课结合初中学生的日常生活，帮助学生学会从爱护身体和养护精神两方面来守护生命，引领学生既要关心自己的身体健康，培养维护健康、危急情形下自救自护的意识和能力，又要追求充盈的精神生活，满足生命的精神需求。

二、学情分析

　　初中阶段的未成年人正处于青春发育关键期，心理情绪变化不定，他们缺乏必要的生命安全意识和自我保护意识，缺少必需的自救自护常识。因此，本课旨在教育学生学会珍爱生命，对生命负责任，既要爱护身体，又要养护精神。

三、教学目标

（一）学科核心素养目标

"法治观念"要求学生有生命安全意识和自我保护能力，了解和识别可能危害自身安全的行为，具备自我保护意识，掌握基本的自我保护方法，预防和远离伤害。"健全人格"要求学生自尊自信，正确认识自己，珍爱生命，能够自我调节和管理情绪，具备乐观开朗、坚韧弘毅、自立自强的健康心理素质。

（二）知识、能力、情感态度价值观目标

1. 知识目标：知道怎样爱护身体，掌握一些基本的自救自护方法；知道怎样养护精神，了解中华优秀传统文化。

2. 能力目标：提高安全防范能力，能够进行基本的自救自护；学会面对复杂的社会生活，以真善美为标准，作出正确的道德判断和选择。

3. 情感态度价值观目标：珍视生命，对生命负责任，养成健康的生活方式；爱护身体，增强安全意识、自我保护意识；认同中华文化，弘扬民族精神，自觉守护精神家园。

四、教学重点和难点

1. 教学重点：爱护身体。
2. 教学难点：养护精神。

五、教学方法

小组讨论法、实例分析法、归纳总结法、活动探究法等。

六、教学过程

▶ 导入环节

教师播放有关抗疫的视频，并设置问题：视频中的工作人员在做什么？目的是什么？

学生讨论并回答，引出课题。

▶ **讲授新课环节**

活动一：说一说　健康生活方式知多少

教师抛出话题"试一试——介绍钟南山院士的健康生活方式"，学生小组交流、讨论、回答后，多媒体显示教师总结。

教师总结：健康的生活方式包括：合理饮食、规律作息、适量运动、定期体检、切勿熬夜、讲究卫生、不滥用药物、远离有害物质等。

知识点1　守护生命首先要关注自己的身体，养成健康的生活方式

【设计意图】让学生明白，爱护身体首先要关注自己的身体状况，远离不健康的生活方式，在日常生活中养成健康的生活习惯和生活方式。

活动二：辨一辨　这样做对吗

设置情境：

情境一：本学期小明考试经常不及格，被老师批评和爸爸数落，很伤心。久而久之，小明茶饭不思、失眠、自闭、自残。

（提示：小明遇到了……后果是……我们应该……）

情境二：小勇并没有因为同学笑话他而闷闷不乐，而是坚持自己的正确做法，心情没受影响，按时吃饭休息。

（提示：面对同学取笑……说明小勇……）

学生思考回答后，教师总结知识点。

知识点2　守护生命要珍视自己的肉体生命

【设计意图】通过该活动，帮助学生认识到当某些内心需要得不到满足或经不起一时挫折而做出过激甚至伤害自己身体的行为是错误的，我们要爱护自己的身体。

活动三：抢答　考考你

选择题：分别从居家用火、台风、火灾、洪水等方面设置五道选择题。

图片：学校防火、防震演练的图片。

提问：图片中的同学在做什么？学校这样做的目的是什么？

学生完成练习，并结合图片进行回答。

学生回答后，教师点评并总结出第三个知识点。

知识点3　守护生命要提高安全意识，掌握一些基本的自救自护方法

【设计意图】通过出示险情防范练习和学校地震模拟演练的图片，引导学生面对生活中的灾难时，学会保护身体，帮助学生掌握一些自救自护方法，提

高学生的安全防范意识。

活动四：合作与探究

出示：纳粹集中营中儿童画作照片及集中营的相关图片。

提问：在集中营里，女画家费利德为什么要教孩子们画画？

（提示：集中营的环境……，画画可以……）

学生阅读教材第 102～103 页的"探究与分享"，并结合教师出示的图片和问题进行探讨和思考。

教师总结：即使在物质贫乏、外部环境艰苦的情况下，只要我们守住自己的心灵，仍然可以看到真、善、美。精神发育需要物质的支持，但不完全受物质生活条件和外部环境的制约。

出示：学生过度追求物质生活和进行物质攀比的漫画。

提问：这些同学注重什么？又会失去什么？

教师总结：过度追求物质生活，贪婪、攀比，会使我们丧失对真、善、美的体验，丢失精神世界的财富。

知识点 4　物质条件与精神发育的关系

【设计意图】通过活动探究和对问题的思考，让学生明白精神发育与物质追求的辩证关系，教育学生学会养护精神生命，追求真、善、美，不过度关注物质生活条件。

活动五：交流与展示

提问：我们在日常生活中是如何养护精神的？

观看音乐视频：《学习雷锋好榜样》。

学生展示：绘画作品、书法作品。

教师总结。

知识点 5　养护精神离不开优秀传统文化的滋养

【拓展：茂名特色文化知多少】

（1）非物质文化遗产。

国家级非物质文化遗产高州木偶戏：也称"傀戏""傀仔戏"，是一种群众喜闻乐见的民间戏曲艺术。高州木偶属杖头木偶，选用质地细软的枝松木雕刻并加以彩绘、装潢，以高州白话演出，内容多取自历史演义、公案小说、民间传奇、神话故事等。高州木偶戏于 2006 年入选第一批国家级非物质文化遗产名录。

冼夫人信俗：是以信奉和弘扬冼夫人的爱国、爱民、立德为核心，以冼太庙为主要活动场所，以庙会、习俗和传说等为表现形式的民俗文化。冼夫人信俗于2014年被列入第四批国家级非物质文化遗产名录。

茂名市还拥有多项省级非物质文化遗产，如年例、高州木刻画、原茂港单人木偶戏（电白）等。

（2）其他特色文化。

除了上述非物质文化遗产外，茂名市还有其他一些特色文化，如荔枝文化、石油文化等。茂名是中国著名的荔枝之乡，荔枝文化源远流长；同时，茂名也是中国南方重要的石油化工基地之一，石油文化也是茂名文化的重要组成部分。

【设计意图】通过学生亲自演示和讲解，帮助学生认识到，我们每个人的精神生活都流淌着中华民族文化的血脉，离不开优秀传统文化的滋养。养护精神就是不能丢失优秀的民族文化。我们要在个人精神世界的充盈中发扬民族精神。

▶ **小结环节**

本节课主要从两个方面进行深入学习：

（1）爱护身体：爱护身体就是守护生命。我们学习了如何保持健康的生活方式，包括合理饮食、规律作息、适量运动等。同时，也提高了安全意识，学习了如何在面对危险时保护自己，比如火灾逃生、交通事故自救等技能。

（2）养护精神：除了身体健康，精神世界的丰富与健康同样重要。这包括学习优秀文化、传承民族精神、培养积极向上的生活态度等。

课堂练习环节

1. 生活中，学会紧急避险十分重要。发生下列险情时，避险正确的是（　　）

①打雷时，站在大树下　②火灾时，及时拨打"119"　③地震时，选择容易形成三角空间的地点避震　④水灾时，先救财物

A. ①②　　　　B. ②③　　　　C. ①③　　　　D. ②④

2. 如果你打开家门时，发现家中煤气轻微泄漏。你的正确做法是立即（　　）

A. 打电话叫爸爸妈妈回来　　　　B. 开灯检查

C. 点燃煤气灶　　　　D. 开窗通风，关闭煤气开关

3. 台风是广东省的常发灾害，威胁着人们的生命财产安全。在台风天，下列做法不可取的是（   ）

A. 尽量不要外出

B. 加固门窗，准备好照明工具和充足的食物

C. 去海边追台风眼，观察自然现象

D. 关注天气预报，及时了解台风实情

4. 火灾发生时，你的正确做法是立即（   ）

A. 打电话给父母，在家等候

B. 跑上楼，大声呼救

C. 坐电梯下楼

D. 打 119，用湿毛巾捂口鼻，明辨方向，迅速撤离

5. 遭遇洪水时，你的正确做法是立即（   ）

A. 向低处跑

B. 向山坡、高地、楼房转移

C. 游泳逃生

D. 攀爬带电的电线杆

▶ 课后作业

一、单选题

1. 下列行为中，有利于生命健康的是（   ）

①每天坚持参加体育锻炼　②周末时去公园徒步　③患病后及时进行医治　④过度节食进行减肥

A. ①②③　　　　　B. ①②④　　　　　C. ①③④　　　　　D. ②③④

2. 具有自我保护意识是未成年人迈向成熟的重要一步。下列情形，体现青少年自我保护意识强的是（   ）

①未知链接不点击，陌生来电不轻信　②去电影院时，留意观察安全出口、消防通道　③骑自行车时，不相互攀扶，不多车并行　④野外遇到雷电时，及时打电话向父母求助

A. ①②③　　　　　B. ①②④　　　　　C. ①③④　　　　　D. ②③④

3. 下列能体现关爱生命健康的是（   ）

A. 小东每天都能抽时间锻炼身体

B. 小贾为了值日不参加逃生演练

C. 小江喜欢吃路边的烧烤和零食

D. 小红雷雨天时在大树底下避雨

4. 如果你不幸溺水，当有人来救你的时候，你应该（　　　）

A. 紧紧抓住来人的胳膊

B. 放松身体，让来人托住你的腰

C. 双手抱住来人的身体

D. 抱住来人的腿

5. 在养护精神方面，下列说法错误的是（　　　）

A. 我们的精神发育，完全受物质生活条件和外部环境的制约

B. 精神风貌反映着我们的生命状态，守护生命需要关注并养护我们的精神

C. 我们除了要关注生理需要和身体健康，还要满足精神需求

D. 守护精神家园需要在个人精神世界的充盈中发掘民族精神

二、问答题

材料：东京奥运会上，未满14岁的奥运女孩全红婵，凭借"水花消失术"让大家记住了她，但让众人破防的，还是她说妈妈生病了，她想赚钱给妈妈治病，最大的愿望就是回家看看。全红婵即便难得回家休息，依然会帮爸爸在果园干活。每次接到爸爸的电话，都会"挑练得好的事情告诉他，练得不好就不说了，不想让他着急担心"。

思考：为什么"回家看看"成为全红婵最大的愿望？

▶ 板书设计

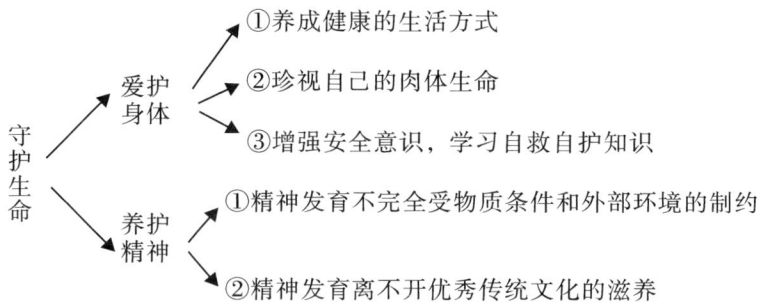

七、教学反思

在教学过程中，应注重学生的参与度和主动性，鼓励学生积极思考和发言。应加强对学生的引导和启发，帮助学生形成正确的生命观和价值观。应关注学生的心理变化和情感需求，及时给予关心和支持。

《感受生命的意义》教学设计

广州协和学校　张东辉

教学课题：《感受生命的意义》
课时安排：1 课时

一、教材分析

单元教学设计：

本单元是前三个单元内容的延伸与升华，在七年级上册《道德与法治》教材体系中居于核心地位，对学生的健康成长起着重要作用。本单元是关于探究生命的话题，是针对初中学生开展的比较系统的生命教育，有着强烈的现实意义和深远的教育价值。本单元旨在培养学生的生命意识和情怀，引导和帮助学生理解生命的自然规律，提升人类文明传承的使命感，懂得生命至上的内涵；引导学生关心身体健康，充盈精神生活，增强敬畏生命、守护生命的意识；引导学生积极地认识挫折，增强战胜挫折的勇气和信心，领悟人生的真谛，增强对生命意义的认识，努力在平凡的生活中活出生命的精彩。

单元整体教学思路：

本单元以"生命的思考"为主题，探讨怎样用自己的行动书写一份出色的人生答卷，从探问生命、珍视生命、感受生命的意义和价值等角度设置了三课（第八课、第九课、第十课）的学习内容。通过对生命的探问，激发对生命话题的探究兴趣，理解生命的发展规律，培养感激生命、珍爱生命的情怀，引导学生理解生命的特点和价值，进而敬畏生命、守护生命，提升生命的品质。本课时是在"探问生命"和"珍视生命"两课的基础上，与第二课时

"活出生命的精彩"一起引导学生进一步探索人活着的意义，追求自身价值的实现。引领学生认真审视生命的意义，追求生命的美好，理解生命的价值在于创造和贡献，培养学生正确的生命价值观。

二、学情分析

处于青春年华的初中学生，风华正茂，对生活充满热情，洋溢着生命的活力。他们中有一些人已经开始思考生命的意义，但是难以得到一个让自己满意的答案；也有一部分学生感到生活的意义渺茫，人的生命渺小而脆弱，生活机械而乏味，开始对生存的意义和生命价值产生怀疑，不同程度地表现出漠视自己和他人的生命。

近年来，生命意义和价值的研究得到了心理学、教育学等学科研究者的重视，校园欺凌、自杀案件等不良社会事件的增加，更使教育工作者感到对生命意义的研究和对学生生命教育的普及已经迫在眉睫。许多研究已经证明，生命意义感与身心健康、主观幸福感、生活满意度等都显著相关。而生命意义感的缺失则是导致不良情绪如抑郁、焦虑、空虚感、无聊倾向的重要因素。自杀观念的产生，也与生命意义感缺失具有显著相关的关系。在生命教育推进的过程中，让青少年明白生命中有哪些东西值得珍惜和追求，人的一生应该怎样度过，这对于他们的生活和学习将是大有裨益的。

三、教学目标

（一）学科核心素养目标

依据课程标准"健全人格"中"懂得生命的意义和价值，热爱生活，树立正确的人生观"这个目标要求，通过生命教育，唤醒学生对自己、对周围生命现象的科学思考，引导学生理解生命的意义，珍惜生命，实现生命价值，编织美好的未来人生。同时引导学生科学面对纷繁复杂的社会生活，通过独立思考和实践，将个人成长与民族文化和国家命运紧密相连，将价值引导与生活主题相结合，形成正确认识，增强责任意识，通过道德践行促进思想品德健康发展。

（二）知识、能力、情感态度价值观目标

1. 知识目标：引导学生感受生命的丰富和美好，热爱生活；愿意去探索

和创造生命的意义。

2. 能力目标：引导学生辨析什么样的人生是有意义的，提高选择过有意义的生活的能力。

3. 情感态度价值观目标：引导学生懂得探索生命意义的重要性；懂得生命是独特的、生命的意义是具体的，明晰自己的生命意义和价值。

四、教学重点和难点

1. 教学重点：生命的追问。
2. 教学难点：发现我的生命。

五、教学方法

启发式教学、小组自主探究式教学。

六、教学过程

▶ 导入环节

展示我校从上到下认真落实疫情防控工作的照片，这体现了对生命的尊重，因为生命是宝贵的，所以要珍惜生命、守护生命。在此基础上，进一步思考：生命中有哪些东西值得珍惜，值得追求？我们的一生应该怎样度过？今天我们将继续学习与生命有关的问题。

【设计意图】利用身边的真实情境，重温已学知识，引入新知识。

▶ 讲授新课环节

环节一：学习英烈事迹，探寻人生价值

（1）探究1：烈士的一生是短暂的，他们生命的意义体现在哪里呢？

教师活动：播放电影片段《英雄赞歌》。

学生活动：小组讨论、探究。

教师总结：对国家、人民、人类有贡献的生命才是最有意义的。

【设计意图】利用电影片段创设情境，激发学生的情感，带着感情进入本课的学习。在视频创设出情境的前提下设置问题，从学生回答中，师生共同归纳结论。在进行生命教育的同时渗透红色文化，帮助学生理解生命的价值在于创造和贡献，形成科学的生命价值观。

（2）探究2：这些优秀共产党员的人生有什么共同点？又有着什么样的不同？

教师活动：引导、总结、概括，最后师生共同归纳结论。

学生活动：观看图片，了解优秀共产党员的先进事迹，从人生价值的角度，找出他们的共同点与不同点。

教师总结：他们在不同的领域、不同的时期，付出了青春，付出了毕生的精力，还付出了生命。他们维护了国家的利益，守护了人民的幸福，为人类创造了财富，对国家、人民、人类是有贡献的，因此他们的人生既是独特的，又是精彩的（有价值的）。

【设计意图】通过了解优秀共产党员的先进事迹，从人生价值的角度，寻找共同点与不同点，得出"人生的价值在于奉献"这个结论。

过渡：刚刚我们解答了"怎样的一生是有意义的"这个问题，同学们现在才十二三岁，就像毛泽东同志在《沁园春·长沙》中所写的那样，"恰同学少年，风华正茂"，你们的人生有无限的可能。面对无限的可能，接下来的问题就是，怎样让我们的人生更有意义，更有价值？

环节二：我的人生我做主，创造美好人生

教师活动：（引导点拨）光彩的人生有着各自的光彩，同学们的经历也各不相同，说明了生命具有独特性。

学生活动：在小组内介绍自己的一项优势或擅长的方面，发现自己与众不同的地方。

教师总结：我们都是在自己的生活经历中一点一点地建构自己，形成"我的人生"，不同的人生各有各的精彩。

【设计意图】通过发现自己和他人的独特之处，进而发现生命的意义。

（3）探究3：同学们，你们有谁觉得在自己的人生经历中做过对国家、社会很有意义的事情？

学生活动：发掘个人生命背后所隐藏的社会意义，从社会价值的角度思考人生意义。

教师总结：（点拨启发）在学校封控期间，同学们克服各种困难，积极配合学校的防控工作安排，不仅守护了自己的健康和生命，也守护了他人的健康和生命，还为国家的防疫工作作出了力所能及的贡献。

【设计意图】通过把学生的日常行为与他人、社会、国家联系起来，引导学生从生命的社会价值的角度去认识生命的意义。

（4）探究4：同学们在疫情防控期间的良好表现，对自己的人生产生了什么积极影响？今后怎么做，才能让自己的人生更有意义？

学生活动：小组讨论，把个人的日常表现与自己的人生联系起来，探究"我的人生谁做主"。

教师总结：（点拨启发）良好的表现给自己的人生增添了值得自豪的一笔。你们的人生之路还很长，应该由你们自己发现、自己创造、自己书写。只有自己才可能驾驭自己的生活，选择自己的人生道路。归纳出生命的意义需要自己发现和创造，探索生命的意义是人类生命的原动力之一。

【设计意图】通过探究回答问题，把个人的日常表现与自己的人生联系起来，认识到自己的人生应该由自己发现、自己创造、自己书写。正所谓"我的人生由我来书写"。

▶ 小结环节

本节课通过感悟、探究分析等活动，探讨了"人为什么而活着""怎样的一生是值得的"，以及"如何认识生命的意义"这几个问题。我们认识到，人活着是为了让生命有意义。怎样的一生是值得的呢？能够活出自己的人生，自食其力，实现自我价值，这样的一生是值得的（个人）；当别人需要帮助时，付出自己的爱心，无论事情大小，自愿承担责任，这样的一生是值得的（他人）；将个人理想与国家发展、民族复兴和人类命运结合起来，这样的一生是值得的（人类）。

如何认识生命的意义呢？探索生命的意义，是人类生命的原动力之一。只有人类才可能驾驭自己的生活，选择自己的人生道路。生命是独特的，生命意义是具体的。每个人的生活不尽相同，我们都是在自己的生活经历中一点一点地建构自己，形成人们所说的"我的人生"。生命的意义需要自己发现和创造。我想要过怎样的生活？我该如何创造我想要的生活？通过认真地审视这些问题，我们会更加明确生命的意义。

▶ 课后作业

思考拓展：请根据本课学习的知识，提出不少于三个让初中生活更有价值的做法。

▶ 板书设计

第十课　第一框　感受生命的意义

一、生命的追问→ 认识生命的意义：有贡献的生命才是有意义的

二、发现我的生命→ 让人生更有意义

（1）生命是独特的，生命意义是具体的

（2）生命的意义需要自己发现和创造

（3）探索生命的意义，是人类生命的原动力之一

七、教学反思

　　本节课在教学中能够做到教学目标明确，使用的教学材料与资源贴近学生生活，将红色文化融入课堂教学当中，帮助学生理解生命的价值在于创造和贡献，有助于学生形成正确的生命价值观。教学中有育人点，能够发挥学生的自主性，让他们自主地建构知识，学生参与度较高。根据教学实际对教材进行详略调整，突出了重难点。

　　由于准备不够充分，教学中对教材的熟练度不够，环节之间的衔接不够顺畅。例如环节一中"探究2"缺少学生自发思考，教师的点拨有几个地方不够充分，结束得有点儿早，没有延伸、回扣知识点。

《青春飞扬》教学设计

潮州市潮安区龙溪中学　蔡玫苹

教学课题：《青春飞扬》
课时安排：1 课时

一、教材分析

　　本课是部编版《道德与法治》七年级下册第一单元"青春时光"的最后一课《青春的证明》第一框，也是本单元的落脚点。第一目"成长的渴望"旨在引导学生感悟青春的魅力，激发学生对青春的憧憬和向往，并培养他们规划青春路径的意识；第二目"飞翔的力量"旨在引导学生明确自信和自强对人的成长成才的重要意义，从而建立自信心和培养自强精神。

二、学情分析

　　进入中学，学生对青春充满着想象，有很多想法，他们对成长有着强烈的渴望，他们渴望飞翔。然而，现实生活中由于各方面的原因，他们可能会有自卑心理、自弃意识。因此，引导学生继续对青春保持渴望和憧憬，帮助学生建立自信心，培养自强精神，显得至关重要。

三、教学目标

（一）学科核心素养目标

健全人格：具有积极的心理品质，自信自爱，坚韧乐观；有自制力，能调节和管理自己的情绪，具有抗挫折能力等；勇于探究，能不畏困难，有坚持不懈的探索精神；能大胆尝试，积极寻求有效的问题解决方法等。

（二）知识、能力、情感态度价值观目标

1. 知识目标：认识和了解对未来的憧憬和向往，并通过自己的努力实现。知道自信、自强对于青春成长的意义。

2. 能力目标：提高对青春活力的理解能力，增强实现青春梦想的能力。培养自信、自强的优秀品质，做到自尊自爱。

3. 情感态度价值观目标：培养珍惜青春、热爱青春的意识和情感，正确认识青春并为实现青春理想而努力奋斗。

四、教学重点和难点

1. 教学重点：青春探索需要自信自强。
2. 教学难点：成长的渴望是青春探索的脚步。

五、教学方法

情境教学法、讲授法、小组讨论法、合作探究法等。

六、教学过程

▶ 导入环节

播放诗朗诵《青春万岁》。

提问：从《青春万岁》这首诗中，你感受到了什么？

学生活动：男生女生合作分角色朗诵诗歌。

教师活动：对学生的朗诵和回答给予恰当的总结和概括。

▶ 讲授新课环节

目标导学一：成长的渴望

活动一：畅想青春

（1）请你分享：我渴望＿＿＿＿＿＿＿＿。

（2）请你辨析：这些想法是胡思乱想吗？你的渴望对你的成长有意义吗？

教师活动：带动学生参与，表达自己的想法，激发学生自己探索对于青春的感受和感悟青春的力量。分享教师经历，引导学生规划好青春路径。

学生活动：学生分享与交流。

目标导学二：飞翔的力量

活动二：助力青春

探究一：想象你是一只振翅欲飞的雄鹰，应该拥有怎样的羽翼才能独立飞翔？把你想到的词语写上去。

教师活动：引导学生思考青春探索需要的品质，开发学生的想象力。

学生活动：学生分享与交流。

探究二：播放视频《战疫90后》：在潮州市驰援湖北的15名医疗队员中，就有7名90后，他们奔赴一线，与时间赛跑、同病魔较量，努力守护着患者的生命与健康。用自己的行动践行医者誓言，书写无悔青春，展现了新时代青年的精神风貌，他们是我们的青春好榜样。

（1）结合视频和图片（军人、女排姑娘），说一说：自信者具有怎样的风采？

（2）分享：在你的成长历程中自信对你有什么帮助？

（3）结合你成功的经验，小组讨论让自己增强自信的方法。

学生活动：观看视频，小组讨论交流，小组代表分享成果。

教师活动：对学生的回答给予恰当的总结和概括，帮助学生树立自信。

探究三：疫情防控期间我们停课不停学，出示图片：停课不停学之刻苦攻读典范（图一：现代版的凿壁偷光——初中女生郭同学寒夜在村委蹭网学习；图二：崖壁边上课——15岁女孩杨同学，每天要爬一个小时陡峭的山路，来到距家4公里外的悬崖边上课，因为附近只有这里有信号；图三：10岁的敖同学读三年级，为了不耽误学习，每天步行近10里山路到村委会上网课。）

请你反思：疫情防控期间，你做到"自强"了吗？

（1）早上7：00的闹钟响起时，你应该选择……

（2）网络课程学习中，你很想玩游戏，你应该选择……

（3）做作业时，你很想去打篮球，你应该选择……

（4）当你感觉自己坚持不下去的时候，你应该选择……

根据图片和你的经历，说一说：

（1）什么是自强？

（2）为什么要自强？

（3）如何做到自强？

学生活动：学生分享与交流。

教师活动：对学生的回答给予恰当的总结和概括，鼓励学生自立自强。

活动三：青春宣言

我是龙溪中学青年，拥有火热青春；

我是祖国未来，迸发满腔激情。

今天，我以青春的名义庄严宣誓：

面对困难，我们勇于向前。

面对挑战，我们毫不畏惧。

面对挫折，我们绝不低头。

面对失败，我们永不言弃。

面对自己，我们不断超越。

生命如虹，青春不悔！

宣誓人：×××

教师活动：

指导学生宣誓仪式：请起立！举起右手握拳，手心朝前，贴于耳后，进行庄严宣誓。激发青春热情，引导学生以自信自强的态度去面对未来的挑战。

学生活动：在班长带领下进行宣誓。

▶ **小结环节**

本节课，我们主要学习了_____。我懂得了_____。

教师活动：引导学生梳理知识，使学生理解本节课知识内容，提高归纳能力。

学生活动：学生分享与交流。

【青春寄语】

习近平总书记寄语：人的一生只有一次青春。现在，青春是用来奋斗的；将来，青春是用来回忆的。

老师寄语：同学们，少年强则国强，少年智则国智。站在青春的起点，让我们带着激荡的青春活力去追逐梦想，带着自信自强的青春态度去践行梦想，让青春无悔，让青春飞扬。

教师活动：鼓励学生为实现青春梦想不懈努力，带着美好的祝福，开始青春的远航。

课堂练习环节

1. "当你不去旅行，不去冒险，不去拼一份奖学金，不过没试过的生活，整天挂着QQ，刷着微博，逛着淘宝，玩着网游，干着我80岁都能做的事，你要青春干吗？"马云的这段话启示我们（　　）

　　A. 把握美好的青春时光及时行乐　　B. 积极探索青春，规划青春
　　C. 完全不听父母的规划与安排　　　D. 书本学习没太大必要

2. 歌曲《我相信》中唱道："想飞上天/和太阳肩并肩/世界等着我去改变/想做的梦/从不怕别人看见……抛开烦恼/勇敢地大步向前/我就站在舞台中间/我相信我就是我/我相信明天……"歌词中"我相信我就是我"给我们的启示是（　　）

①我们要对自己充满信心　②展示自己的风采，接纳自己的全部
③欣赏自己，为自己感到骄傲，珍视自己的价值　④欣赏自己满意的地方，就要骄傲自大，目中无人

　　A. ①②③　　　　B. ②③④　　　　C. ①②④　　　　D. ①③④

3. 习近平总书记说："蓝图不可能一蹴而就，梦想不可能一夜成真。人间万事出艰辛。"因此我们应该（　　）

①努力克服惰性、抵制不良诱惑、战胜自我　②相信自己，勇敢尝试，不断进步　③克服自己的弱点，战胜自己、超越自己　④树立坚强的意志，不懈坚持

　　A. ①②③　　　　B. ①②③④　　　　C. ①③④　　　　D. ②③④

4. 教育部印发的《中小学生守则（2015年修订）》要求，自强自律健身心。

（1）教育部要求中小学生自强，有何理论依据？

（2）作为中学生，我们应该如何做到自强？

教师活动：指导学生答题方法。

学生活动：通过练习巩固知识。

▶ **课后作业**

设计一张以"青春"为主题的书签，包含"我的青春梦想""我的青春路径""我的青春寄语""我的青春榜样"等内容。要求：图文并茂，内容健康，形式新颖。

▶ **板书设计**

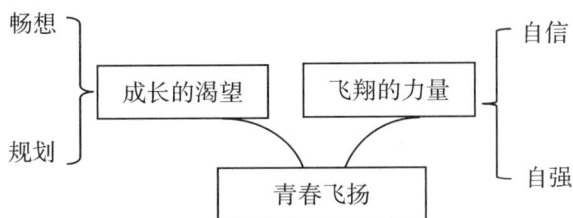

七、教学反思

本课的设计秉承了"教师主导，学生主体"的教学理念，突出学生的主体地位，重视学生的体验过程。由诗朗诵《青春万岁》导入新课，激发学生的学习兴趣。以"畅想青春""助力青春""青春宣言"为主线，设计三个活动、三个探究，由浅入深，层层推进，借助青春宣言和青春寄语，升华主题：青春自信，弘扬民族精神。

在教学的过程中课程按照既定环节进行，环环相扣，问题之间的过渡和铺垫都做到了顺畅自然。积极创设情境，素材选取贯彻"三贴近"原则，选用富有本土特色的潮州市90后护士志愿者赴鄂支援抗疫的青春热血事迹，来诠释青春的自信自强，这是一大亮点。引导学生通过多种方式进行探究与分享，课堂氛围活跃，学生在课堂上能够有效参与每一个环节的活动，积极思考、探索、分享。最后班长带领全体同学进行青春宣誓，现场激情澎湃，气势如虹。寄语颇具感染力，全场不约而同响起掌声！

在教学过程中，通过教师与学生的互动环节，知识自然生成，教师对学生的回答给予了恰当的总结和概括，有效地促进学生的学习。但对于各教学环节时间的分配仍需要加强，比如对于"自信"的探究分享时间把控不好，用时太多，出现前松后紧的情况。今后要进一步加强课堂调控能力，优化课堂教学策略，促进学生核心素养发展。

《青春的情绪》教学设计

廉江市第五中学　易华清

教学课题：《青春的情绪》
课时安排：1 课时

一、教材分析

　　本课是部编版《道德与法治》七年级下册第二单元第四课第一框内容，从情绪、青春期的情绪两个大的方向进行了系统的阐述。首先从情绪的类型、影响因素、作用三个角度感知情绪，在此基础上，指导学生认识青春期的情绪特点并加以正确认识和对待。教材内容在整个第四课的学习中为第二框的学习奠定基础。本课内容分为两目，分别是"情绪面面观"和"情绪的青春色调"，着重阐述的核心观点有：情绪的多样性、复杂性；情绪受多方面因素的影响；情绪影响着我们的观念和行动；青春期的情绪特点；激发正面情绪感受；积极面对自己的情绪。

二、学情分析

　　学生通过相关知识的学习，知道伴随青春期的生理发育，自己的认知能力得到发展，自我意识不断增强，情感世界也愈加丰富。这些让学生感到新奇和困惑，容易产生反抗、依赖等矛盾心理，情绪上会随之出现波动，有时相当激烈、粗暴甚至失控，平常小事在他们那里也可能引起很强烈的反应。为了帮助学生顺利度过青春期，保持积极乐观的心态，本课依据学生青春期情绪发展的特点，聚焦学生在成长过程中所遭遇的相关生活事件及困惑，帮助学生了解情绪的多样性、影响情绪的因素及情绪对个人的影响；同时，结合青春期的情绪特点，帮助学生认识自己的情绪，掌握调适情绪的方法和技能。

三、教学目标

（一）学科核心素养目标

使学生了解情绪的多样性和复杂性，培养学生辨别不同情绪带来的影响，学会调节和控制情绪，提高情绪管理能力，培养学生热爱生活、积极乐观向上的心态。

（二）知识、能力、情感态度价值观目标

1. 知识目标：

（1）了解情绪的含义，弄清情绪的多样性和复杂性。

（2）理解情绪的成分，阐述情绪受哪些因素的影响。

2. 能力目标：

（1）通过表演不同情绪，激发学生学习兴趣，了解喜、怒、哀、惧等基本情绪及害羞、焦虑等复杂情绪。

（2）通过学生积累的词语及生活经验来理解情绪种类。

（3）知道基本情绪和复杂情绪，让学生知道如何抑制负面情绪。

3. 情感态度价值观目标：

（1）体验情绪的多样性、复杂性。

（2）体会青春期情绪的特点，激发正面的情绪感受。

四、教学重点和难点

1. 教学重点：情绪的特点和类型、青春期情绪的特点。

2. 教学难点：如何积极面对自己的情绪，适时调整自己的情绪。

五、教学方法

合作探究法、情景体验法。

六、教学过程

▶ 导入环节

教师活动：播放歌曲《今儿个真高兴》。

学生活动：学生谈听了这首歌之后的心情。

教师总结：高兴，笑容满面，这就是我们所说的情绪，你了解自己的情绪吗？这节课我们就来共同了解我们的情绪。

【设计意图】通过欣赏歌曲，激发学生学习兴趣，引出课题。

板书课题：4.1　青春的情绪

▶ 讲授新课环节

活动一：我演你猜

小演员根据给出的情绪词语进行表演，其他同学猜他的动作所表现的情绪。注意：表演者只能表演动作，不能语言提示。

学生活动：看表演，猜情绪。

教师活动：情绪有哪些类型呢？（学生回答后教师总结）

1. 情绪的类型。

（1）基本情绪：喜、怒、哀、惧。

师：你能用一些词语来表达以上四种情绪吗？

生1：喜：高兴、愉悦、开心、喜悦、兴高采烈。

生2：怒：愤怒、气愤、暴跳如雷、咬牙切齿。

生3：哀：失望、难过、遗憾、悲伤。

生4：惧：害怕、紧张、大惊失色。

师：除了这四种情绪外，还有吗？

（2）复杂情绪：害羞、焦虑、厌恶、内疚……

2. 情绪的作用。

各种各样的情绪不仅丰富了我们的生活，也极大地丰富了人类情感。

【设计意图】通过"我演你猜"，吸引学生的注意力，活跃课堂气氛，让学生感受到情绪的复杂多样。

活动二：说说情绪那些事

展示影响情绪的因素的图片。小组内举例解释影响情绪的因素（个人的生理周期、自然环境、对事情的预期、舆论氛围等）。

【设计意图】通过情景图片，激发学生的探究兴趣，分析熟悉的情景内容，从而知道影响情绪的因素。

活动三：案例分析我能行

案例 1：课本第 36 页中小冲考试失利的原因。

师：在你的学习生活中，有类似的经历吗？产生了什么样的影响？上述材料告诉我们什么道理？

学生回答（略）。

教师总结：关于青春期情绪的特点。

青春期到来，会引发一系列的变化，除了生理上的变化外，情绪也发生一系列变化。青春期的情绪变化有如下特点，请同学们跟我一起读一读课本第 36 页的相关链接，标注：①情绪反应强烈；②情绪波动与固执；③情绪的细腻性；④情绪的闭锁性；⑤情绪的表现性。

青春期，我们情绪也被打上了青春的烙印——激烈、波动、细腻、闭锁、表现。面对青春的情绪，我们该怎么办？

案例 2：学生分析讨论"陈玲和芳芳的故事"，进行交流分享。

师：陈玲为什么会有这些情绪变化？陈玲的这些情绪表现体现了怎样的青春期情绪特点？

（学生用自己的话填写在虚线上）

教师总结：青春情绪之正面情绪与负面情绪。

1. 关于正面情绪及其表现（师引导）。

正面情绪：正面情绪是指人的一种积极向上的情绪，例如：开心、乐观、自信、欣赏、放松等。正面情绪有益于工作和生活，有益于身心健康。

例如：淡定，泰山崩于前而面不改色，遇事沉稳果断，老练谨慎，胜不骄，败不馁。再如：乐观，无论什么情况下，都保持良好的心态，相信坏事情总会过去，阳光总会再来。

2. 关于负面情绪及其表现。

负面情绪：心理学上把焦虑、紧张、愤怒、沮丧、悲伤、痛苦等情绪统称负面情绪，此类情绪体验是不积极的，身体也会有不适感，甚至影响工作和生活的顺利进行。

例如：纠结，陷入某种境地而心理混乱。再如：焦虑，缺乏明显客观原因的内心不安或无根据的恐惧，危险时出现的一种正常的情绪反应。

【设计意图】通过小组合作讨论，培养学生合作学习的能力。通过对材料的分析，理解情绪的特点，知道情绪的不同影响，学会调控自己的情绪，从而突破本课的难点。

▶ **小结环节**

　　青春是多变的，青春也是美好的。我们要善于激发积极的正面情绪，抑制消极情绪，敢于面对困难，迎难而上。

课堂练习环节

　　1. 古语"漫卷诗书喜欲狂""哀民生之多艰""草木皆兵""怒发冲冠"分别表达的情绪是（　　）

A. 喜、怒、哀、惧　　　　　　　　B. 喜、哀、惧、怒

C. 惧、怒、喜、哀　　　　　　　　D. 喜、惧、哀、怒

　　2. 小丽的家庭条件优越，却整天闷闷不乐，原因是期中考试成绩下滑了；小平家庭条件不好，却整天兴高采烈，他说他这次成绩终于及格了。这说明（　　）

A. 小平成绩要比小丽好得多

B. 情绪都是由外部环境变化引起的

C. 每个人的遭遇不同、处境不同，情绪也就可能不同

D. 人的情绪都是由自身因素引起的

　　3. 小莉在最近的一次数学考试中只考了 92 分，成绩明显下降了，因此她难过极了。此时影响小莉情绪的是（　　）

A. 自然环境　　　　　　　　　　B. 个人的生理周期

C. 对某件事情的预期　　　　　　D. 周围的舆论氛围

　　4. "红军不怕远征难，万水千山只等闲。""更喜岷山千里雪，三军过后尽开颜。"毛泽东同志的诗句表明了长征队伍的乐观主义精神，这种精神使红军战胜困难，取得了长征的胜利。这说明（　　）

A. 情绪发挥的全部是积极作用

B. 积极情绪可以帮助我们避免一切困难

C. 情绪可能让我们因为挫败而止步不前

D. 积极情绪可以激励我们克服困难、努力向上

5. 七年级女孩丽丽在观看电视剧《小别离》的过程中，长时间地陷入剧情，有时她觉得自己就是主人公朵朵；有时想想某些剧情，她会不自觉地陶醉于自己的思考与遐想中。丽丽的表现体现了青春期（　　）

A. 情绪反应强烈且波动　　　　B. 情绪的细腻性

C. 情绪的闭锁性　　　　　　　D. 情绪的表现性

6. 小明每次考试前，都会提醒自己保持正面的心态，这帮助他在多次考试中超水平发挥。这一考试经验给我们的启示有（　　）

①我们要善于激发正面的情绪感受　②正面的情绪对我们的学习有积极的作用　③只要放松身心，就能取得好成绩　④我们应学会积极面对负面情绪

A. ①②　　　　　B. ②③　　　　　C. ①③　　　　　D. ③④

7. 元元发现自己最近情绪多变：对待同学易发火，情绪波动大，和同学产生了隔阂；遇到挫折会长时间抑郁难受，做事提不起精神；有时又沉浸在小说情绪里胡思乱想，学习效率也低了。元元感到很苦恼！

老师鼓励元元学会调节自己的情绪。后来元元时刻保持愉快的情绪，经常和同学一起参加活动，克服负面情绪的困难，学习起来更有效率了。

思考下列问题：

1. 结合教材思考，情绪有什么神奇的作用？

2. 元元的故事给了我们什么启示？我们应该如何对待正面情绪和负面情绪？

【设计意图】巩固本节课所学内容。

▶ 课后作业

根据教材第38页"拓展空间"情绪调色板，尝试通过不同色彩表达不同的情绪感受，制作"情绪调色板"，同学之间分享"情绪调色板"，猜猜对方想表达怎样的情绪。

▶ 板书设计

4.1　青春的情绪

一、情绪面面观
- 情绪的类型——基本类型、复杂型
- 影响情绪的因素——个人生理周期、对事情的预期、舆论氛围、自然环境等
- 情绪的神奇作用——影响观念和行动

二、情绪的青春色调
- 青春期的情绪特点
- 正面情绪和负面情绪

七、教学反思

　　本课教学设计结合学生自己的生活实际，采用多种形式进行教学，利用情景表演、图片等形式，充分激发学生的学习兴趣；采取学生自主分析、小组合作等形式，提升学生材料分析能力、语言表达能力及学科思维能力。本课充分体现了学生的主体地位，让学生谈启示、谈收获、自主总结。本课存在的问题是：课堂用语不够精确，今后要注意语言的使用；对课堂生成的把握度不够，还需在这方面不断加强。

《我们与法律同行》教学设计

连南民族高级中学　刘淑平

> **教学课题：**《我们与法律同行》
> **课时安排：** 1 课时

一、教材分析

　　本课为部编版《道德与法治》七年级下册第十课《法律伴我们成长》的第二框内容，是本单元的最后一框，也是本册书的最后一框，引导学生从学会依法办事和树立法治意识等方面，为推进法治中国建设贡献自己的力量，为后面继续学习法律知识奠定基础。本课依据的课程标准的相应部分是"法治观念"第四学段目标。

　　教材通过具体事例，如"小宇爸爸的行为""晓程的故事"等，引导学生学会依法办事和树立法律信仰，为推进法治中国建设贡献自己的力量。

二、学情分析

　　七年级学生处在人格成长的关键时期，他们的世界观和人生观尚未形成，分辨能力差，容易受不良因素的影响，有的甚至走上违法犯罪道路，所以，要将法治教育和道德教育相结合，使学生树立规则意识和法治精神，着力提高青少年的法律意识和法律素养，这需要教师对学生进行重点引导。这个学段的学生虽然通过学习已经掌握了一定的法律知识，大多数学生都认同法律在生活中的重要性，可是具体到生活中某个特定情况时，对于相关的法律知识概念不清，不知道自己的行为是否违法。在处理具体事务时，大多数中学生都不会将运用法律武器解决问题作为第一选择。

三、教学目标

（一）学科核心素养目标

激发学生对法律知识的学习热情，增强学生的法律信仰，学会依法办事。

（二）知识、能力、情感态度价值观目标

1. 知识目标：知道依法办事的原因、定义以及怎样依法办事；懂得树立法律信仰的原因、定义及作为青少年应怎样推进法治中国建设；知道道德与法治的关系。

2. 能力目标：通过理解依法办事的原因，知道依法办事的定义及怎样依法办事；明白道德与法治的关系，懂得树立法律信仰的原因，知道青少年也是法治中国的推动者；通过用法律知识分析简单的案例，培养学生判断思维能力和概括问题的能力。

3. 情感态度价值观目标：激发学生对法律知识的学习热情，增强学生的法律信仰，学会依法办事。

四、教学重点和难点

1. 教学重点：学会依法办事。
2. 教学难点：树立法律信仰，树立法治意识。

五、教学方法

启发式教学法、讲授法、合作探究法、阅读法。

六、教学过程

▶ 导入环节

教师活动：引导学生带着问题观看视频。

问题：《当哪吒遇上了民法典》这个视频告诉我们什么道理？从视频中我们感悟到了法律对人的什么功能？

学生活动：认真看视频思考、感悟，学生代表发言。

教师点题："国无法不治，民无法不立。"法律保障人们的幸福生活。

▶ **讲授新课环节**

（一）学会依法办事

探究一：认识依法办事

阅读教材第 101 页的"探究与分享"，小组合作探究下列问题：

为什么要依法办事？什么是依法办事？如何做到依法办事？

学生各抒己见：

学生 A：生活在法治国家中，有法律保障幸福生活，我们要学会依法办事。

学生 B：依法办事，要遵守各种法律法规；要尊法学法守法用法。

学生 C：养成依法办事习惯，学会用合法的、正当的途径来维护自身合法的权益和寻求法律帮助。

教师活动：大家认真阅读材料，思考：你认为小宇应该怎么做？为什么？

教师启发：

（1）小宇爸爸的行为对吗？为什么？

（2）你认为小宇应该怎样做？请从下面的做法中选择并说明理由。

A. 小宇忍无可忍，和妈妈一起将爸爸痛打了一顿，把爸爸打成了重伤。

B. 小宇看到爸爸又在打妈妈，他很害怕，躲在同学家里。

C. 小宇看到爸爸又在打妈妈，这时他拨打了报警电话。

学生讨论，分享小宇应该怎么做，重点探究这样做的原因。

学生交流：

学生代表回答，总结方法：小宇应该找到社区或当地政府，由他们出面劝说并制止爸爸的暴行，也可请求法律援助向法院提起诉讼，依法维护妈妈的合法权益。

探究二：用合法方式维护自身权益

教师活动：你认为晓程应该采取哪种方式应对不法侵害？为什么？

学生阅读教材第 101 页"探究与分享"，思考中学生晓程应如何应对不法侵害。

学生回答：晓程下次可以多找几个同学一起回家，这样坏人就不敢索要他的钱了。（在处理具体事务时，大多数中学生都不会将运用法律武器解决问题作为第一选择）

教师点拨：晓程可以告诉父母、老师，也可以向当地派出所报案。因为当我们自身合法权益受到侵害时，不能忍气吞声，不能纵容违法犯罪行为，而应通过合法的途径使问题得到解决，以维护自己的合法权益。

师生共同归纳：当合法权益受到伤害时，我们要用合法方式维护自己的合法权益。

教师点拨：

依法办事的要求：

1. 要遵守各种法律法规。遇到问题需要解决，应当通过法治方式，表达自身合法的诉求和愿望。

2. 在实现自身利益的过程中，还要自觉维护他人和集体的合法权益。

3. 依法办事，就要养成学法尊法守法用法的习惯，逐步成长为社会主义法治的忠实崇尚者、自觉遵守者、坚定捍卫者。

（二）树立法律信仰

探究三：尊崇法律、信仰法律

教师活动：

引导学生读名言：一切法律之中最重要的法律既不是铭刻在大理石上，也不是铭刻在铜表上，而是铭刻在公民们的内心里。——卢梭

1. 引导学生明白法治意识的内涵：人们发自内心地尊崇法律、信赖法律、遵守法律和捍卫法律。

2. 引导学生观看教材第 102 页"探究与分享"及相关视频，请大家合作探讨：国家工作人员在就职时公开进行宪法宣誓有什么意义？

学生活动：（全体起立）

1. 学生观看国家工作人员面对宪法庄严宣誓的视频。

2. 小组合作探究回答问题。

师生共同归纳：

1. 树立宪法的权威。让国家工作人员树立法律意识，按照法律规范自己的行为并依法行政。

2. 为全社会都尊重和遵守宪法起到强烈的示范作用，让法住在心中。

（促使人民自觉拥护法律，信仰法律。即树立法律信仰，树立法治意识）

3. 有利于促进国家工作人员增强法律意识，发自内心地尊崇法律、信赖法律、遵守法律和捍卫法律。

探究四：遵守法律、捍卫法律

教师活动：

1. 要求学生阅读教材第 102 页"探究与分享"，学习教育法、旅游法、环境保护法、老年人权益保障法的相关规定。

2. 引导学生反思：以上这些规定，我自觉遵守了吗？怎样才能更好地遵守？

学生活动：分享自己生活中遵守法律规定的案例。

教师小结：增强法治意识，依法办事，是青少年健康成长的基本要求。青少年不仅是法治中国建设的受益者，更应该成为参与者和推动者。

【拓展延伸】

教师活动：教师出示视频《硬核大学生》，引导学生感悟道德与法治的关系。

师生共同感悟道理：人们道德水平的提高，有利于增强尊法守法的意识和自觉性，有利于促进法治生活方式的形成。法治与道德的关系：相辅相成，缺一不可。

引导学生深入思考：法治时代，青少年如何树立法治意识？

师生共同总结：

（1）发自内心地认可、尊崇、遵守法律和服从法律。

（2）不断提高内心的道德水平。

（3）增强法治意识，依法办事。

▶ **小结环节**

教师活动：（请一位学生代表上台代教师提问）同学们，今天的我们生活在法治社会，每个人都受到法律的保护，通过这节课的学习我们懂得了什么呢？

学生活动：生活中我们要依法办事，善用法律武器维护权益，心中树立法律信仰；明白了法治与道德的关系。我们今后要认真学法、懂法、守法，做尊法守法的合格小公民。

课堂练习环节

1. 文芳在商场里买到了劣质洁面乳，导致皮肤过敏，与商场协商未果后，文芳向消费者协会进行了投诉，经消费者协会依法调解，文芳获得了赔偿。这个事例告诉我们（   ）

①要依法办事，遵守各种法律法规 ②遇到问题应该通过法治方式解决 ③我国法律规定了公民的义务 ④要养成尊法学法守法用法的习惯

A. ①②③   B. ②③④   C. ①②④   D. ①③④

2. 下面几位同学关于法治国家道德作用的说法，不对的是（   ）

A. 小雅："法治时代，道德还是会起很大的作用的，我们不能否认其作用。"

B. 李明："人们道德水平的提高，有利于增强尊法守法的意识和自觉性，我们要遵守道德。"

C. 方方："遵守道德有助于法治文化环境的形成，有利于建设和谐社会。"

D. 建明："有法律的约束和保护就够了，道德并不重要。"

▶ **课后作业**

基础作业：完成《教与学 学导练》练习册 10.2 课中的基础过关题。

拓展作业：根据本课所学知识，谈谈中学生应如何参与和推动法治中国建设。

▶ **板书设计**

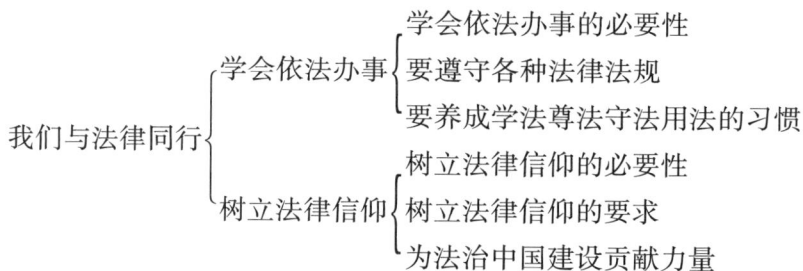

七、教学反思

本课的教学设计主要以"依法办事、捍卫法律"为主线，分别从四个角度切入本课知识重难点，依次按照"个人—社会—国家"的顺序展开知识层次和逻辑结构，帮助学生梳理知识，学会生成和运用知识，通过活动探究，提高学生的法律认识，自觉成为法律的忠实崇尚者、坚定捍卫者；以《硬核大学生》的视频引导学生提高道德修养，自觉树立法治意识，为建设社会主义法治国家作贡献。

《我对谁负责　谁对我负责》教学设计

珠海市广东实验中学金湾学校附属初中　段会梅

教学课题：《我对谁负责　谁对我负责》
课时安排：1 课时

一、教材分析

　　部编版《道德与法治》八年级上册第三单元第六课《责任与角色同在》的两个课时按照是什么、为什么以及如何做的逻辑顺序展开。第一课时《我对谁负责　谁对我负责》是让学生初步感受责任与角色、责任与成长之间的关系，为第二课时《做负责任的人》奠定认知和情感基础。培养负责任的公民是道德与法治课程的核心内容，本课时内容主要是帮助学生了解什么是责任，知道责任的来源有哪些；懂得在社会生活的舞台上，每个人都扮演着不同的角色，应承担相应的责任；知道每个人都要对自己负责，也要对他人负责，同时其他人也在对自己负责。只有具备强烈的责任意识，正确认识和处理个人与社会、国家的关系，才能使自己的成长符合社会和国家发展的需要，个人才能得到充分发展。

二、学情分析

　　初中学生已经具备一定的责任意识，初步认识到不同的场合、不同的角色需要承担不同的责任，知道承担责任需要付出一定的代价，初步体会到承担责任的快乐。大部分学生能够积极参加学校组织的社会实践活动，从中感受到自己对社会的责任，对于勇敢承担责任的人能够表现出喜爱、敬佩的情感，对不负责任的人产生讨厌、憎恶的情感。但是，受认知水平和生活阅历所限，初中学生的责任意识还不够强，对如何正确履行对自己、对他人、对社会的责任还没有全面的认识，履行责任的能力还不够，意志还不够坚定，情感还不够牢固。个别学生还存在面对责任推诿逃避的态度，不能积极主动地承担责任。

三、教学目标

（一）学科核心素养目标

责任意识：自觉分担家庭责任，体会敬业精神的重要性，具有较强的责任感；理解不同的社会角色，形成亲社会行为。

健全人格：理解个人与社会的关系，积极适应社会发展变化。

（二）知识、能力、情感态度价值观目标

1. 知识目标：了解责任的含义及其来源；知道不同角色应承担不同的责任；了解承担责任的表现及其意义，理解对自己负责和对他人负责的关系。

2. 能力目标：能够正确区分负责任的行为和不负责任的行为，提高辨别是非能力；通过对责任和角色的关系的探讨，提高辩证思维能力。

3. 情感态度价值观目标：明确自身应该承担的责任，增强对他人和社会的责任感；对履行社会责任却不言代价与回报的人心怀感激之情，并努力向他们学习。

四、教学重点和难点

1. 教学重点：理解责任的含义和来源，知道角色和责任的关系，积极承担相应责任。

2. 教学难点：理解对自己负责和对他人负责的关系。

五、教学方法

案例探究法、讨论法、讲授法。

六、教学过程

▶ **导入环节**

教师活动：利用"我将无我，不负人民"导入"责任"话题。

背景简介：2019年3月22日下午，意大利众议长菲科在同习近平主席会见时问他，当选中国国家主席是什么心情。习近平主席回答说，这么大一个国家，责任非常重、工作非常艰巨。我将无我，不负人民。我愿意做到一个"无我"的状态，为中国的发展奉献自己。

提问：习近平主席的回答给你最大的感受是什么？

学生活动：了解"我将无我，不负人民"的含义，分享自己的感悟。

▶ **讲授新课环节**

教师活动：组织学生进行自主学习，展示学习任务。

1. 我知道了……

2. 我想要知道……

3. 我不理解……

学生活动：阅读课本，完成自主学习任务，自选角度回答分享。

教师活动：播放视频《中国人的24小时》，通过了解环卫工人、学生、交警三种不同的身份，带领学生学习责任的含义和来源。

学生活动：观看视频，选择自己印象深刻的三种角色，说一说自己对"角色"与"责任"的关系的认识。

教师活动：根据学生分享进行总结，概括角色与责任的关系。

责任是一个人分内应该做的事情，责任来源于对他人的承诺、职业要求、道德规范、法律规定等。在社会生活的舞台上，每个人都扮演着不同的角色。随着时代发展和所处环境的变化，我们会不断变换自己的角色，调节角色行为。每一种角色都意味着承担相应的责任。只有人人都认识到自己扮演的角色、承担应尽的责任，才能构建各尽其能、各得其所而又和谐相处的社会。

教师活动：组织"责任自检表"小组活动，具体内容如下：

1. 哪些责任是你独自承担的？

2. 哪些责任本该由你承担，却由其他人替你承担？

学生活动：完成"责任自检表"，评选本组的责任担当，并说明推荐理由。

教师活动：组织"立个责任 flag"小组活动。

学生活动：分享自己要承担的责任。

教师活动：展示"《长津湖》的彩蛋就是山河无恙""哪有什么岁月静好，只是有人在替你负重前行""没有从天而降的英雄，只有挺身而出的凡人"几句话，提出问题：这些文字引发了许多人的共鸣，请说一说你的理解。

学生活动：分享感受。

教师活动：组织"寻找身边最美的 TA"小组活动。出示小组合作任务：

1. 每组提名一个身边人物（或者一个群体），可以是老师、同学、家长、校医、门卫保安、保洁员等。

2. 他（他们）分别承担了什么责任，记录下他（他们）的事迹，并书写颁奖词。

学生活动：小组开展合作探究任务，选出小组代表进行分享。

▶ **小结环节**

教师活动："一代人有一代人的责任。中华民族伟大复兴曙光在前，前途光明。同时，我们必须清醒地认识到，中华民族伟大复兴绝不是轻轻松松、敲锣打鼓就能实现的。我们面临着难得的机遇，也面临着严峻的挑战。在这个关键当口，容不得任何停留、迟疑、观望，必须不忘初心、牢记使命，一鼓作气、继续奋斗。"希望同学们树立远大理想，勇担责任。

课堂练习环节

1. "世上哪有什么岁月静好，只是有人替你负重前行。"正如在我们的一生中，父母为我们操劳，给予我们最好的陪伴；老师为我们付出，给予我们良好的教育；警察、消防队员为我们护航，给予我们安全的社会环境。这从侧面说明了（　　　）

A. 每个人扮演不同角色，承担相应责任

B. 责任来源于对他人的承诺、法律规定

C. 人的一生有多种角色，承担多种责任

D. 角色行为随着时代和环境变化而变化

2. 黄河浩荡，九曲连环，奔腾万里，润泽两岸。有这样一群"治黄人"，他们在九曲黄河岸边守护黄河安澜，也守护着每个人的安居梦。在任务重时，不论是否节假日，他们都奋战在防汛抢险第一线。他们以踏实勤勉、务实能干、甘于奉献获得河务局的嘉奖。这群"治黄人"（　　　）

A. 辛苦努力付出，反而得不偿失

B. 追求人生价值，勇于承担责任

C. 主动承担防汛重任，无须承担其他责任

D. 守护黄河是他们分内之事，不该被嘉奖

▶ 课后作业

完善"寻找身边最美的 TA"活动，班级评选，展板宣传。

▶ 板书设计

我对谁负责？→自己、他人、社会、国家……

谁对我负责？→自己、他人、社会、国家……

七、教学反思

本节课探究活动的设计和案例的选择符合主题，针对性强，但缺乏连贯性，实操性有待斟酌。授课时探究主题之间的总结和过渡不够自然，教师的语言组织能力和感染力有待增强。本节课从教学设计和课堂组织方面均能体现以学生为主体的教学原则和思想，在教学活动组织过程中也能够组织学生参与课堂并及时进行评价，但是在时间分配上头重脚轻，重难点的攻破效果有待提高。若能按照聚焦主题、情感体验、付诸实践、反思成长四个环节循序渐进开展教学活动，优化教学设计，提高课堂引导能力，本节课将会更为完善。

《依法履行义务》教学设计

广东广雅中学　杨秀运

教学课题：《依法履行义务》
课时安排： 1 课时

一、教材分析

　　本课时是部编版《道德与法治》八年级下册第二单元第四课第二框的内容。本单元以"理解权利义务"为题，引导学生理解公民的基本权利和义务是宪法的核心内容，确认并保障公民基本权利实现是宪法的核心价值，使其对宪法精神有更深入的理解，感悟公民依法行使权利、依法履行义务对于个人成长、社会发展的意义。本课时是本单元的第四个课时，在学生对公民的基本权利和基本义务有了充分了解的基础上，阐明权利与义务的辩证统一关系，明确法定义务须履行，违反义务须担责。对学生进行权利边界意识教育，有助于促进学生法治思维的形成，并引导学生在社会生活中以法治思维和法治方式维护自身权利、参与社会公共事务、化解矛盾纠纷，帮助学生理解权利与义务的关系，加强权利义务教育，有助于青少年牢固树立有权利就有义务、有权利就有责任的观念，增强权利意识和义务意识，为加快建设社会主义法治国家奠定基础。

二、学情分析

　　学生在八年级上册已经学习了违法行为的类型以及违法应当承担相应的法

律责任，也学习了公民基本权利和基本义务的具体内容，懂得依法行使权利的要求和意义，但是对于义务了解不多，尤其是对于权利和义务的辩证关系理解不够深入，学生在分析问题时存在只读理论知识，或者只是照抄材料的问题，需要通过学习法律原文、进行案例分析等方式，引导学生体悟权利与义务是相互依存、相互促进的关系；明白只有依法自觉履行好相应的义务，才能更好地实现自己的权利；明白只有履行好自己的义务，才能促进国家和社会的发展进步。

三、教学目标

（一）学科核心素养目标

见贤思齐，善于向优秀的榜样学习，提高道德修养，培养健全人格；树立正确的权利意识和义务观念，学会依法行使权利，依法履行义务，增强法治意识；从自己的实际情况出发，做力所能及的事情，为推动法治中国建设贡献力量，培养学生的责任意识。

（二）知识、能力、情感态度价值观目标

1. 知识目标：懂得权利和义务的关系，理解权利和义务是相统一的；知道不依法履行义务应承担的责任。

2. 能力目标：正确对待公民义务，增强履行义务的能力；提升公民素养，自觉承担对他人、社会和国家的责任。

3. 情感态度价值观目标：增强社会责任感，增强义务意识，自觉履行自己的义务；坚持权利和义务相统一，勇于承担自己的责任。

四、教学重点和难点

1. 教学重点：正确理解权利义务相统一。
2. 教学重点：法定义务须履行，坚持权利义务相统一。

五、教学方法

讲授法、案例教学法、情景教学法。

六、教学过程

▶ 导入环节

教师活动：同学们，当前疫情形势变幻复杂，老师选取了截至今天广州市疫情防控的最新报道，这场疫情防控阻击战离不开党和政府相关部门的科学决策，更离不开我们每一个公民的积极配合。公民既是合法权利的享有者，又是法定义务的承担者。接下来请同学们结合学过的公民基本权利和基本义务的知识，对下列行为进行辨析。

（用平板电脑对这些行为进行权利和义务的分类。通过 PPT 展示疫情防控情况，为后面的教学环节奠定基础；在畅言智慧课堂设置"分类卡"，组织学生答题。在此过程中，教师适当引导学生判断出具体的权利和义务，协助学生得到正确答案）

学生活动：在教师的引导下阅读材料，了解广州疫情防控的最新情况；通过平板电脑完成教师设置的分类活动。

【设计意图】引导学生关注疫情防控的最新情况，从公民权利和义务的角度进行分析，激起学生的兴趣，为后续学生从权利和义务的角度分析案例奠定基础。

▶ 讲授新课环节

教师活动：在疫情防控的过程中我们也看到了一些人法治意识淡薄，为一己之私而违反疫情防控管理的规定。接下来请同学们结合相关法律规定，阅读下面两个案例，分析案例中董某和丁某分别应当承担哪种法律责任，并说明法律依据，说说对公民履行义务有何启示。

案例 1：董某在核酸检测点进行检测时，辱骂殴打疾控人员，造成核酸检测现场秩序混乱，检测工作不能顺利进行，其行为严重扰乱公共场所秩序，触犯了《中华人民共和国治安管理处罚法》第二十三条之规定。

案例 2：丁某在疫情防控期间，编造虚假的疫情信息，严重扰乱社会秩序，其行为构成编造虚假信息罪，被判处有期徒刑七个月。

【相关链接：法治在线】

《中华人民共和国宪法》第三十八条 中华人民共和国公民的人格尊严不受侵犯。禁止用任何方法对公民进行侮辱、诽谤和诬告陷害。

《中华人民共和国民法典》第九百九十条 人格权是民事主体享有的生命

权、身体权、健康权、姓名权、名称权、肖像权、名誉权、荣誉权、隐私权等权利。

《中华人民共和国传染病防治法》第十二条 在中华人民共和国领域内的一切单位和个人，必须接受疾病预防控制机构、医疗机构有关传染病的调查、检验、采集样本、隔离治疗等预防、控制措施，如实提供有关情况。……

《中华人民共和国治安管理处罚法》第二条 扰乱公共秩序，妨害公共安全，侵犯人身权利、财产权利，妨害社会管理，具有社会危害性，依照《中华人民共和国刑法》的规定构成犯罪的，依法追究刑事责任；尚不够刑事处罚的，由公安机关依照本法给予治安管理处罚。

学生活动：阅读案例和相关的法律规定，填写学案并用平板电脑拍照上传。根据材料分析董某和丁某的行为应分别承担哪种法律责任，并说明理论依据。通过学生之间的互相点评，能够在违法行为的基础上更进一步明确违反法定义务的行为表现，以及对于我们的启示。补充完善笔记，落实学科理论知识。

教师小结：通过分析，我们能够发现案例中的人物法律意识淡薄，为图一时之便罔顾法纪，违反疫情防控的管理规定。董某需承担相应的行政责任，丁某编造虚假的疫情信息，严重扰乱社会秩序，需承担刑事责任。作为公民，我们要自觉尊法、学法、守法、用法，增强法治意识，反思审视自己日常生活中的行为，依法履行公民义务，法律要求做的必须去做，法律禁止做的坚决不做。

【设计意图】学生通过"以案说法——法定义务须履行"获取案例中的关键信息，能够理解违反法定义务的行为表现，以及应当承担的法律责任，提高阅读和整理信息的能力。学生能够结合教材知识分析法定义务须履行的原因并得到启示，明确公民要依法履行义务，提高客观理性分析的能力，培养健全人格，增强法治意识。

教师活动：没有无义务的权利，也没有无权利的义务。在疫情防控过程中我们也发现很多自觉履行公民义务、积极防控疫情的人们，请同学们以小组合作探究的方式，阅读案例3和案例4，并分析他们的行为有何意义，谈谈我们应如何正确对待权利与义务的关系。

案例3：一女子收快递后确诊，2个关键动作，让她家人避免感染！

"回家睡觉也没有摘掉口罩，第二天立即就医。"

感染后出现的症状多数不典型，部分无症状，但病毒传染性很强，戴好口罩及时就医、进行核酸检测，可以早发现并且有效保护他人。

案例 4：2022 年 4 月 22 日，在北京新一轮疫情排查中，北京昌平北七家镇一"感染者218"得知自己是密接后，立即向街道、社区报备，并留在自驾车内自我隔离，并未进入居住小区。中间，他订过一次外卖，让外卖小哥送到路边，外卖小哥走后他才去拿。他的冷静果断帮助防疫部门第一时间精准锁定疫情，防疫人员连夜对相关人员进行核酸检测并确保阴性后，他所租住的小区仅用 14 小时就解封。

学生活动：阅读案例，小组合作完成探究二，拍照上传并分享小组观点。

学生展示：案例 3 中的女子"回家睡觉也没有摘掉口罩，第二天立即就医"。戴好口罩及时就医、进行核酸检测，可以早发现并且有效保护他人。案例 4 中的"感染者218"得知自己是密接后，立即向街道、社区报备，并进行自我隔离，并未进入居住小区。他们都履行了疫情防控管理的规定，同时也保障了他人的生命健康，有利于保障正常的生产生活秩序，维护良好的社会秩序。这启示我们不仅要增强权利意识，依法行使权利，而且要增强义务观念，自觉履行法定的义务。应自觉主动佩戴口罩，进入公共场所主动出示健康码和行程码，不前往中高风险地区，配合相关部门做好防疫调查。

【设计意图】通过"析案明法——权利义务相统一"获取案例中的关键信息，通过小组合作的方式进行学习，能够锻炼学生的合作能力和沟通能力，培养学生的责任意识和公共参与的学科素养；结合教材知识分析案例，帮助学生理解权利与义务的关系，养成和增强权利意识与义务观念，使学生懂得增强宪法教育有助于培养和增强青少年的国家观念与公民意识。

教师活动：在防疫期间，有无数的平凡人以平凡的力量在守护大家的平安，请大家观看《花开疫散》视频，结合你所了解到的抗疫人物，在学案的指定位置书写自己的感悟。

学生活动：观看视频后分享自己的感悟。

教师总结：每位公民都享有宪法和法律规定的权利，同时必须履行宪法和法律规定的义务。我们在日常生活中可以培养权利义务相统一的意识，提升公民素养，自觉承担起对他人、社会和国家的责任，做合格公民。

【设计意图】通过播放《花开疫散》视频，让学生感悟每个人为花都疫情防控作出的力所能及的贡献，启示学生在日常生活中坚持权利与义务相统一，培养起权利义务相统一的认同感，提升公民素养，自觉承担起对他人、社会和国家的责任，做合格公民。

课堂练习环节

1. 郭先生在某野生动物世界购买了双人年卡，当时确定为指纹识别的入园方式，后来园方单方面要求改成人脸识别。郭先生因此向法院提起诉讼。2021年4月9日，法院终审判决郭先生胜诉。该案例启示我们（　　　）

A. 要善于运用法律维护自己的权益

B. 人民法院依法独立行使监察权

C. 诉讼是维护自己权益的唯一途径

D. 应该多享受权利，少履行义务

2. 小俊在电影院看电影，看到兴奋激动的时候，不禁手舞足蹈，大声叫好，周围观众制止他，他却说："这是我的权利和自由，我想怎样就怎样。"下列观点中正确且可以用来反驳小俊的有（　　　）

①公民行使权利必须得到他人的许可　②公民的权利和义务相统一
③尊重社会公德是遵守宪法和法律的表现　④公民的人身自由不受侵犯

A. ①②　　　　B. ①④　　　　C. ②③　　　　D. ③④

▶ **课后作业**

完成《阳光学业评价》第四课第二框对应的练习。

▶ **板书设计**

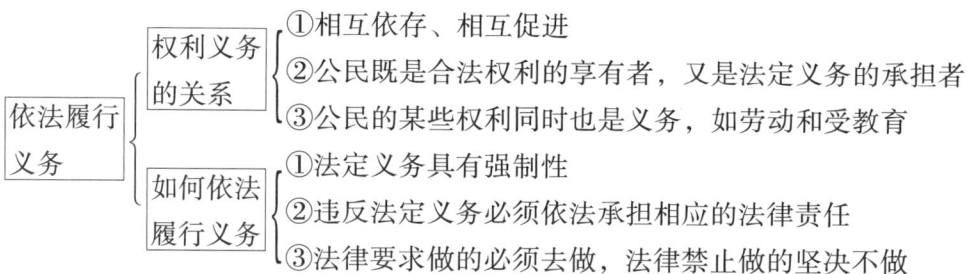

依法履行义务
- 权利义务的关系
  - ①相互依存、相互促进
  - ②公民既是合法权利的享有者，又是法定义务的承担者
  - ③公民的某些权利同时也是义务，如劳动和受教育
- 如何依法履行义务
  - ①法定义务具有强制性
  - ②违反法定义务必须依法承担相应的法律责任
  - ③法律要求做的必须去做，法律禁止做的坚决不做

附：单元思维导图

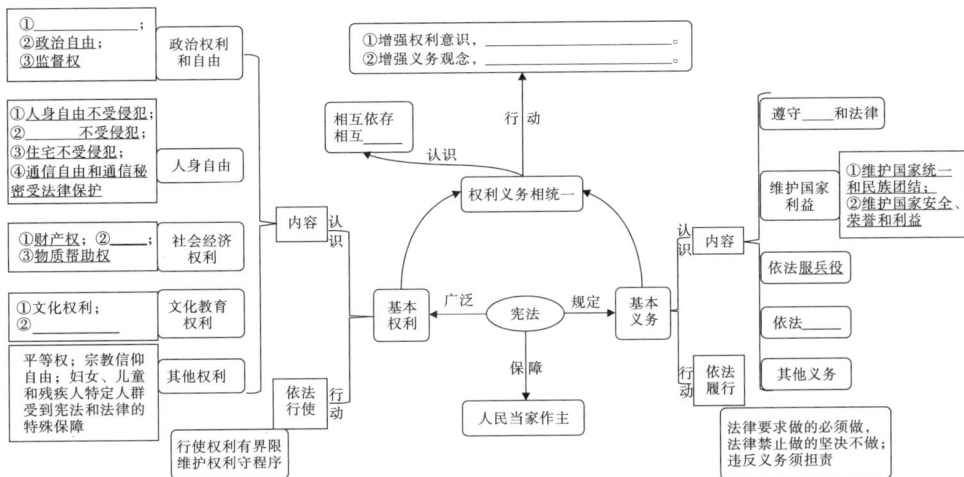

七、教学反思

依据教学目标和学情，我对教材内容进行了整合，在学生对于基本权利和基本义务有充分了解的基础上，明确行使权利和履行义务的要求，最后探究权利义务相统一的辩证关系，这样的思路符合学生的学情。本设计始终围绕本节课的核心大概念"权利义务相统一""违反法定义务须担责"两大内容进行授课。本课所选取的教学素材贴近学生，易于理解。本教学设计编写于疫情期间，以"依法防疫"为主题，通过巧妙设问将案例与理论知识联系在一起，引导学生从法治的角度探究防疫的必要性和重要性，从而进行法治教育和疫情防控教育，坚持了政治性和学理性相统一，价值性和知识性相统一，理论性和实践性相统一。

由于本节课内容较多且难度较大，学生在课堂探究和平板上传答案时耗时较多，导致后面的总结升华环节太过仓促。之后的教学设计要注意将简单问题前置，让学生在预习时完成任务；探究活动的时间分配仍需进一步调整。

《参与民主生活》教学设计

新丰县沙田中学　易倩云

教学课题：《参与民主生活》

课时安排：1 课时

一、教材分析

　　本课是部编版《道德与法治》九年级上册第二单元第三课的第二框内容，是第三课的最终落脚点，起着承前启后的作用。通过第一框《生活在民主国家》的学习，学生了解了我国的民主发展历程，知道中国特色社会主义是一种新型的民主。本节课承接上一节课，在了解我国作为社会主义国家，保障人民当家作主的政治地位的基础上，认识公民参与国家事务是实现其民主权利的必要途径，引导学生充分发挥主人翁精神，积极参与民主生活，帮助学生认识到参与民主生活不仅仅要发表自己的看法、主张权利，更重要的是按照宪法原则和精神积极参与民主决策、民主管理、民主监督，为下一节课《建设法治中国》作铺垫。

　　本课内容主要体现并落实课程标准中政治认同、法治观念和责任意识的核心素养。本课的内容中"了解公民行使民主权利的路径"这一目标，正是落实政治认同这一核心素养中的价值取向、家国情怀的要求。"学会依法参与公共事务"内容的学习，体现了法治观念核心素养下守法用法意识和行为的要求。"自觉增强民主意识，初步具备依法参与社会政治生活的能力"内容的学习，体现了责任意识核心素养下的担当精神、有序参与的要求。

二、学情分析

从生活经验看，九年级的学生经过两年多的初中生活，大部分有参与班干部选举、给班级或者学校提过建议的经验，但是很多活动流于形式。中学生是未成年人，还没有选举权，缺乏对参与民主政治生活的直接经验，因此，学生在民主参与的认识上也不是很深刻。从知识储备看，通过上一节课的学习，学生对我国社会主义民主已经有所了解，且学生在八年级已经从宪法的角度学习了公民的基本权利和中国特色社会主义民主政治制度，对我国的根本政治制度和基本政治制度及其内容均有所了解。但是如何从社会主义核心价值观的层面理解民主、增强民主意识、提高参与民主生活的能力，还需要进一步学习。

三、教学目标

（一）学科核心素养目标

1. 政治认同：认同民主思想和法治精神，并使之成为公民的自觉信仰。
2. 法治观念：学会依法参与公共事务，以理性、公正、客观的态度看问题，逐步提高依法有序参与民主生活的能力。
3. 责任意识：体会公民参与民主生活的必要性，增强社会责任感和主人翁意识，做有素养的公民。

（二）知识、能力、情感态度价值观目标

1. 知识目标：明白公民参与民主生活的途径，理解公民参与民主生活的必要性。
2. 能力目标：能够尝试用协商民主的方式解决一些社会问题，提高参与民主生活的能力。
3. 情感态度价值观目标：培育民主意识，增强社会责任感和主人翁意识。

四、教学重点和难点

1. 教学重点：民主权利的实现方式。
2. 教学难点：如何增强民主意识。

五、教学方法

探究法、合作法、讲授法。

六、教学过程

▶ 导入环节

背景：近期以来，有很多同学反映对学校食堂不满意。

课前准备：将全班同学分为 5 个小组，请各小组收集学校学生近期对食堂的意见和改善建议，形成总结性文稿。可采用问卷法、访谈法等方式。要求：调查必须真实有效，从中选取两个较为优秀的小组进行展示。

导入：小组展示调查结果。

【设计意图】采用与学生息息相关的主题开展调查研究，引导学生课前主动学习知识，提前在实践中感悟知识。小组分享的形式可引起学生的兴趣，提高学生对课堂的关注度和参与度。

▶ 讲授新课环节

（一）行使民主权利

思考课本第 37 页"运用你的经验"中的两个问题：

（1）你怎样看待小泽拨打市长热线电话的行为？

（2）小泽还可以采取哪些方式反映问题？

学生回答。

教师归纳知识点：民主参与；我国公民参与民主生活的形式。

知识点一：民主参与

（1）内涵：公民依照法律法规，通过各种途径，以不同形式参与管理国家和社会事务，实现民主权利，维护自身的合法权益。

（2）必要性：公民参与民主生活是社会主义民主的要求，也是公民的一项权利。

（3）要求：需要不断推进社会主义民主的制度化、规范化和程序化建设。

知识点二：我国公民参与民主生活的形式

（1）民主选举是人民实现民主权利的一种重要形式。

（2）民主决策是保障人民利益得到充分实现的有效方式。

（3）民主监督是公民参与民主生活、行使公民监督权的具体体现。

师：接下来，我们就分别来了解一下这三种参与民主生活的形式。

【设计意图】通过同龄人的事例，引导学生产生情感共鸣，积极参与民主生活。

情景展示：某县人大代表选举候选人与选民见面会

候选人1：四川大学毕业生"村官"，在基层工作5年，熟悉基层工作，致力于带领村民脱贫致富。

候选人2：曾任乡镇公务员，认识地方上的领导，与选民关系很好。

候选人3：现任村干部，承诺当选后给选民每人300元的误工费作为报酬。

思考：你准备选谁为人大代表？请说明理由。

学生回答。

教师归纳知识点：民主选举。

知识点三：民主选举

（1）形式：直接选举和间接选举、等额选举和差额选举。

（2）民主选举要遵循的原则：公开、公正、公平。

（3）要求：公民要积极、主动、理性地参与民主选举。

【设计意图】设置具体的情景，让学生身临其境通过比较、选择的方式思考民主选举需要注意的问题。

案例分析：观看视频《港珠澳大桥通行费价格听证会》，思考：这样的听证会有必要吗？请说明理由。

学生回答。

教师归纳知识点：民主决策。

知识点四：民主决策

（1）要求：保证广泛的公民参与，决策方认真听取各方意见，集中民智，促进决策的科学化。

（2）形式：

①社情民意反映制度；

②专家咨询制度；

③重大事项社会公示制度；

④社会听证制度。

活学活用：判断以下分别属于哪种民主决策方式。

（1）2020 年 1 月 1 日，市物价局开通网站充分调查了解情况和征求各方意见，尤其是低收入者的意见。

（2）2020 年 1 月 15 日，邀请专家学者对水价调整方案进行分析论证，听取专家建议。

（3）2020 年 2 月 1 日，形成两个备选方案并在网上公示，集思广益。

（4）2020 年 2 月 12 日，召开居民水价调整听证会，对备选方案作出相关修改完善，并进行决策。

师：答案分别是社情民意反映制度、专家咨询制度、重大事项社会公示制度、社会听证制度。

【设计意图】视频展示引起学生兴趣，引发学生思考，也能比较全面地帮助学生理解民主决策的必要性。

旧知回顾：公民的监督权

谁监督？监督谁？怎么监督？

学生回答。

展示举报网站，学生思考：

（1）这是国家在保障公民什么权利？

（2）你觉得这样做有意义吗？

学生回答。

教师归纳知识点：民主监督。

知识点五：民主监督

（1）意义：

①有利于国家机关和国家工作人员改进工作，提高工作效率，克服官僚主义，防止滥用权力，预防腐败。

②实行民主监督，有助于增强公民的参与意识，激发公民的参与热情。

（2）注意的问题（拓展知识）：

①遵守宪法和法律，在法律允许的范围内行使权利。

②以事实为依据，实事求是，不得捏造、诬告、陷害他人。

③不得损害国家、社会、集体和他人的合法权益和利益，不得采用张贴大字报、聚众闹事等形式。

【设计意图】旧知回顾，让学生通过回忆旧知识，唤起已有的经验，引发思考。结合中考要求，补充必要的知识点。

（二）增强民主意识

探究与分享：

完成课本第41页"探究与分享"。思考：在学生社团管理过程中，如果出现下列情况，你会作出怎样的选择？你所作的选择有什么意义？

学生回答。

教师归纳知识点：为什么要增强我国公民的民主意识。

知识点六：为什么要增强我国公民的民主意识

（1）一个国家和社会民主生活的质量和水平，与公民的民主意识密切相关。

（2）增强我国公民的民主意识，有利于完善中国特色社会主义民主，也是社会主义制度生命力的重要保证。

【设计意图】通过具体情景体验，让学生明确民主意识的基本表现。

探究与分享：

阅读课本第42页"探究与分享"，小组讨论并回答：

（1）你是否同意上述观点？说明你的理由。

（2）互联网时代，谣言通过网络传播，速度快，影响面广。旗帜鲜明地反对各种形式的谣言，我们应该怎么做？

（3）通过讨论，你对于我国公民的民主参与有什么看法？

学生讨论并回答。

教师归纳知识点：我国公民应如何参与民主生活；我国公民应如何增强民主意识。

知识点七：我国公民应如何参与民主生活

要有社会责任感和主人翁意识，不断增强分析判断能力，以理性、公正、客观的态度全面、深刻、辩证地看问题，立场正确、逻辑清晰地表达观点和意见，逐步提高依法有序参与民主生活的能力。

知识点八：我国公民应如何增强民主意识

（1）公民要自觉增强宪法意识，始终按照宪法原则和精神参与民主生活。

（2）公民要不断积累民主知识，形成尊重、宽容、批判和协商的民主态度。

（3）公民要通过依法参与公共事务，在实践中逐步增强民主意识。

【设计意图】通过对社会生活中常见的现象加以辨析，以小组合作的方式，引发思想碰撞，提高学生正确看待事物的能力。

▶ **小结环节**

学生小结本节课所学内容，并谈谈自己的收获。

课堂练习环节

1. 我国公民参与民主决策的方式主要有（　　）

①社情民意反映制度　②专家咨询制度　③社会听证制度　④重大事项社会公示制度

A. ①②③④　　　　B. ②③④　　　　C. ①②④　　　　D. ①③④

2. 某市政府在网上开通"百姓论坛"，规定各职能部门安排专人每天浏览网页，对涉及自己部门的帖子必须 3 天内给予回复，对"投诉帖"则要尽快纳入调查处理程序。最近，有 14 个单位因没有及时回帖而被通报批评。"百姓论坛"的开通（　　）

①有助于提高政府行政效率　②改变了公民权利与义务的关系　③提供了公民利益诉求的新渠道　④扩大了公民政治参与的权利

A. ①②　　　　B. ③④　　　　C. ②③　　　　D. ①③

▶ **课后作业**

请各小组根据课前调研情况，结合本节课所学知识，给校长和学校食堂写一份关于改善食堂的倡议书。

▶ **板书设计**

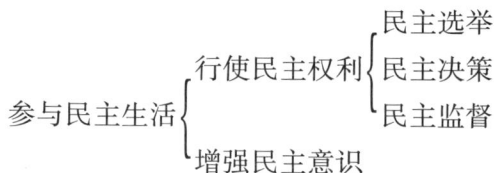

参与民主生活 { 行使民主权利 { 民主选举 / 民主决策 / 民主监督 ; 增强民主意识

七、教学反思

　　本节课依托课标和教材，根据学生实际学情开展教学，采用学生喜闻乐见的案例和教学方式，使学生在课堂中"想说""有话说"，在课后"想做""知道做""愿意做"，在掌握民主生活相关知识的同时，增强学生对参与民主生活的认同感，提高参与度，从而培养学生的学科核心素养，达成本节课的教学目标。

　　本节课采用了让学生课前收集关于学校食堂的意见和改善建议的方式，在一定程度上突破了学生"知行脱节"的问题，锻炼了学生的实践能力，但是乡镇学生对民主生活的相关知识认识相对浅显，实践经验也不足，所以在收集信息和整理信息的过程中比较吃力，教师在这一方面还需多加指导和训练。

《促进民族团结》教学设计

汕尾市城区香洲初级中学　徐碧华

教学课题：《促进民族团结》

课时安排： 1 课时

一、教材分析

　　《促进民族团结》是部编版《道德与法治》九年级上册第四单元第七课《中华一家亲》第一框，包括"民族大家庭"和"家和万事兴"两个学习内容。本框在前面三个单元的学习基础上，进一步探究如何实现社会主义核心价值观中的"和谐"目标，介绍了我国多民族的基本国情和我国的民族政策，从民族关系的发展以及民族地区经济、社会和文化发展的角度谈民族团结的重要意义，围绕为构建和谐社会担当责任，树立中华民族共同体意识展开学习。

二、学情分析

　　九年级学生正处于世界观、人生观、价值观形成的关键时期。从知识层面看，通过之前的学习，学生已经基本掌握了我国国情的知识，有了一定的知识基础；从个人能力看，学生具备了一定的合作探究、辩证分析能力；总体来看，学生对民族政策、处理民族关系的基本原则、民族区域自治制度等知识的掌握不够系统，对如何处理民族关系、树立怎样的社会责任感等问题认识不够，部分学生的中华民族共同体意识相对较弱。面对当今世界各种思想文化相互激荡、不良网络信息的影响，学生受心理发展水平、认知能力及是非判断能力的限制，对于在新时代如何促进民族团结思考不深。基于以上考虑，本节课学习旨在帮助学生通过领悟促进民族团结关系的重要性及要求，树立中华民族共同体意识，培养家国情怀，保持高度主人翁意识，增强社会责任感。

三、教学目标

（一）学科核心素养目标

树立中华民族共同体意识；自觉履行维护民族团结的义务；积极参与公共事务，自觉践行社会主义核心价值观。

（二）知识、能力、情感态度价值观目标

1. 知识目标：知道我国是统一的多民族国家，了解我国各民族的人口分布特点；明白维护民族团结是我国各族人民的共同愿望，理解我国处理民族关系的基本原则；知道民族区域自治制度是我国的一项基本政治制度；懂得维护和促进民族团结是每个公民的神圣职责和光荣义务。

2. 能力目标：提高正确看待民族问题、处理民族关系的能力；增强在已有知识基础上获得新知识、综合运用知识的能力；能够初步运用历史的、辩证的观点分析有关经济、政治、文化现象，认识事物的本质。

3. 情感态度价值观目标：增强爱国之情，树立中华民族共同体意识；懂得维护民族团结和国家统一是每个公民义不容辞的责任；理解并拥护民族区域自治制度，自觉承担起巩固和发展社会主义民族关系的历史使命。

四、教学重点和难点

1. 教学重点：中华民族精神的内涵及意义；社会主义核心价值观的内涵。

2. 教学难点：在日常生活中自觉弘扬伟大的民族精神，积极践行社会主义核心价值观。

五、教学方法

情景设计教学法、图示教学法、情感升华教学法、合作探究学习法、感悟体验学习法。

六、教学过程

▶ 导入环节

教师活动：

1. 展示"兰州拉面"图片。

2. 播放视频：《中华民族唱起来》。

布置任务：结合教材第 90 页"运用你的经验"看视频，回答问题：

（1）你能说说图片展示的是哪种美食吗？

（2）你能从歌词中找到哪些民族？能快速记住这些民族名称吗？歌词说明了什么？

3. 教师小结。

4. PPT 展示本节课课题——中华一家亲。

学生活动：

1. 看图片和视频，并进行思考。

2. 动笔记录。

3. 回答问题。

▶ **讲授新课环节**

导学目标一：民族大家庭——团结是关键

活动一

教师活动：

1. 列出探究问题：我国的民族概况（分布、关系、原则、特征）是什么？民族团结的意义是什么？

2. 设计活动一：阅读图文，抢答——民族概况知多少？阅读教材，结合第 91 页"相关链接"回答问题：我国民族人口分布的特点是什么？形成了什么样的中华民族共同体？中华民族形成什么样的大格局？

3. 总结（知识点展示）。

学生活动：

1. 快速阅读教材，找出相关知识点。

2. 参与活动一。

3. 掌握知识点并进行小结。

活动二

教师活动：

1. 播放视频《对口援疆》。

2. 设计活动二：展示互动视频《对口援疆》，小组探讨：有人说，民族区域自治制度就是少数民族的自我发展与自我管理，至于发展得好与坏则与国家无关，你认为呢？说说对口援疆政策体现出我国处理民族关系的原则是怎样的。

3. 总结（知识点展示）。

学生活动：

1. 小组合作讨论，回答问题。

2. 掌握知识点并进行小结。

活动三

教师活动：

1. 展示宪法第四条规定内容。

2. 设问：宪法的这条规定反映了什么？

3. 引导学生回答。

学生活动：

1. 齐读宪法内容。

2. 思考回答。

导学目标二：家和万事兴——团结是力量

活动四

教师活动：

1. 列出探究问题：国家为加快民族地区发展，采取了哪些措施，取得了哪些成就？我们应为民族团结和共同繁荣作什么贡献？

2. 播放视频《脱贫攻坚谱新章》。

3. 引导小组探讨归纳：（注意多角度）国家为什么要加快各民族地区的发展？采取了哪些具体措施？取得了哪些成就？

4. 结合学生回答，补充举例，加深体会。

5. 展示知识点小结。

学生活动：

1. 快速阅读教材，找出相关知识点。

2. 观看视频。

3. 分小组讨论，多角度归纳并回答。

4. 整理答案。

活动五

教师活动：

1. 引导学生阅读教材第 94～95 页的"探究与分享"，列出问题：结合材料讨论：他们为发展经济采取了哪些措施？这些措施对于其他民族地区发展经济有什么借鉴意义？

2. 引导学生多角度、多层面思考并回答问题。

3. 展示答案。

学生活动：

1. 阅读材料。

2. 思考问题。

3. 分享评价。

▶ **小结环节**

教师活动：

1. 展示思维导图和知识框架，让学生补充知识点。

2. 展示课堂练习。

学生活动：

1. 完成思维导图。

```
                      ┌ 我国是统一的多民族国家
           ┌ 民族大家庭 ┤ 我国处理民族关系的原则与新型民族关系
           │          │ 我国各民族一律平等
  促进民族团结 ┤          └ 加强和巩固民族团结的原因
           │          ┌ 促进民族地区共同繁荣的原因
           └ 家和万事兴 ┤
                      └ 促进民族地区共同繁荣的措施
```

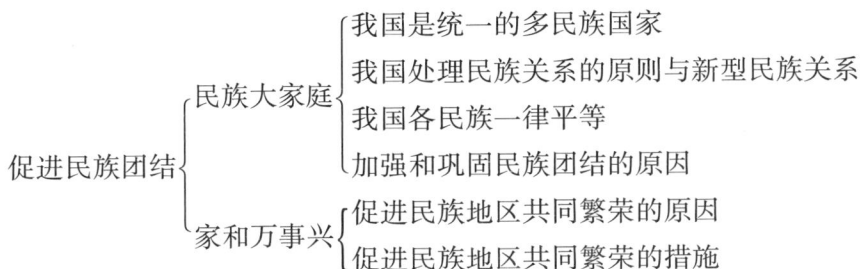

2. 完成课堂练习。

课堂练习环节

1. 黔东南苗族侗族自治州成立六十多年来，各族人民友好共处、奋力拼搏，共同取得了辉煌的成就。这体现出（   ）

A. 民族区域自治是实现民族地区发展的根本保证

B. 各族人民追求共同发展、共同富裕、共同繁荣

C. 各民族之间相互融合，已没有任何差异

D. 民族自治州行使高度自治权，可以自主管理本民族事务

2. 习近平总书记在党的十九大报告中提出："铸牢中华民族共同体意识，加强各民族交往交流交融，促进各民族像石榴籽一样紧紧抱在一起。"这句话启示我们要加强（   ）

A. 民族平等　　　　　　　　　B. 民族团结

C. 各民族共同繁荣　　　　　　D. 民族地区教育发展

3. 课堂上大家你一言我一语：

同学 A：我们都是中国人，我们都爱我们的祖国。

同学 B：我们要尊重各民族的风俗习惯和语言文字。

同学 C：……

思考：同学们的对话给了你什么启示？为了维护民族团结，我们还可以做些什么？

▶ **课后作业**

分小组完成宣传"民族团结"的手抄报竞赛。

▶ 板书设计

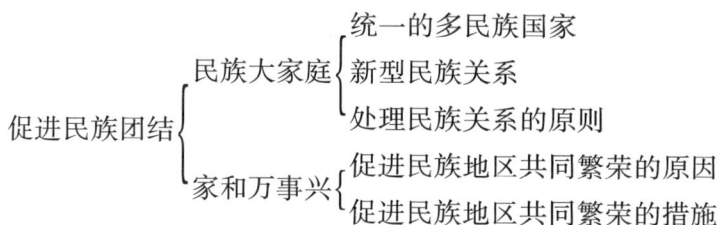

七、教学反思

本节课设计了丰富的教学活动，利用多种信息技术手段，通过展示图片、视频、新闻报道，充分调动学生积极性，提高课堂参与度。围绕主题，积极引导学生获取知识。学生积极讨论，紧密结合身边实例，小组讨论氛围良好。本课深挖爱国主题的育人价值，课堂活动丰富。

本设计以多种教学素材为线索，采用"多案到底"的方法，设计两个教学主题："民族大家庭"和"家和万事兴"，体现"团结"——中国精神、中国力量、中国价值追求。在教学中基本实现各维度的教学目标，细节方面还需要加以处理，比如学习目标的生活性和实用性方面的设计还需要提高，教师情感渲染不到位，课前导学指导还不够具体，学生材料准备不够典型，没有使学生产生预期的情感认同。

《凝聚价值追求》教学设计

信宜市华侨中学 覃开颖

教学课题：《凝聚价值追求》
课时安排：1 课时

一、教材分析

　　本课是部编版《道德与法治》九年级上册第三单元第五课的第二框内容，学生在第一框已经学习了中华优秀传统文化的重要性和坚定文化自信，本框主要是从民族精神的重要性出发，让学生理解民族精神是什么，即民族精神的内涵和特点，进而知道怎样去传承和弘扬民族精神。本框按照"民族精神是什么—为什么要弘扬民族精神—怎样弘扬民族精神和践行社会主义核心价值观"的逻辑展开，把学生的认识进一步引向深处，使之产生情感共鸣，从而付诸实践。

二、学情分析

　　九年级学生随着年纪的增长和学科知识的积累，对中华民族精神和社会主义核心价值观有了一定的认知。然而，在经济全球化和信息技术发展的背景下，各种各样的文化相互激荡，受限于身心发展水平和辨别是非能力，学生容易淡漠对中华民族精神的认识，从而忽视对中华民族精神的弘扬与传承。

三、教学目标

（一）学科核心素养目标

1. 政治认同：弘扬民族精神，具有强烈的中华民族自豪感；学习和理解社会主义先进文化和革命文化，坚定文化自信；理解社会主义核心价值观的内涵及其重要意义。

2. 道德修养：弘扬民族精神和时代精神，增强民族气节，明大德、守功德、严私德，形成健全的道德认识和道德情感，发展良好的道德行为。

3. 法治观念：以社会主义核心价值观为引领，普及法律知识，养成守法意识。

4. 健全人格：通过对民族精神和社会主义核心价值观的认知与理解，引导学生自我反省，培养积极的思想品质。

5. 责任意识：引导学生增强在日常生活和社会活动中自觉践行社会主义核心价值观的责任感。

（二）知识、能力、情感态度价值观目标

1. 知识目标：了解中华民族精神的内涵及社会主义核心价值观的作用和表现。

2. 能力目标：培养学生辩证思维能力以及提出问题、分析问题、解决问题的能力。

3. 情感态度价值观目标：培养学生热爱祖国的情感，使学生树立正确的三观，即人生观、世界观、价值观。弘扬和培育民族精神，培养学生社会主义核心价值观。

四、教学重点和难点

1. 教学重点：掌握中华民族精神的内涵及意义，理解社会主义核心价值观。

2. 教学难点：怎样传承和弘扬中华民族精神，在社会生活中如何践行社会主义核心价值观。

五、教学方法

启发式、探究式、讨论式、小组教学。

六、教学过程

▶ **导入环节**

教师活动：播放视频《中国脊梁》。

提问：中国能战胜灾难和疫情靠的是什么？是否只有英雄人物才可以被称为"中国的脊梁"？

教师总结："中国的脊梁"并非只有英雄人物，千千万万埋头苦干、无私奉献的中华儿女，都是中国的脊梁！他们的精神就是我们中华民族精神。

学生活动：学生讨论后发言。

▶ **讲授新课环节**

（一）中华民族精神

知识点一：民族精神是什么

教师活动：

播放《第八个烈士纪念日》视频，结合中国脊梁及历史典故等，试着说说民族精神的内涵。

教师总结：一个民族要生存和发展，就必须有昂扬向上的民族精神。

小结1：民族精神的内涵（是什么）

以爱国主义为核心的团结统一、爱好和平、勤劳勇敢、自强不息的伟大民族精神。

教师总结：爱国主义是中华民族维护民族独立和民族尊严的强大精神动力，爱国主义的本质是坚持爱国和爱党、爱社会主义高度统一。

中国人民在长期奋斗中形成的中华民族精神，为中国发展和人类文明进步提供精神动力。中华民族精神在不同的历史时期有不同的表现，并随着时代进步不断丰富和发展。在新民主主义革命时期、社会主义革命和建设时期、改革开放时期，中华民族精神都有不同的体现。

民族精神在新时代体现在伟大创造精神、伟大奋斗精神、伟大团结精神、伟大梦想精神四个方面。

提问：结合上述不同时期的民族精神，概括民族精神的特点。

教师总结：民族精神与时俱进，不断丰富和发展。

知识点二：民族精神的重要性及怎么做

材料：在杭州亚运会女子排球决赛中，中国队以3：0战胜日本队，获得冠军，这是中国女排第九次夺得亚运会冠军，全场观众齐声高唱国歌，爱国热情点燃亚运。多年来，中国女排以高昂的斗志、顽强的作风、精湛的技艺，不断为国争光，传递着无私奉献、团结协作、艰苦创业、自强不息的女排精神。

思考：说说什么是女排精神？如果女排姑娘在赛场上失利了，女排精神还存在吗？作为青少年，我们如何践行女排精神？

小结2：民族精神的重要作用（为什么）

（1）民族精神是民族的"魂魄"。一个民族要生存和发展，就要有昂扬向上的民族精神。

（2）伟大民族精神始终是中华民族生生不息、发展壮大的强大精神支柱，是维系我国各族人民世世代代团结奋斗的牢固精神纽带，是激励中华儿女为实现中国梦而奋斗的不竭精神动力。

小结3：如何传承民族精神（怎么做）

（1）在国家危难、民族危亡的紧要关头能够挺身而出、舍生忘死、前仆后继；

（2）在他人生命、财产遇到危险的关键时刻能够见义勇为、扶危济困、无私奉献；

（3）在日常学习工作中勤勤恳恳、任劳任怨、敬业创优；

（4）从自己做起、从现在做起、从小事做起，自觉高扬民族精神，放飞梦想，创造精彩人生。

误区警示：展示图片（部分人打着爱国的旗号，以打、砸、烧的方式抵制外国商品）。

思考：这是爱国的行为吗？（启示：我们要理性爱国）

学生活动：

1. 通过对视频的直观感受，深刻理解爱国的内涵、民族精神的重要性。

2. 分析女排精神，思考民族精神的重要性以及如何做。

3. 通过图片，明白要理性爱国。

（二）社会主义核心价值观

活动一：展示中国式救火和美国式救火、危急关头不同人的反应的图片

思考：为什么面对同样的事情，不同的国家、不同的人会作出不同选择？

教师总结：价值观是文化最深层的内核。（评判是非曲直，决定行为取向）

生而为中国人，我们有中国人的独特精神世界，有百姓日用而不觉的价值观，它们潜移默化影响着中国人的思想方式和行为方式。

小结4：社会主义核心价值观的内涵（是什么）

富强、民主、文明、和谐是<u>国家层面</u>的价值目标，回答要建设什么样的国家。

自由、平等、公正、法治是<u>社会层面</u>的价值取向，回答要建设什么样的社会。

爱国、敬业、诚信、友善是公民<u>个人层面</u>的价值准则，回答要培育什么样的公民。

活动二：播放第八届全国道德模范广东茂名信宜人赖宣治的事迹

学生活动：

1. 分析全国道德模范赖宣治身上有什么优秀品质。

2. 国家为什么组织这类评选活动？

小结5：社会主义核心价值观的重要性（为什么）

（1）社会主义核心价值观不仅是中国人民在共同生活中形成的价值共识，而且吸收了世界文明的有益成果，是当代中国精神的集中体现。

（2）我国宪法规定，国家倡导社会主义核心价值观。社会主义核心价值观是当代中国人评判是非曲直的价值标准。

（3）社会主义核心价值观凝结着全体人民共同的价值追求，是坚持和发展中国特色社会主义的价值导向，又是实现中华民族伟大复兴的价值引领。社会主义核心价值观促进人的全面发展，引领社会全面进步。

活动三：探究与分享

阅读教材第72页"探究与分享"，讨论：你同意他们的看法吗？请说说你的理由。

小结6：构筑中国价值，中国少年当争先（怎么做）

（1）要与日常生活紧密联系起来，做到落细、落小、落实。

（2）自觉做到勤于学习、敏于思考，注重修养、勇于实践，明辨是非、善于选择，认真做事、踏实做人。

【知识拓展】

中华文化、中国特色社会主义文化、民族精神、社会主义核心价值观的联系：

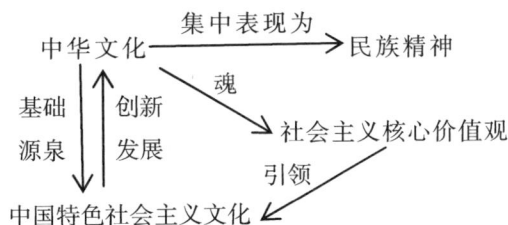

▶ **小结环节**

教师活动：通过这节课的学习，我们知道了中华民族精神的丰富内涵和重要意义。民族精神是民族的灵魂，是实现中华民族伟大复兴的不竭精神动力，我们要积极传承和弘扬民族精神，同时构筑中国价值，培育和践行社会主义核心价值观。

学生活动：随着老师的思维重温一遍本节课的重要知识点。

课堂练习环节

1. 朱彦夫——当代中国的"保尔·柯察金"。他参加了抗美援朝的长津湖战役，是他们连的唯一幸存者。经过 47 次手术、93 天的昏迷，朱彦夫失去了四肢和左眼，仅剩下一只视力 0.3 的右眼。但他不想躺在功劳簿上度过一生。他回到家乡，用残肢夹着粉笔，教乡亲们认字；他拄着拐、拖着假肢，一步一步带村民们走向致富之路。60 岁时，他执笔写下《极限人生》，将他和战友的故事捧给了世人……从他身上我们看到了（　　）

A. 以爱国主义为核心的民族精神

B. 以改革创新为核心的时代精神

C. 以不怕牺牲为核心的革命精神

D. 以追求荣誉为核心的爱国精神

2. 2022 年 3 月，中共中央办公厅、国务院办公厅、中央军委办公厅印发《关于加强新时代烈士褒扬工作的意见》强调，要大力宣传弘扬英烈事迹和精神，继承革命传统，传承红色基因，深入营造崇尚英烈、缅怀英烈、学习英烈、捍卫英烈、关爱烈属的浓厚氛围。此意见的印发，有利于（　　）

①弘扬和培育社会主义核心价值观　②弘扬以爱国主义为核心的时代精神　③赓续红色血脉，让红色江山代代相传　④推动我国经济迅速发展

A.①③　　　　　　B.②③　　　　　　C.①②　　　　　　D.③④

3. 在淮安，近千支巾帼志愿服务队、10 万余名巾帼志愿者活跃在城乡各地、群众身边，以"立足社区、面向家庭、扶危济困、守望相助"为宗旨，开展各具特色的志愿服务，让"巾帼红"在淮安大地熠熠生辉。志愿者的行动践行了社会主义核心价值观中的（　　）

A. 富强　　　　　　B. 敬业　　　　　　C. 诚信　　　　　　D. 友善

▶ 板书设计

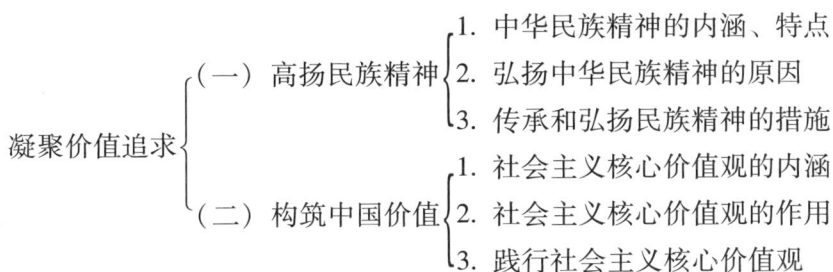

七、教学反思

优点：通过对国家不同时期典型人物的分析，让学生体会人物的精神品质，归纳出中华民族精神的内涵。通过对女排精神、抗疫精神等的分析，体会中华民族精神的作用，并讨论应该怎么做。通过观看被评为第八届全国道德模范的广东茂名信宜人（同时也是信宜市华侨中学优秀校友）赖宣治的相关事迹，让学生深切感受身边模范人物身上体现的精神品质。

不足：中华民族精神是培养学生世界观、人生观、价值观的重要课题，应提前布置课前调查，多寻找榜样人物，通过榜样的作用，引导学生健康成长。

《携手促发展》教学设计

梅州市平远县城南中学　刘　颖

> **教学课题：**《携手促发展》
> **课时安排：** 1 课时

一、教材分析

　　本课是部编版《道德与法治》九年级下册第二单元"世界舞台上的中国"第四课《与世界共发展》中的第二框内容。所依据的课程标准是"健全人格"核心素养中的"正确认识自己，能够自我反思，不断完善自我，保持乐观的态度，学会合作，树立团队意识""理解个人与社会、国家和世界的关系，积极适应社会发展变化"；"责任意识"核心素养中的"具备国家利益高于一切的观念，能够以实际行动维护民族团结，捍卫国家主权"等。

二、学情分析

　　初中阶段是学生从儿童时期向青年时期过渡的重要阶段，也是学生的世界观、人生观、价值观形成的关键阶段。九年级的学生求知欲强，涉猎的领域不断扩展，但生活阅历相对不足。临近初中毕业，他们将面临人生的重要转折点，一部分学生会进入普通高中学习，一部分学生会进入中专或职校学习，还有一部分学生会直接踏入社会……在他们踏上新的人生征途之前，有必要结合世界发展形势，结合当今世界主题和发展潮流，认识我国的国情，树立开放意识、合作共赢意识、忧患意识，抓住机遇、迎接挑战，培养自己的创新意识和创新能力。他们应该深刻地认识到：只有基于对国家、民族和社会需要的正确认识，才能正确选择自己的职业和人生发展方向。

基于以上学情分析，本节课将引导学生了解新形势下我国积极谋求自身发展的主要措施；理解中国谋求自身发展与促进世界共同发展的关系。引领学生胸怀天下，学会合作，懂得共赢，成为社会主义现代化建设所需要的人才。

三、教学目标

（一）学科核心素养目标

培养良好的合作精神、共同发展精神，树立全球意识，深入理解改革开放和全面深化改革的意义，牢记为实现中国梦而努力奋斗的使命，培养积极创新谋发展的意识。

（二）知识、能力、情感态度价值观目标

1. 知识目标：了解新形势下我国积极谋求自身发展的主要措施；理解中国谋求自身发展与促进世界共同发展的关系。

2. 能力目标：能够说出中国谋求自身发展的相关措施；能够说出中国谋求自身发展与促进世界共同发展的辩证关系。

3. 情感态度价值观目标：胸怀天下，培育开放的态度和全球意识，学会合作，懂得共赢；增强为中华民族伟大复兴而团结奋斗的使命感，培养开拓进取的意识。

四、教学重点和难点

1. 教学重点：

（1）面对日益激烈的国际竞争，我们要把握世界的发展趋势，积极谋求自身发展，提高国际竞争力。

（2）中国在发展过程中，坚持合作共赢的发展理念，重视与世界各国的合作，与世界各国人民分享发展机遇，共享发展成果，共建人类命运共同体。

2. 教学难点：理解国家自身发展与共享发展的关系，树立竞争意识、合作共赢意识。

五、教学方法

合作探究法。

六、教学过程

▶ 导入环节

师：这节课我们一起来学习下册第二单元第四课第二框内容《携手促发展》。（板书：携手促发展）

展示学习目标：

1. 中国为什么要谋求发展？
2. 中国采取哪些措施谋求发展？
3. 中国怎样与世界共享发展机遇？

▶ 讲授新课环节

场景一：中国谋发展

师：2021年11月10日，在上海举办的为期6天的第四届中国国际进口博览会（简称"进博会"）圆满结束。现在就让我们一起观看视频回顾一下。在看视频之前，老师先提两个问题：①视频中提到了哪些领域？②为什么中国要连续四年举办进口博览会？请同学们带着这两个问题认真看视频，看完马上回答老师的问题。

（播放视频）

学生自由回答上述问题：

1. 农产品、汽车、技术装备、消费品、医疗器械及医药保健、服务贸易。

2. 学生自由回答各方面的意义或原因，教师简单回应，适时引入主题"中国在谋求自身的发展"中。

教师小结：举办进口博览会是中国政府坚定支持经济全球化，主动向世界开放市场的重大举措。通过之前的学习，我们都知道，当今国际竞争的实质是：以经济和科技实力为基础的综合国力的竞争，当前我国社会的主要矛盾是：人民日益增长的对美好生活的需要和不平衡不充分的发展之间的矛盾，所以，今天的中国必须积极谋求发展。（板书：中国谋发展）

师：那么现在，哪位同学能够梳理一下，中国为什么要谋求发展？（教师板书，学生做笔记、齐读）

今天的中国经济发展进入了新常态（由高速发展转向高质量发展），也就是说，中国要促进发展，就要把什么放在首位？

生：提升发展质量。（板书，笔记）

师：视频里提到了许多行业领域，比如（展示相关图片），这对我国发展又有什么启示呢？（提问，小结：促进发展，要积极寻求新的经济增长点，板书，笔记）

下面我们来看几个不同领域的中国标准。（展示相关图片）

提问：中国积极参与国际标准的制定，有什么意义？（中国参与全球规则制定的意义）

这就启示我们，促进发展，还要以更加开放的态度积极参与全球规则制定。（提醒关键词"积极参与"并不等于"由中国决定"，全球规则的决定权在联合国）

中国已经有实力参与全球规则的制定，美国是什么反应呢？让我们一起来看一下。（播放视频）

面对美国的阻挠，中国又会采取什么战略？（学生思考并自由回答，教师小结，用副板书图示得出结论，板书，笔记）

（结论：促进发展，要加快构建以国内大循环为主体、国内国际双循环相互促进的新发展格局）

小结：中国采取哪些措施谋求发展？（教材第47~48页），快速检查自己的笔记做齐没有，圈出关键词。（学生大声齐读）根据提示快速复述（开火车）。

教师总结：

1. 促进发展，要把提升发展质量放在首位。

2. 促进发展，要积极寻求新的经济增长点。

3. 促进发展，要以更加开放的态度积极参与全球规则制定。

4. 促进发展，要加快构建以国内大循环为主体、国内国际双循环相互促进的新发展格局。

场景二：全球共发展

在新的发展格局下，中国在谋求自身发展的同时，促进世界各国的发展。在国内，中国主张让发展成果更多更公平地惠及全体人民；面对世界，中国致力于构建人类命运共同体，一直坚持合作共赢的理念，主张让发展成果更多更公平地惠及各个国家。

所以，中国的发展促进世界各国发展的第一个方式就是一直坚持合作共赢的理念，主张在全球发展中集思广益、各施所长、各尽所能，让发展的成果更多更公平地惠及各个国家。

好！让我们继续关注本届进博会。（播放视频）

此次进博会既有发达国家的产品，也有发展中国家的产品，这也体现了中国文化海纳百川、有容乃大的包容力。我们与许多"一带一路"沿线国家签订了订单。

请同学们快速阅读课本第50页的"探究与分享"材料并进行小组讨论：在"一带一路"建设中，中国的发展与世界的发展是怎样的关系？（讨论时间1分钟）

小组代表回答问题，得出结论：中国重视与相关国家和地区合作，致力于共同建设一个繁荣的世界。（板书，笔记）

场景三：携手促发展

对于中国来说，2021年是不平凡的一年，是"十四五"规划的开局之年，是加入世界贸易组织20周年，是开启全面建成社会主义现代化国家新征程的第一年。在世界多极化、经济全球化的今天，中国更加愿意同世界各国人民一道，分享发展机遇，共享发展成果，共同开辟人类更加繁荣、更加安宁美好的未来。

强调"共"字——我们的力量也是国家的力量，中国的力量也是世界的力量，所以，让我们携起手来，促进彼此的成长，共同建设繁荣、安宁、美好的世界！

（板书，笔记）

（教师利用板书进行梳理总结）

寄语：同学们，你们将面临人生的重要转折点，在你们踏上新的人生征途之前，老师非常期待你们能紧跟时代发展潮流，放眼世界、心系祖国，正确选择自己的人生发展方向，为祖国的社会主义现代化建设贡献一份力量，让青春绽放光彩，携手促发展！

课堂练习环节

完成导学案习题，点评。

▶ **课后作业**

基于本课的学习，你今后有什么打算？任意选择一个方面，写出来，交给老师。

▶ **板书设计**

主板书设计：

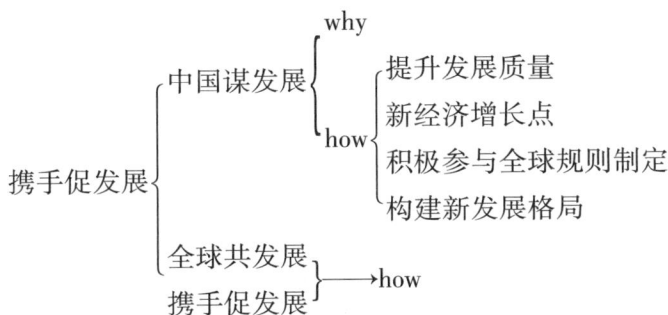

副板书设计：

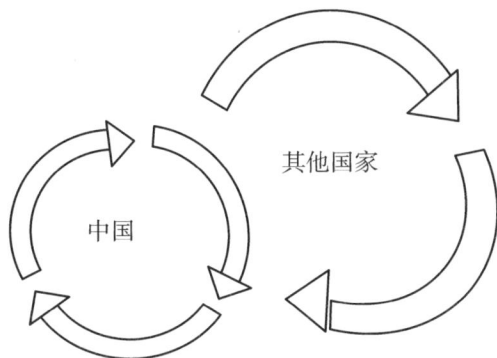

七、教学反思

本节课以第四届中国国际进口博览会为线索，采用"一案到底"的方法，设计三个场景：中国谋发展、全球共发展、携手促发展，一步步基本实现了各维度的教学目标，但细节方面还需要加以处理，比如学习目标的表述应更具体、学习目标的生活性和实用性方面的设计还需要优化，以及可以加上"请列举一些事例说明……"。

本节课是异地教学，学生参与度基本符合教师的预期；下次多注意时间的把握。

《凝聚价值追求》教学设计

惠州市博罗县龙溪中学　幸丽映

教学课题：《凝聚价值追求》
课时安排：1 课时

一、教材分析

　　本课主要从民族精神的意义与价值出发，揭示民族精神是民族的"魂魄"，进而理解中华民族精神的内涵与品格，自觉传承和弘扬民族精神。教学过程按照"民族精神的丰富与发展—民族精神的力量与作用—弘扬和践行社会主义核心价值观"的逻辑展开。第一目首先阐述民族精神的内涵与品格以及民族精神的力量，重点落在"以爱国主义为核心的民族精神具有与时俱进的品格""传承和弘扬民族精神，放飞梦想，创造精彩人生"。第二目侧重讲述社会主义核心价值观是对中华优秀传统文化的传承和升华，是当代中国精神的集中表现，同时也是当代中国人评判是非曲直的价值标准，揭示社会主义核心价值观是坚持和发展中国特色社会主义的价值导向，是实现中华民族伟大复兴的价值引领，重点落在"培育和践行社会主义核心价值观，要与日常生活紧密联系起来，做到落细、落小、落实""构筑中国价值，中国少年当争先"。

二、学情分析

　　文化自信是更基础、更广泛、更深厚的自信。我们要坚定文化自信，构筑共同的精神家园。九年级学生对中华民族精神的了解停留在为数不多的英雄人物身上，未能理解其对于中华民族生存与发展所起到的巨大作用。如今各国联系日益密切，各种文化相互激荡，价值观呈现多元化状态，主流意识形态的主导作用受到诸多挑战，学生缺乏全面、理性、客观的思维方式，极有可能出现价值观盲目认同，而对于社会主义核心价值观，学生一般停留在认知、记忆层面，对于社会主义核心价值观的内容和意义理解较浅。对青少年而言，他们正处于世界观、人生观、价值观形成的关键时期，因此加强社会主义核心价值观教育显得尤为重要。引导学生弘扬民族精神，自觉培育和践行社会主义核心价值观，对学生的健康成长具有重要意义。通过本课学习，使学生感受中华民族精神的强大力量，重视对社会主义核心价值观的认同、培育和践行。

三、教学目标

（一）学科核心素养目标

感受中华民族精神所蕴含的强大精神动力，学会在复杂的社会生活中作出正确的价值判断和价值选择，培养"政治认同"核心素养。

（二）知识、能力、情感态度价值观目标

1. 知识目标：理解中华民族精神的内涵，知道中华民族精神的重要价值；知道社会主义核心价值观的内涵及其重要意义。

2. 能力目标：培育和弘扬民族精神，提高分析问题、解决问题的能力和辩证思维能力；提高理解和践行社会主义核心价值观的能力。

3. 情感态度价值观：弘扬中华民族精神，树立民族自信心和自豪感；认同社会主义核心价值观并积极践行。

四、教学重点和难点

1. 教学重点：社会主义核心价值观。
2. 教学难点：传承和弘扬民族精神。

五、教学方法

合作探究法、讲授法、自主学习法。

六、教学过程

▶ 导入环节

教师活动：

出示图片：钟南山、李兰娟等抗疫英雄。提问：

（1）说一说：你觉得这些人是我们中国的脊梁吗？

（2）在这些人物身上有哪些值得我们学习的地方？

学生活动：思考并回答问题。

教师总结：他们就是我们中国的脊梁。他们身上热爱祖国、无私奉献、顾全大局、敢于牺牲等优秀品质值得我们学习，这些品质就是中华民族精神的具体体现。那么，什么是中华民族精神？当代中国人民共同的价值追求又是什么？带着这些问题，我们一起进入本节课的学习。

【设计意图】以钟南山等抗疫英雄的图片导入，激发学生的学习兴趣。

▶ 讲授新课环节

第一部分：扬民族精神，树中华脊梁

活动一：民族精神内涵

教师活动：一个民族要生存和发展，就要有昂扬向上的民族精神，一个民族如果没有振奋的民族精神，就很难屹立在世界民族之林。中华民族历经沧桑而不衰，饱经磨难而更强，豪迈地屹立于世界民族之林，离不开我们伟大的民族精神。

播放视频：《有一种精神，从未变过》，请结合视频自主合作探究：

（1）中华民族精神的内涵是什么？核心是什么？有何特点？

（2）如何理解爱国主义的重要性和本质？

（3）请将你对中华民族精神的感受和理解（如成语、名言、人物典故等）填入课本第67页的图中。

学生活动：小组合作探究，分析材料，结合课本归纳出中华民族精神的内涵和特点，知道爱国主义是中华民族精神的核心，本质是坚持爱国和爱党、爱社会主义高度统一。中国人民是具有伟大创造精神、伟大奋斗精神、伟大团结精神、伟大梦想精神的人民。合作完成填图并由小组代表分享展示。归纳出中华民族精神具有与时俱进的品格。

活动二：民族精神懂意义，我践行

教师活动：出示杨叔子（中国科学院院士）的话：一个国家，没有先进的科技，一打就垮；没有民族精神，不打就垮。这给我们什么启示？你打算怎样做？

学生活动：小组合作探究，理解民族精神的重要性。

教师活动：播放有关重庆山火的视频。

【设计意图】通过视频、名言、图片等激发学生兴趣和思考，使之进行自主探究，获得习得性知识：民族精神的内涵、特点。锻炼材料分析归纳和概括能力、独立思考能力。学生通过对抗疫中普通人（包括学生本人）的爱国行为的理解，增强对民族精神的认同。培育学生对民族精神的政治认同，自觉从自己做起，从身边做起，从小事做起，高扬民族精神，树立中国脊梁。为第二部分作铺垫。

第二部分：行社会主义核心价值观，筑中国价值

活动三：山火区别对待

教师活动：

出示材料：2020 年 2 月，澳大利亚的山火已经烧了整整五个月。据澳大利亚广播电台报道，这场山火燃烧了 210 多天才完全熄灭。而 2022 年 8 月 17 日发生的重庆山火，截至 8 月 26 日 8 时 30 分，经各方共同努力，各处明火已全部扑灭，全面转入清理看守阶段，无人员伤亡和重要设施损失。这次山火，从第一起山火爆发到各处山火全部扑灭，只用了不到 10 天的时间。同样都是山火，为何差别如此之大？

学生活动：学生思考并回答。

教师活动：解释说明价值观的地位、作用、特点。请大家抢答社会主义核心价值观内涵。

学生活动：抢答社会主义核心价值观内涵。

活动四：行社会主义核心价值观

教师活动：

出示材料：习近平总书记曾指出："核心价值观，承载着一个民族、一个国家的精神追求，体现着一个社会评判是非曲直的价值标准。"面对此次突如其来的疫情，社会主义核心价值观潜移默化影响着每一个中国人，给这个民族源源不断注入面对困境的勇气和磅礴发展的动力。请大家自主合作探究：

（1）请列举抗疫中体现的社会主义核心价值观。

（2）联系材料及刚才同学们所举的例子，说一说社会主义核心价值观的作用。

（3）作为中学生，你打算以怎样的方式践行社会主义核心价值观？

学生活动：学生阅读材料，通过分析材料，自主合作探究社会主义核心价

值观的意义。调动已有的知识积累和生活经验，理论联系实际，列举身边看到的体现社会主义核心价值观的事例，并在课堂上与同学分享与交流如何践行社会主义核心价值观。

【设计意图】通过分析中西方对待山火的区别，进行探究活动和抢答活动，利用对《抗疫中熠熠生辉的社会主义核心价值观》材料的解读和相关探究活动，引导学生获得习得性知识：价值观的内涵，社会主义核心价值观的内涵、意义和践行的做法。在学习过程中发展了学生的独立思考能力、合作探究能力、文字组织和表达能力等。通过让学生举例子和谈做法，提升学生在复杂真实情境中知识深度迁移的能力，增强对社会主义核心价值观的认同感，用社会主义核心价值观指引自己的行为，践行社会主义核心价值观，培养公共参与的核心素养。

▶ **小结环节**

教师活动：与学生一起整合本课知识的思维导图。提问：这节课我们学到了什么？表现怎么样？聆听学生反馈。

学生活动：与老师一起整合本课知识的思维导图。完成导学案中的"课堂表现评价卡"，根据课堂活动和内容，进行自我评价、组员评价。

【设计意图】让学生在归纳学科知识的同时，通过自我评价、组员评价感受学习的快乐。体验成就感的同时，知道自己下一步的努力方向，激发继续学习的动机，维持持续努力的动力。

教师活动：青少年是国家和民族的希望与未来，让我们一起努力，在积极传承和弘扬民族精神的同时，也要积极构筑中国价值，培育和践行社会主义核心价值观。

课堂练习环节

1. 中国是人口众多的国家，自强不息的价值理念深深融入并深刻影响着中国人的精神世界和日常行为。"人多力量大""人心齐，泰山移""众人拾柴火焰高""天时不如地利，地利不如人和"等耳熟能详的格言主要展现中华民族的（   ）

①伟大创造精神 ②伟大奋斗精神 ③伟大梦想精神 ④伟大团结精神

A.①③   B.①④   C.②③   D.②④

2. 巍巍宝塔山，滚滚延河水。从 1935 年到 1948 年，老一辈革命家在延安生活和战斗了 13 年，领导中国革命事业逐步走向高潮，扭转了中国的前途和命运，造就了伟大的延安精神，延安革命旧址见证了我们党在延安时期领导中国革命、探索马克思主义中国化时代化的光辉历程，是一本永远读不完的书。新时代下，读好这本"书"（   ）

①有利于增强中华民族的文化认同，高扬民族精神　②有利于传承革命文化，赓续中华民族宝贵的精神血脉　③有利于弘扬以改革创新为核心的民族精神　④可以为我国解决现实问题提供具体方案

A.①②　　　　B.①③　　　　C.②③　　　　D.③④

3. 某村开展道德模范、最美家庭和身边好人、好邻居、好媳妇等先进典型评选，传播"好人"精神，鼓励大家择善而为，促进了乡风文明。这说明（   ）

①社会主义核心价值观需要人人践行　②学习好榜样有利于构建和谐社会　③崇德向善的社会风尚需要共同营造　④典型评选活动决定社会道德环境

A.①②③　　　B.①②④　　　C.①③④　　　D.②③④

4. 某地积极开展"微心愿"活动，陪老人聊天、给老人理发、帮助照看孩子……随着"微心愿"一个个实现，"你有困难我来帮"深入人心。"微心愿"活动彰显的社会主义核心价值观是（   ）

①敬业　②和谐　③友善　④平等

A.①③　　　　B.①④　　　　C.②③　　　　D.②④

▶ **课后作业**

继续完成"课堂表现评价卡"中的内容，课后以小组为单位，分工合作，撰写以下倡议书。

在全社会志愿服务活动蓬勃开展、志愿服务精神蔚然成风的大潮中，中学生志愿服务正在兴起，越来越多的学生爱上志愿服务，用自己的具体行动弘扬民族精神、培育和践行社会主义核心价值观，扣好自己人生的第一粒扣子。请向全校同学发出参与学校志愿服务活动的倡议（示例略）。

倡议书由课代表负责收集整理，并进行展示、互评。最终选出最优的一份倡议书交给学校团委书记，建议学校将这份倡议书印发到全校每一位同学的手

中，号召同学们积极加入学校的学生志愿者服务队。

▶ 板书设计

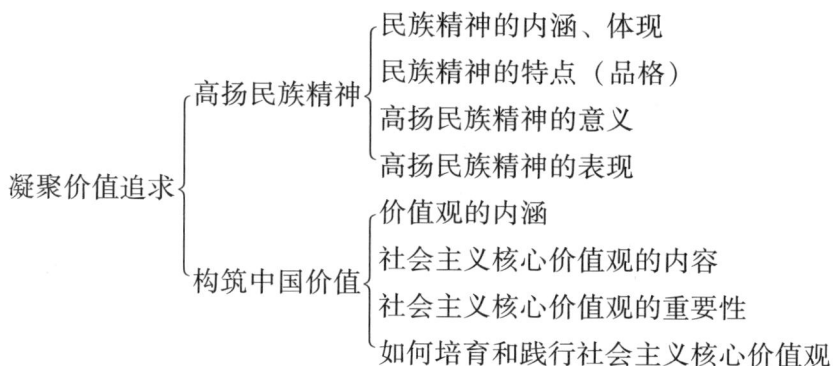

七、教学反思

本节课体现以学生为中心的教学理念。通过对两部分的探究，能突出凝聚价值追求的主干知识。教学过程还体现了思辨性和开放性，让学生在探究中提升思维能力，实现对课程知识的自我建构与理解内化，并学会在现实中作出正确的价值判断与选择。撰写参与学校志愿服务活动的倡议书体现开放性，锻炼学生在复杂真实的情境中知识深度迁移能力。学生参与度高，情感态度价值观目标实现得较好，整堂课正能量满满。

在本节课的教学中，仍存在很多不足之处。如对教材挖掘不够深入，在对教材的深入研究上仍需要继续努力，学生探究不够充分，课堂效率不够高，课堂时间分配需进一步优化等。

《凝聚价值追求—高扬民族精神》教学设计

北京师范大学广州实验学校　陈秀燕

教学课题：《凝聚价值追求—高扬民族精神》
课时安排：1 课时

一、教材分析

　　部编版《道德与法治》九年级上册第三单元在物质文明和政治文明学习的基础上进入精神文明的学习。在第五课第一框中，学生已经对中华文化及其作用有了基本的了解。第二框从民族精神切入，既是对前面中华文化的延续（民族精神也是中华文化的一个重要内容），也为接下来第二目社会主义核心价值观的讲解奠定基础。"高扬民族精神"这一目主要从"是什么—为什么—怎么做"的逻辑展开，其主要知识包括：民族精神的内涵、品格和作用，以及如何培育和弘扬民族精神。

二、学情分析

　　文化自信，是更基础、更深沉、更持久的力量。当今世界，各种思想文化相互激荡，我们要坚定文化自信，就需要从中华文化当中汲取力量，筑牢精神家园。初中生处在世界观、人生观、价值观形成的关键阶段，帮助学生深入了解中华文化，弘扬民族精神，自觉践行社会主义核心价值观，对于学生的健康成长具有重要意义。

　　随着近些年许多红色电影的上映，再加上学科知识的积累，九年级学生不管是从感性层面还是理性层面都对中华民族的历史和中国人民不屈不挠顽强奋斗的精神有了一定的认识。但是由于物质生活以及时代环境的巨大变迁，学生要从当下生活去理解前人强大的精神信念以及民族情感是有一定困难的。在当下相对和平的环境中，在各种文化的激荡中，要学会坚定文化自信，自觉培育和弘扬民族精神，对学生来讲也是有困难的。因此，需要构建历史情境，让学生从历史到当下，自主探索民族精神的内涵和作用，增强对国家和民族的认同感，从而自觉地培育和弘扬民族精神，厚植家国情怀。

三、教学目标

（一）学科核心素养目标

培养学生的政治认同。通过自主探索，感悟民族精神的巨大作用，提高对国家和民族的认同感；理解民族精神的传承需要每一代人的努力，自觉担当时代责任。

（二）知识、能力、情感态度价值观目标

1. 知识目标：理解并掌握民族精神的内涵、特点和作用。
2. 能力目标：通过问题的讨论、材料的分析，提高处理信息的能力；通过对问题答案的总结和提炼，提高总结归纳的能力；通过经验的分享，提高在新时代下用实际行动弘扬民族精神的能力。
3. 情感态度价值观目标：通过视频和文字材料的分析，感悟民族精神对于中华民族生存发展、战胜困难所具有的重要作用，从而自觉以实际行动培育和弘扬民族精神。

四、教学重点和难点

1. 教学重点：弘扬民族精神的原因。
2. 教学难点：以实际行动弘扬民族精神。

五、教学方法

讲授法、讨论法。

六、教学过程

▶ 导入环节

教师活动：播放视频（视频内容为中国共产党建党百年来，无数中国人在一次次民族困境、国家危难面前挺身而出，带领中国走过一个又一个难关）。

教师提问：大家看完视频，结合书本第66页关于中国脊梁的描述，思考视频中出现的人物能否被称为"中国脊梁"，为什么？

学生回答。

师：我们之所以把这些人称为"中国脊梁"，是因为他们都在民族危难之际挺身而出，为了国家，为了民族，舍生忘死，以强大的精神信念，带领我们走出当时的困境。

教师提问：只有英雄人物才能被称为"民族脊梁"吗？

学生回答。

师：其实民族脊梁并不仅指这些英雄人物，千千万万个埋头苦干、无私奉献的中华儿女，都是民族的脊梁。而他们身上所展现的这样一种精神信念，就是我们今天所要学习的主题——民族精神。

【设计意图】通过视频导入，可以让学生迅速进入情境当中。通过两个问题的引导，帮助学生从视频中的感性认识过渡到理性认识，从而导入新课的学习。

▶ 讲授新课环节

（一）小组讨论：认识民族精神

师：刚刚的视频带给我们巨大的精神鼓舞，这节课我们要一起探讨民族精神的内涵、特点以及它的作用。接下来，我们将分小组讨论素材。总共有四个素材，每个小组讨论一个素材即可。讨论结束后，请大家回答以下三个问题：

（1）当时的中国面临什么样的困境？

（2）你从材料中的人物感受到什么样的精神力量？

（3）这说明这种精神对于国家和民族有什么样的作用？

讨论时间为7分钟，讨论结束以后，每个小组请一个代表上来分析，并讲一讲你是从材料的哪个地方得出相应的结论的。如果有重复的素材，后面的小组只需要加以补充即可。

讨论素材一：

无数的共产党人，为了革命事业不怕牺牲，有许许多多的人，我们甚至都不知道他们的名字。许多人甚至来不及见家人最后一面就已经长埋地下。我们如今站立的土地，正是无数革命先辈抛头颅、洒热血的地方。在当时黑暗的中国，在尚不知道光明与未来在何方的时候，他们就毅然决然加入共产党，为争取民族独立和国家富强而不断抗争。

陈延年、陈乔年是革命领导人陈独秀之子，两兄弟于1927年、1928年先后牺牲。1927年6月，陈延年所在机关被反动军警包围，陈延年以桌椅板凳与敌搏斗，掩护其他人逃跑，不幸被捕。在刑场上，年仅29岁的陈延年浩气凛然，傲然而立，面对让他跪着的刽子手，他说："革命者决不下跪，只能站着死。"1927年冬，为了继承长兄遗志，陈乔年接过陈延年的任务，不幸也于第二年遇害。牺牲前，陈乔年没有害怕，而是说："让我们的子孙后代享受前任披荆斩棘的幸福吧！"牺牲时，陈乔年还不满26岁。

讨论素材二：

20世纪50、60年代，面对严峻的国际形势，为抵制帝国主义的武力威胁和核讹诈，保卫国家安全，当时的中央领导集体作出了独立研制"两弹一星"的战略决策。大批优秀科技工作者义无反顾地投身到这一工作当中。在当时国家经济、技术基础薄弱和工作条件十分艰苦的情况下，自力更生，发愤图强，依靠自己的力量和苏联的帮助，突破了核弹、导弹和人造卫星等尖端技术，取得了举世瞩目的辉煌成就。

邓稼先是无数为此科技事业殚精竭虑的工作者之一。当时的科研条件有限，人身防护条件也很简陋。一次，航投试验时出现降落伞事故，原子弹坠地被摔裂。邓稼先深知危险，却一个人抢上前去把摔破的原子弹碎片拿到手里仔细检验。身为医学教授的妻子知道他"抱"了摔裂的原子弹，在邓稼先回北京后强拉他去检查。结果发现在他的小便中带有放射性物质，肝脏受损，骨髓里也侵入了放射物。但邓稼先仍坚持回核试验基地。

在新中国早期，正是这许许多多的科技工作者隐姓埋名，在长期与亲人的分别中，在简陋的科研条件下，凭借顽强的意志和埋头苦干的精神，为我国的"两弹一星"事业作出了巨大的贡献。

讨论素材三：

2020年对于中国来说，是极不平凡的一年，突如其来的新冠疫情，让中国的一切按下了暂停键。危急时刻，又见遍地英雄。各条战线的抗疫勇士临危不惧、视死如归，困难面前豁得出、关键时刻冲得上，以生命赴使命，用大爱护众生。

1月24日至3月8日，全国共调集346支国家医疗队、4.26万名医务人员、900多名公共卫生人员驰援湖北。400万名社区工作者奋战在全国65万个城乡社区，及时将党和政府的声音传导到基层，牢牢守住疫情防控"第一关口"。

疫情发生以来，全国人民心往一处想、劲往一处使，把个人冷暖、集体荣辱、国家安危融为一体，"天使白""橄榄绿""守护蓝""志愿红"迅速集结，"我是党员我先上""疫情不退我不退"，誓言铿锵，丹心闪耀，集中体现了中国人民万众一心、同甘共苦的团结伟力。

讨论素材四：

习近平总书记指出："到2020年我国现行标准下农村贫困人口实现脱贫，是我们的庄严承诺。""全面建成小康社会最艰巨最繁重的任务在贫困地区，特别是在深度贫困地区，无论这块硬骨头有多硬都必须啃下，无论这场攻坚战有多难打都必须打赢。"8年间，中国832个贫困县全部摘帽，近1亿贫困人口实现脱贫。累计300多万名驻村干部、第一书记和数百万名基层工作者奋战在没有硝烟的战场。截至2020年底，共有1 800多人牺牲在脱贫一线。

有一种超常规付出叫"吃干粮睡地铺扶贫"。向深度贫困总攻，云南怒江傈僳族自治州组成一支支"背包工作队"，走最险峻的山路，到最偏远的村寨，挨家挨户解决易地搬迁群众的后顾之忧，饿了吃自带的干粮，困了拿出睡袋打地铺。

毛相林，1959年1月生，重庆市巫山县竹贤乡下庄村党支部书记。他立志改变全村贫困闭塞的"宿命"，1997年起带领乡亲以"愚公移山"的决心与毅力，历时7年，在绝壁上凿出一条8 000米长的"绝壁天路"。李玉，1944年1月生，工程院院士、吉林农业大学教授。2012年以来，牵团队深入全国40多个深度贫困地区，帮扶800余个村、3.5万贫困户彻底脱贫，年产值达350多亿元。

脱贫攻坚战全面胜利的取得，离不开一个又一个扎根基层、默默为扶贫事业作出巨大贡献的人。他们值得敬仰，值得被更多人知道。致敬脱贫攻坚一线的每一位英雄。

学生活动：讨论并回答问题。

【设计意图】三个问题已经涵盖了本课的主要内容：民族精神的内涵、特点和作用。从人物身上体现的共同精神品质，可以带领学生总结出民族精神的内涵。例如四个素材都很好地体现了爱国主义精神，每一个素材所体现的侧面、所面临的困境以及时间节点又都不一样，教师可以引导学生总结出民族精神与时俱进的特点。第三个问题，精神力量对于国家和民族来讲有什么作用，学生可能会从材料中获得答案，或者用自己的语言回答。例如帮助我们走出当时的困境；改变落后的科技局面；鼓励我们渡过疫情的难关，等等。教师要适当追问，或者对学生的答案适当加以归类，以便后续归纳和总结民族精神的作用。学生从讨论中得出答案，教师再从学生的回答中总结提炼出民族精神的内涵、特点和作用，学生的认同度会更高。

（二）落实行动：传承和弘扬民族精神

师：通过刚刚对四个素材的讨论，我们都体会到了民族精神对于民族生存和发展的重要作用。精神的力量重在传承。我们在日常生活中如何去传承和弘扬民族精神？这也是老师在写入党申请书的时候遇到的困惑。老师思考了一个晚上，最后在入党申请书上写下了"坚守岗位，筑梦中国"八个字。老师想，中国梦的实现，需要每一个人在自己的岗位上兢兢业业，踏实做好自己的工作。

教师提问：请大家结合老师的故事以及课件图片中华坪女高毕业生回校当老师的故事，谈谈你自己在日常生活当中应该怎样传承和弘扬民族精神。

学生回答。

教师总结：作为初中生的我们，要主动学习和了解民族历史，增强爱国情感，弘扬民族精神，并将其转化为我们的情感认同和行为习惯。从当下做起，认真学习科学文化知识；增强社会责任感，学会观察、思考各种社会现象，积极参与社会实践。做自信、自尊、自强的中国人，逐渐成长为民族的栋梁。

【设计意图】通过教师的例子引起学生的共鸣，最后让学生自己说出如何在生活中传承和弘扬民族精神。

▶ 小结环节

教师活动：请大家用思维导图来总结我们今天所学习的内容。

学生活动：学生在白纸上画好思维导图，交给老师用平板电脑拍照并即时分享讲解。（也可以由一位同学在黑板上画，并向班级同学讲解今天所学内容）

思维导图（示例）：

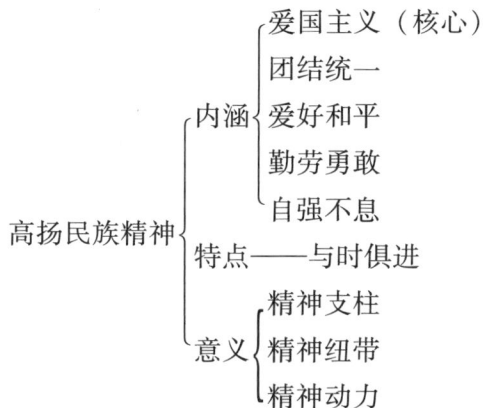

高扬民族精神
- 内涵
  - 爱国主义（核心）
  - 团结统一
  - 爱好和平
  - 勤劳勇敢
  - 自强不息
- 特点——与时俱进
- 意义
  - 精神支柱
  - 精神纽带
  - 精神动力

课堂练习环节

1. 一百多年前，中国共产党的先驱们创建了中国共产党，形成了坚持真理、坚守理想，践行初心、担当使命，不怕牺牲、英勇斗争，对党忠诚、不负人民的伟大建党精神。这是（　　　）

①以自强不息为核心的伟大民族精神的体现　②中华民族生生不息、发展壮大的强大精神支柱　③维系我国各族人民世世代代团结奋斗的牢固精神纽带　④激励中华儿女为实现中国梦而奋斗的不竭精神动力

A. ①③④　　　　　　B. ②③④　　　　　　C. ①②④　　　　　　D. ①②③

2. 2022年4月16日，神舟十三号飞船搭载三名航天员顺利完成任务载誉归来，创造了中国航天员连续在轨飞行时间的最长纪录。几代航天人奋斗拼搏凝聚成了"特别能吃苦、特别能战斗、特别能攻关、特别能奉献"的载人航天精神。这一精神（　　　）

①是中华民族精神在当代的具体体现　②是当代中国人判断是非曲直的价值标准　③激励中华儿女为实现中国梦而不懈奋斗　④丰富发展了民族精神和时代精神的内涵

A. ①②④　　　　　　B. ①③④　　　　　　C. ①②③　　　　　　D. ②③④

3. 从井冈山精神、焦裕禄精神、特区精神，到抗疫精神、北京冬奥精神……中华民族精神在不同的历史时期有着不同的表现。这说明中华民族精神具有（　　　）

A. 勤劳勇敢的品格　　　　　　　B. 自信自强的品格

C. 与时俱进的品格　　　　　　　D. 爱好和平的品格

▶ **课后作业**

以今天课堂所讨论的人物，或是你了解的人物为对象（能够体现民族精神），给他（她）写一封信。要求：200～300字，语言流畅，能够运用今天所学内容，并抒发自己的民族情感。

▶ **板书设计**

主板书设计：

一、内涵

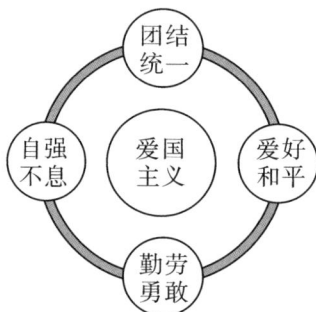

二、特点：与时俱进

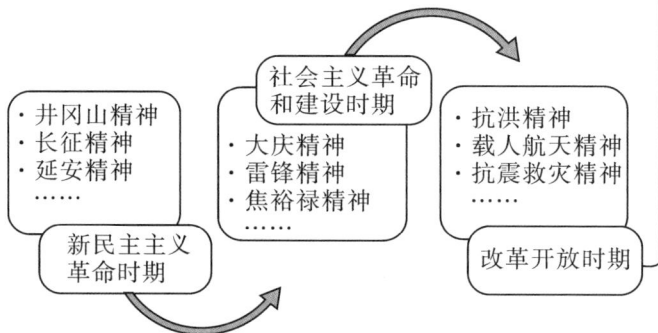

支柱

纽带

动力

副板书设计：

素材	面临困难	精神力量	作用
建党精神			
"两弹一星"精神			
抗疫精神			
脱贫攻坚精神			

民族精神与时俱进

七、教学反思

本节课笔者共上过两次，在不同的班级。第一次是在公开课的班级上，效果很好，尤其是情感态度价值观目标可以达成。很多同学在看完视频、讨论素材、听完老师的故事后，都自发地鼓掌。一部分同学甚至在看到视频和素材照片后落泪了。因为引发了情感的共鸣，所以后续的流程都比较顺畅。比较困难的地方在学生回答完三个问题之后，要对四个不同素材进行提取和归纳，最后得出相应的结论。因此，这里是教师需要着重引导的地方。

第二次是在另一个班上，没有得到较好的效果，原因一是学生对视频的认同度和情感共鸣度没有那么高；二是学生在讨论和回答问题的时候，因为基础较为薄弱，易偏离方向，需要通过老师的进一步追问来得出相应的答案。在回答完问题、需要总结提炼的时候，由于学生提炼归纳能力较弱，主要是由老师来提炼和归纳。

这说明不同学生的基础不同，教师上课的内容、方式需要有所调整。教师可以尝试在第二个上课班级不进行四个素材的整合和归纳，而是选取其中一个代表性的素材进行深入的挖掘，重新设置问题，再往前、往后去进行探索，帮助学生了解精神谱系的形成。以点带面，更有利于学生理解和掌握。

《增强生命的韧性》教学设计

湛江市麻章区第二中学　王武龙

教学课题：《增强生命的韧性》
课时安排：1 课时

一、教材分析

《道德与法治》教材主要以马克思主义为思想指导编写，其中还包含了习近平新时代中国特色社会主义思想、社会主义核心价值观等指导思想。主要分为几个大板块，每个板块都有各自的内容，对主题进行阐释。

本次的教学设计针对的课程是七年级上册《道德与法治》第九课《珍视生命》，本章主要表述了生命这一主题，意在让学生学会正确面对挫折，珍惜生命。本章内容从同学们的日常生活出发，从生活的各个细节引导学生要有积极向上的乐观情绪，学会用正确的方法去面对挫折，形成积极健康的心态。

二、学情分析

七年级的学生大部分刚建立自我独立意识，性格敏感，难以正确面对挫折。他们普遍懵懂，喜欢探索世界却又没有足够的知识储备；对事物缺乏基本的判断能力和自控能力，容易受到外界环境的影响；对事物的看法也不全面，容易只看到消极悲观的一面，感到迷茫和恐惧；常常思考人生和世界却又理解不了，陷入悲观情绪，容易产生极端的心理。

三、教学目标

（一）学科核心素养目标

让学生身心得到全面发展，注重维护学生的身心健康，以马克思主义、社会主义核心价值观和习近平新时代中国特色社会主义为思想指导，让学生学会正确面对挫折。

（二）知识、能力、情感态度价值观目标

1. 知识目标：学会正确面对挫折，正确疏导情绪。

2. 能力目标：培养学生抗压、抗挫折的能力，让学生面对生活中各种各样的挫折都能够有积极健康的心态。

3. 情感态度价值观目标：重视学生心理健康，让学生身心得到全面发展，能够正确面对生活中的挫折和困难，不轻易放弃自己的生命；增强学生的安全意识和自我保护意识以及能力。

四、教学重点和难点

1. 教学重点：要告诉学生在生活中遇到挫折是一件十分正常的事情，每个人都会遇到或大或小的挫折。

2. 教学难点：让学生学会正确看待挫折，从生理和心理上都要学会接受挫折并保护自己，正确处理情绪，保持健康的心理状态和身体状态。

五、教学方法

讲授法、情景演绎法、讨论法。

六、教学过程

▶ 导入环节

师：在上课前，老师先给同学们提几个问题：

（1）在生活中你是否遇到过挫折？

（2）面对挫折你的心情怎样？

学生对问题进行思考，然后举手回答。

根据学生的回答，教师对学生进行表扬。

师：遗憾的是，有些人会因为挫折而做出一些极端的事情，甚至放弃自己的生命。（随后播放"因为生活受挫而选择放弃自己生命"的视频片段）

【设计意图】先通过提问的形式，让学生快速进入课堂，积极思考问题；老师再和学生进行交流和互动，激发学生对本节课的学习兴趣，让学生能够理解挫折并进行思考和探究；最后老师对回答问题的学生进行表扬，鼓励学生积极参与课堂，活跃课堂氛围。

▶ 讲授新课环节

知识点一：生活难免有挫折

师：看完上面的视频，老师要告诉同学们：在人的一生中，会遇到各种各样的困难和挫折，我们每个人都会遇到，只是每个人遇到的挫折不同罢了。有的人会因为父母、老师的批评而情绪崩溃，有的人会因为考试考得不好而感到悲伤，这些都是我们生活中遇到的挫折。

（1）当你遇到挫折时，会产生什么样的消极情绪？

（2）面对这些情绪你又是怎样做的呢？

【设计意图】让学生对问题进行思考，并与老师互动，相互交流看法，学生也可以对老师提问，了解当老师面对挫折时是怎样处理的。

师：同学们的回答真棒！（老师挑出几位回答比较积极的同学作为典型例子进行表扬）同学们，面对挫折产生消极情绪是十分正常的，包括焦虑、愤怒、悲伤等，这些都很常见。

生活的道路并不总是平坦的，在我们怀揣美好的愿望、目标、期待去努力的过程中，难免会遇到阻碍、失利乃至失败。这些阻碍、失利和失败，就是人们常说的挫折。

学生总结：挫折的含义，即阻碍、失利和失败。

教师播放爱迪生制作灯泡失败了一千多次的视频，向学生提出问题。

（1）他遇到挫折时，产生了什么样的消极情绪？

（2）他遇到挫折时，又是怎么样做的？

（3）最后他得到了什么结果？

学生思考问题然后作出回答。

教师通过学生的回答，引出本节课的重点内容，告诉同学们，面对挫折要时刻保持一种积极的心态，学会不抛弃、不放弃。

【设计意图】先通过举出一些实际例子，让学生能够更加真切地意识到，遇到挫折只是我们人生中微不足道的一件事而已，从而减轻学生的心理负担，加强对学生的心理健康教育。再通过提出问题、引出回答的教学模式，主动让学生对问题进行思考。最后举出一些身边成功人士的事例，告诉学生正确面对挫折的心态究竟是怎样的，鼓励学生培养坚持不懈的精神。

知识点小结：

教师将爱迪生的例子和之前的反面例子视频进行对比，然后播放一些因为轻易放弃自己的生命给家庭带来了悲惨后果的案例，让学生说出自己的看法和思考，同时带入反面例子，设想如果是自己的话会怎么办，会做些什么。

学生针对正面例子和反面例子提出看法。

教师通过学生的回答，对学生进行引导，从而形成面对挫折的思维导图。首先要意识到遇到挫折是十分正常的一件事；其次要分析自己面对挫折会产生怎样的消极情绪并调整好自己的心态；接着分析挫折产生的原因，哪些因素可以改变，哪些因素不可以改变，与之对应的积极做法应该是什么；最后告诫学生，不要轻易放弃自己的生命。

【设计意图】通过对比的方式让学生能够更加清晰地看出面对挫折的不同态度会导致怎样的人生，以此告诫学生，不要因为生活中的一些挫折而轻易放弃自己的生命，要学会正确面对挫折的方式，积极面对人生。最后通过思维导图，让学生对面对挫折时应该怎么做形成更加清晰的认知。

学生总结：挫折给我们带来的影响。

（1）面对挫折，我们可能会感到失落、焦虑、难过、愤怒、不满等。

（2）产生这些负面的情绪感受是很正常的，但如果一味沉浸在负面情绪中，我们就容易消沉，甚至做出不恰当的行为。

知识点二：发掘生命的力量

播放视频：（我国运动员苏炳添如何在经历失败之后在国际赛道上跑进9秒80大关，为亚洲争光）

师：苏炳添是如何战胜挫折的？

生：他战胜了挫折，发掘出了自己生命的力量，靠自强不息的勇气，艰苦训练，也离不开教练和家人的帮助，即离不开外力。

学生结合自己的遭遇，完成学习活动。

学生总结：怎样发掘生命的力量。

（1）我们需要发现、发掘自己的生命力量，我们每个人的生命都蕴含一定的承受力、自我调节和自我修复的能力。

（2）培养自己面对困难的勇气和坚强的意志。

（3）发掘自身的力量并不排斥借助外力。学会与他人建立联系，向他人寻求帮助。

课堂练习环节

1. "感动中国2022年度人物"陆鸿，幼时因病导致脑瘫。不愿成为家人累赘的他，学习影视后期，练就一手绝活。2017年，他带领残疾人做自媒体、开网店，为21个残疾人家庭撑起了一片蓝天，书写了"残疾人扶贫创业基地"的感人故事。这启示我们（　　）

A. 每个人的生命都是宝贵的，可以永恒

B. 守护生命仅需要关注自己的身体

C. 正确对待挫折和逆境，增强生命韧性

D. 正确认识自己就能做更好的自己

2. "爱你孤身走暗巷/爱你不跪的模样/爱你对峙过绝望/不肯哭一场……"歌曲《孤勇者》唱出了每个"小人物"的呐喊：不管是身处暗巷还是绝望，不管是逆风还是绝境，都能奋力为自己而战，为梦想而战。这首歌启示我们（　　）

A. 生活中的挫折是可以避免的

B. 要正确对待挫折和逆境

C. 只有经历巨大挫折才能取得成功

D. 保持乐观心态就不会遭遇挫折

▶ **课后作业**

教师设计一个面对挫折的情景，学生进行思考和回答，并绘制思维导图。

▶ 板书设计

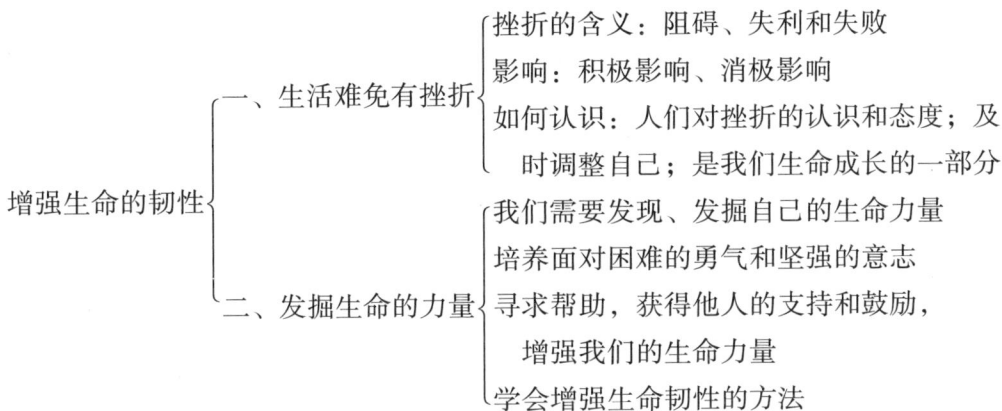

一、生活难免有挫折
- 挫折的含义：阻碍、失利和失败
- 影响：积极影响、消极影响
- 如何认识：人们对挫折的认识和态度；及时调整自己；是我们生命成长的一部分

增强生命的韧性

二、发掘生命的力量
- 我们需要发现、发掘自己的生命力量
- 培养面对困难的勇气和坚强的意志
- 寻求帮助，获得他人的支持和鼓励，增强我们的生命力量
- 学会增强生命韧性的方法

七、教学反思

优点：本课时的学习内容比较抽象，且有一定的难度，为此在教学过程中首先指导学生研读教材内容，理清教材讲述的问题和表达的观点，然后引导学生对教材中的几个活动问题进行交流讨论，从而帮助学生认识挫折，初步树立面对挫折的正确心态，进而实现本课的教学目标。

在案例素材上挑选了一些中外优秀人物事迹，为同学们树立好榜样。在发掘生命的力量这一问题上，引导学生分享自己所知道的一些人物战胜挫折的故事，增强学生的参与感。让同学们分享自己平时战胜挫折的方法。在课堂上，尊重学生学习的主体地位，尽可能多地引导学生自己解决问题，对于学生已经明白的问题教师就尽量少重复。

不足：学生小组讨论的时间不够；课堂提问的质量有待提高。

《自由平等的真谛》教学设计

中山市迪茵公学　贾　冰

> **教学课题：**《自由平等的真谛》
> **课时安排：**1 课时

一、教材分析

　　《自由平等的真谛》是部编版《道德与法治》八年级下册第四单元第七课第一框的内容，安排在学生经过一定的宪法相关知识的学习后，在第四单元学习内容中起到逻辑连接和铺垫的作用。

　　《自由平等的真谛》依据课程标准的相应部分是"法治观念"第四学段目标。本框所依据的《中小学法治教育专册教材编写建议》的相应部分是"内容设计"中的"初步形成尊重自由平等、维护公平正义的意识等"。本框共有两目。第一目"无法治不自由"，主要引导学生正确认识自由的内涵及其与法治的关系。第二目"法眼看平等"，主要引导学生从法治的视角认识平等，让学生认识到"法律面前人人平等"这条法律规定，理解这条规定真正包含的主要内容。

二、学情分析

　　八年级的学生富有生命的活力，精力旺盛，求知欲强，但认知能力、思维方式和社会经验等有待进一步发展，对自由和平等的认识尚处于懵懂的阶段。少数学生对自由存在错误的认识，只觉得自由就是自己想干什么就干什么。一部分学生尽管知晓自由和平等都不是绝对的，但对二者的认识停留在浅表层面。例如，仅仅认为自由受班规和校纪的约束和限制，很难把自由与法治联系在一起。对于平等的认识，更多的是在道德层面上有相关的生活经验，很难从法律的高度"法眼看平等"，尤其难以做到从宪法的角度理性看待平等问题。基于以上学情考虑，教材设计了"自由平等的真谛"等内容，目的是让学生知道自由、平等在法治意义上的内涵，懂得法治与自由、平等的关系，树立自由平等的观念，形成尊崇法治的意识，崇尚法治精神。

八年级学生阅读、分析、知识运用能力有了一定程度的发展，教学设计中选取贴合学生实际生活的材料，为提升能力奠定基础；利用视频、图片、游戏等形式，激发学生兴趣，提高学生课堂的参与度和兴趣。

三、教学目标

（一）学科核心素养目标

践行和弘扬社会主义核心价值观，增强政治认同。领会法治是自由平等的真谛所在，树立自由、平等的意识，崇尚法治精神，增强法治观念。初步培养学生从法律的视角认识自由和平等的真谛的意识和能力，珍视公民的权利和自由，培养责任意识。

（二）知识、能力、情感态度价值观目标

1. 知识目标：知道自由、平等在法治意义上的内涵。懂得自由都是法律之内的自由，法治与自由相互联系。掌握"法律面前人人平等"所包括的主要内容。

2. 能力目标：提高对"自由是有限制的、相对的"的辩证认识能力。初步培养学生运用法律的视角认识自由和平等的真谛的意识和能力。

3. 情感态度价值观目标：感受自由都是法律之内的自由，体会法治规范自由又保障自由。体悟法律面前人人平等的社会主义法治的基本原则，领会平等的真谛所在。

四、教学重点和难点

1. 教学重点：自由与法治的关系。
2. 教学难点：法律面前人人平等。

五、教学方法

项目式教学法、情境教学法、讲授法、合作探究法。

【设计意图】本课主要采用项目式教学，围绕做一名优秀的宪法宣讲员这一项目展开教学设计，有明确的目标和清晰的线索，以项目统筹主要内容和相关知识，进行逻辑处理。在教学活动中遵循项目式学习理念，分别设计"以案说法探自由""以法明理析平等""法治精神我践行"三个子项目来阐释教学内容，通过教师讲授，用项目驱动学生合作探究自主学习，在情境中让学生增强认识。

六、教学过程

▶ 导入环节

教师活动：教师带领学生进行"击鼓传花"游戏，请学生说出社会主义核心价值观的内容，看谁说得又多又快。通过社会主义核心价值观导入本单元主题"崇尚法治精神"。明确游戏规则，要求每个学生都能平等参与游戏，可以自由传递道具。

学生活动：击鼓传花，说出社会主义核心价值观的内容。

【设计意图】教师带领学生进行"击鼓传花"游戏，活跃课堂气氛，通过游戏规则和过程让学生初步感知"自由平等"概念，通过社会主义核心价值观导入本单元主题"崇尚法治精神"。

▶ 讲授新课环节

师：（带领学生回顾前一课头脑风暴的讨论结果——围绕八年级下册设计总项目做一名优秀的宪法宣讲员）今天我们进入第四单元"崇尚法治精神"的学习，各位宪法宣讲员的主线任务是围绕"自由平等"的话题开启以案说法之旅。

【设计意图】将学生引入宪法宣讲员身份，开启关于本框的学习，使项目化教学总项目和子项目之间前后相衔接。

项目一：以案说法探自由

【情境材料一】"小学生秦朗巴黎丢寒假作业"事件（视频），并附简短的文字介绍。

师：同学们，还记得前不久闹得沸沸扬扬的"小学生秦朗巴黎丢寒假作业"事件吗？一个视频不仅惊动了警方调查，而且惊动当地教育部门上下排查帮忙找"秦朗"，如果你刷到这个视频，你会不会为主播点赞？

学生纷纷回答会或者不会点赞。

师：我听到了同学们的不同态度。不少网友存在疑惑："感觉有点小题大做！编段子逗乐，值得浪费国家资源吗？"对此观点，你会在网上如何回帖呢？掌声有请几位宪法宣讲员进行普法情景剧表演《如何回帖》。

【普法情景剧】

学生 A 旁白（开场）：一天傍晚，小杨在网上刷到了"小学生秦朗巴黎丢寒假作业"涉事主播被行政处罚的新闻，网上关于此事件的评论再次引起了小杨的注意。

学生 B（小杨）：我想起道法课上老师给我们讲过任何权利都是有范围的。公民行使权利不能超越它本身的界限，不能滥用权利。我这就去查查宪法。（动作：打开宪法查阅）

第五十一条　中华人民共和国公民在行使自由和权利的时候，不得损害国家的、社会的、集体的利益和其他公民的合法的自由和权利。

学生 C（小李）发来消息：网上的评论你看了吗？浪费国家资源？公安机关的职责之一就是维护社会治安秩序、制止危害社会治安秩序的行为，杭州市公安局这惊人的办事速度和效率那不是妥妥的履行其职责的表现吗？就该处罚呀！

学生 D（小静）：该造谣视频导致整个江苏教育系统上下排查，甚至还惊动了全国。误导社会，引起公众对于"小学生作业负担重、双减政策无效"等反面情绪，影响正常的教育教学秩序，必须严惩！

学生 E（小鹏）：我觉得这种炒作虚假信息吸粉引流的行为，扰乱公共秩序，才是浪费和占用公共资源，当时西南地区大面积山火事件都被她抢了热度，公安机关出手是维护社会公平正义之举。

学生 F（小叶）：我认为短视频博主追求流量不惜造谣，就是不对。如果虚假信息充斥网络，人们的每一次感动都可能被利用，每一份同情和愤慨都可能成为他人牟利的工具，就会降低公众对社会、对彼此的信任。

学生 A 旁白：大家发表完自己的意见，决定去网上回帖，抨击这种观点，用自己的行动在网上传播正能量。

（表演完毕，致谢退场）

师：为同学们精彩的表演点赞！（引导学生思考）在网上发布、传播谣言是真正的自由吗？请你说说什么是自由。

学生举手回答自由的含义和表现。

师：生活中我们享有哪些权利和自由？对个人和社会有何意义？

学生举例说出公民享有的权利和自由，并回答这些权利和自由的意义。

师：请同学们以小组探究的方式讨论以下两个问题，并派代表进行回答，讨论时间限时2分钟。①有网友认为："网络就是个虚拟空间，我想说什么就说什么，这是我的自由和权利！"请你评析这一观点。②为什么说自由都是有限制的？请举例说明。

学生讨论并记录观点，小组代表进行发言。

教师归纳发言，引导学生知道自由在法律上的体现，就是我们享有的和正当行使的各项权利，进而认识自由的意义。正确认识自由，自由都是有限制的、相对的，无限制的自由只会走向混乱与伤害。

【情境材料二】公安机关发布通告，涉事博主道歉声明（视频）。

师：从这一事件中我们可以看出自由和法治存在怎样的关系？

学生结合视频材料和教材文字内容，思考并回答问题。

【设计意图】引导学生认识到法治与自由相互联系，不可分割。法治既规范自由又保障自由。

项目二：以法明理析平等

【情境材料三】"案情重现"（图表），不论是那些自称"秦朗舅舅"还是制造传播此事件的博主、网络造谣者，都受到了法律的惩处，由此我们认识到了什么？

学生从图表中梳理案情发展的经过和结果，思考并回答涉事博主先后受到惩处说明了什么。

教师引导学生初步认识到违法行为一律平等地受到追究。

【情境材料四】2023年12月以来，公安部部署全国公安机关统一开展打击整治网络谣言专项行动。截至目前，公安机关累计排查网络谣言线索8万余条，侦办网络谣言类案件1万余起，抓获犯罪嫌疑人1500余名，行政处罚10700余人，开展公开辟谣等4200余次。

师：大家说说，同样是网络造谣，为何处理结果不一样？

生：根据对社会危害程度不同，受到的法律处罚不同。

师：公安机关公正执法。同等情况平等对待，不同情况差别对待。同样是网络造谣，但各案例造谣的具体情况不一，案情严重程度不一，根据法律法规，公安机关处理结果也不一样。

师：展示平等在法律上的两层含义，提示学生不仅对于违反法定义务来说法律面前人人平等，对于公民所有的权利来说也是如此，如男女同工同酬、一次选举一人一票、老弱病残优先等。

【设计意图】引导学生体悟平等的含义。

【合作探究】图片展示公民享有的权利和义务，并展示刑法规定：对任何人犯罪，在适用法律上一律平等。不允许任何人有超越法律的特权。

师：根据图片展示和法律相关规定，说说公民在法律面前人人平等体现在哪些方面？小组讨论2分钟，并派代表进行发言。

学生小组充分讨论后由代表分享观点。

师：任何公民，都一律平等地享有宪法和法律规定的各项权利，同时必须平等地履行宪法和法律规定的各项义务。我国公民的合法权益都一律平等地受到法律保护，违法或犯罪行为一律平等地依法予以追究，任何组织和个人都不得有超越宪法和法律的特权。

【设计意图】引导学生理解法律面前人人平等的社会主义法治的基本原则。

项目三：法治精神我践行

【合作研讨】师："猫一杯炮制秦朗事件"已经告一段落，网红需要深刻反省自己的行为，还有谁要反思呢？各位宪法宣讲员想对大家说点什么呢？请大家从网红、平台、执法部门以及我们自身出发，任选角度谈谈启示，进行宣讲。讨论时间2分钟。

学生从网红、平台、执法部门以及自身等角度出发，任选角度分享观点。

师：同学们讨论得很激烈，想得也很全面。大家简直太赞了！我也把大家一些共性的观点贴在黑板上。我们会发现，一个健康清朗的网络环境需要平台、媒体，还有我们每个人学法尊法守法用法，我们的自由和平等必须是在法律范围内的自由和平等。

【设计意图】引导学生从多角度思考此事件的启示，培养发散思维、逻辑思维。

师：法律需要信仰，承诺需要仪式。下面请班长带领全体同学宣誓，从我做起，从现在做起，做学法尊法守法用法的新时代好少年。

学生集体宣誓。

【设计意图】增强崇尚法治精神的观念，为后续学习作铺垫。在强化理论认知的基础上，深化到实践层面的转变，从而增强公民责任感，自觉践行社会主义核心价值观。

► **小结环节**

道德底线不能踩，法律"红线"不能碰，造假歪风必须刹住！正如人民网锐评中所说，一个健康清朗的网络环境，需要全社会共同呵护。通过今天的"以案说法"之旅，我们也更加懂得了自由平等的真谛就是法治。"小学生秦朗巴黎丢寒假作业"事件，就是摆在我们面前的一个活生生的案例，十分典型也发人深思，我们应当坚决向这样的行为说"不"，用"零容忍"的态度共同守护社会的真善美。

课堂练习环节

1. 项目一"以案说法探自由"结束后，一起来完成你面前的法治宣传单。

☆**法治宣传单**☆

> 关于弘扬法治精神，正确的认识是：
>
> 提高（　　）——增强网络信息鉴别能力，不传播未经证实的信息。
>
> （　　）分析——理智分析和客观判断，不转发任何未经证实的信息。
>
> 遵守（　　）——严守宪法和法律规定，增强法律意识和社会责任感。
>
> （　　）是自由平等的保证，追求自由平等体现了法治的基本精神。
>
> 法治标定了（　　）的界限，自由的实现不能触碰法律的红线，违反法律可能付出失去自由的代价。
>
> 法治既规范自由又（　　）自由。

2. 项目二"以法明理析平等"结束后，请完成下面的选择题。

2024年两会上的《最高人民法院工作报告》指出2023年是全面贯彻党的二十大精神的开局之年。最高人民法院收案21 081件，结案17 855件，同比分别增长54.6%、29.5%。全国各级法院收案4 557.4万件，结案4 526.8万件，同比分别增长15.6%、13.4%。以下对这一报告内容理解正确的是（　　）

①公民在法律面前人人平等，不允许任何人有超越法律的特权

②我国全面推进法治建设，建设社会主义法治国家

③惩治贪污腐败是我国法治建设的核心

④权力至上，权力是国家通过宪法和法律所确认并保障的

A.①② B.①④ C.②③ D.③④

3. 项目式学习结束后，一起对照项目评估清单，进行自我评估。

项目评估清单

项目	项目内容	自我评估（完成请画"√"）
项目一：以案说法探自由	知道自由的含义、价值	
	懂得自由与法治相互联系	
项目二：以法明理析平等	知道平等的含义、价值	
	懂得法律面前人人平等	
项目三：法治精神我践行	增强法治意识	
	自觉做到尊法学法守法用法	

▶ **课后作业**

【项目拓展】

以"自由·平等·法治"为关键词，用一句话谈谈学习收获。小组展开头脑风暴，把讨论成果写在法治宣传单上，并在班级作业墙上展示分享。

▶ **板书设计**

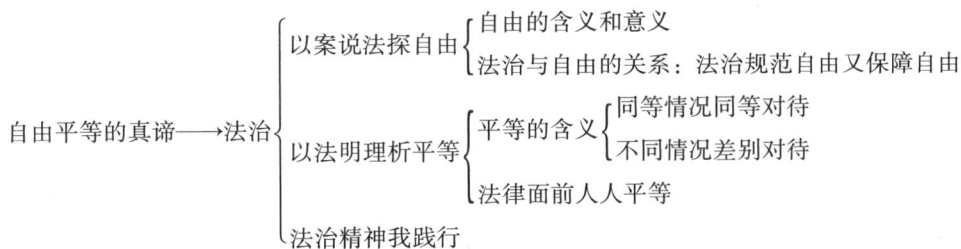

七、教学反思

本节课教师的教学理念、教学设计和教学过程能很好地落实立德树人的根本任务。本课密切联系生活实际，落实新课标要求，选择典型案例，以"一案到底"的形式，展开项目式教学。鼓励合作探究，培养学生思辨能力；突出核心素养落实，加强正面引导；符合学生认知能力和接受能力，课堂富有感染力，有效将感性认识上升至理性认识，进而深化到实践层面。以项目为引擎，活动为路径，情境为载体，围绕宪法宣讲员的以案说法任务徐徐展开，思路清晰，线索明确，对主要知识进行逻辑化处理。创新之处在于选好典型案例，注重启发式教学与教学过程的融合，针对项目式教学在本学科还缺少有效的教学案例的情况，进行了有益的探索和示范，为课题后续开展走向深入奠定了良好的基础。

本节课是笔者在兄弟学校借用其班级进行的市级公开课，受到广泛好评。在前期准备阶段，笔者选取自己所在学校的不同班级进行授课发现，一是预习情况不同，会给课堂讲授带来不同的效果；二是学生学习能力不同，对于教师提问的思考及其所展现出来的提炼归纳能力不同。由此笔者进行了细致的思考，准备了分层设问启发学生，并借助导学案进行辅助教学，并非生硬地出题，而是巧妙地设计了法治宣传单、项目评估清单，在课堂讲授中设置了评析题型的问题，通过多角度谈启示等教学设计环节来实现，做到了能力和素养的提升，起到了很好的效果。

中小学
《道德与法治》课程
教学设计选编

上卷

张兴成　罗越媚◎编著

暨南大学出版社
JINAN UNIVERSITY PRESS

中国·广州

图书在版编目（CIP）数据

中小学《道德与法治》课程教学设计选编．上卷／张兴成，罗越媚编著．——
广州：暨南大学出版社，2024.11
ISBN 978 - 7 - 5668 - 3911 - 4

Ⅰ. ①中…　Ⅱ. ①张…　②罗…　Ⅲ. ①政治课—教学设计—中小学
Ⅳ. ①G633. 202

中国国家版本馆 CIP 数据核字（2024）第 087595 号

中小学《道德与法治》课程教学设计选编．上卷
ZHONG-XIAOXUE《DAODE YU FAZHI》KECHENG JIAOXUE SHEJI XUANBIAN
SHANG JUAN
编著者：张兴成　罗越媚

出 版 人：阳　翼
策划编辑：周玉宏　黄　球
责任编辑：黄　球　武颖华
责任校对：刘舜怡　王燕丽
责任印制：周一丹　郑玉婷

出版发行：暨南大学出版社（511434）
电　　话：总编室（8620）31105261
　　　　　营销部（8620）37331682　37331689
传　　真：（8620）31105289（办公室）　37331684（营销部）
网　　址：http：//www. jnupress. com
排　　版：广州市新晨文化发展有限公司
印　　刷：广州市金骏彩色印务有限公司
开　　本：787mm×1092mm　1/16
印　　张：9. 125
字　　数：168 千
版　　次：2024 年 11 月第 1 版
印　　次：2024 年 11 月第 1 次
定　　价：69. 80 元（上下卷）

前　言

根据《广东省教育厅关于做好 2021 年"新强师工程"中小学幼儿园（含特殊教育）骨干教师、校（园）长省级培训工作的通知》要求，广东第二师范学院政法系承担了全省义务教育阶段道德与法治骨干教师的培训任务。在 2021 年 10 月至 11 月的培训过程中，政法系领导和思想政治教育专业的教师与来自全省各地一线的思政课教师一起努力，不仅高质量完成了相关培训任务，还从培训学员所提交的作业中精选部分教师的教学设计结集出版。书中的教学设计都是参训骨干教师日常教学的课堂教学设计，也是一线思政课教师日常工作的真实写照。

习近平总书记在《思政课是落实立德树人根本任务的关键课程》重要讲话中指出，办好思想政治理论课意义重大，办好思想政治理论课关键在教师，关键在发挥教师的积极性、主动性、创造性。对于处在一线的思政课教师而言，如何做好课堂教学设计、上好课，正是充分发挥教师的积极性、主动性、创造性的重要体现。教学设计是教师为了实现课程目标，依据一定的教育教学原理，结合教材与学生特点等，对课堂教学过程进行一种预先筹划和方案设计。这种筹划和设计，需要教师把教育目标、课程目标与学生身心发展特点等结合起来，制定出现实且可行的课堂教学目标。要做好教学设计，需要思政课教师充分发挥积极性、主动性和创造性去设计、去选择、去落实，从而把立德树人的目标和任务落到实处，使学生学有所得、学有所获、学有所成。

可以说，本书选编的教学设计正是义务教育道德与法治课的老师们平常在思政课教学中落实立德树人这一根本任务的生动缩影。在这些教学设计中，思政课教师们重点思考并回答了以下两个问题：第一，作为思政课教师，我们应该如何做，才能在教学中落实思政课立德树人这一根本任务？第二，思政课教师如何借助课堂教学来培养学生的核心素养，做到为党育人、为国育才？在教学设计中，老师们采用了各种教学方法和手段，紧紧围绕立德树人这一根本任务来展开教学，依据《义务教育道德与法治课程标准（2022 年版）》明确规定的九年制义务教育的思政课课程目标，在课堂教学中努力培养学生具有政治认同、道德修养、法治观念、健全人格、责任意识等核心素养，帮助学生通过学习道德与法治课程，逐步形成正确的价值观、必备品格和关键能力，彰显了思政课是立德树人的关键课程，实现思政课的育人价值。

上好思政课，需要思政课教师自信且坚定地站好讲台，上好每一节课。政法系借助这次骨干教师培训，与参训的一线中小学思政课教师一起，从提交的教学设计中选出优秀的教学设计进行编辑和出版，历时近三年的时间终于完成出版任务。希望通过此次出版，从一个侧面充分展示思政课教师是如何在课堂教学中落实立德树人这一根本任务的。

借这次出版之机，我想重点阐明一下核心素养与知识、能力、情感态度价值观（即三维目标）之间的关系。在本书编写过程中，我们对这一问题有过交流和讨论，也有一些不同的看法。有的老师认为，既然新课程标准已经提出了学科核心素养目标，三维目标这个提法应该可以不用了。有的老师认为，多年来老师们习惯了用知识、能力、情感态度价值观这三维目标来表述课堂教学目标，它更为具体，且有可操作性更强、可评价等优点，学科核心素养目标相对而言要宽泛些、笼统些。

其实，老师们的这些担心和困惑都是可以理解的，也有一定道理。在某种程度上，这些担心和困惑恰恰说明了目前我们在教学中所面对的一个现实问题，就是如何正确理解和把握新课程标准规定的课程目标的核心素养与三维目标之间的关系问题。这一问题的实质就是，核心素养目标在课堂教学中如何实现的问题。从课程标准来看，核心素养是课程目标之一，它关注的是借助课程的学习应该培养学生具备正确的价值观、必备品格和关键能力。课堂教学设计中的教学目标更关注课程目标在课堂教学中应该如何落到实处的问题。我认为，借助知识、能力、情感态度价值观这三维目标，恰好可以较好地解决这一问题。因为，一个人的核心素养往往是一个人的知识、能力、情感态度价值观等方面的综合表现。

以政治认同这一核心素养为例。试想一下，作为老师，你认为政治认同这一核心素养在学生身上是怎样表现出来的？老师可以从哪些方面去观察和评价学生是否已经具备较好的政治认同素养？从知识的角度来看，如果一个学生学习了道德与法治课程的内容，却还不知道我国的基本国情、国策，甚至不了解我国的社会主义制度、文化，我们怎么可能说课堂教学实现了培养学生政治认同这一核心素养目标呢？因此，课堂教学中必须包括知识目标，就是经过课堂教学后学生必须知道和掌握的一些基本知识和信息。以此类推，能力目标、情感态度价值观目标也自然应该包括在课堂教学目标之中。

因此，对于教师而言，课程目标是进行教学设计的依据和标准，而所设计的课堂教学目标则是课程目标的具体化和细化，它应该更具体、更细分，且兼具可操作、可观察、可评价等特点。所谓的三维目标，从知识、能力、情感态度价值观这三个层面去具体化、细化课程目标确实是一个相对可行，也是老师们常用的教学目标表述方式。因此，本书的教学设计在如何科学表述课堂教学目标时采用了综合表述课程目标和课堂教学目标的方式。首先，在教学目标中要依据课程标准要求阐明本课的核心素养目标；其次，采用三维目标的表述方式，分别从知识、能力、情感态度价值观三个层面来具体阐明课堂教学将如何实现和达成核心素养目标。

总之，核心素养是课程目标的总体要求，具体在课堂教学中要如何落实则是我们每一位老师在日常教学中要认真考虑和认真去落实的事情。因此，教师的教学设计既要依据课程标准的要求，又要在此基础上设计出可操作、可评价的课堂教学目标，才能实现立德树人。这是每一位思政课教师必备的素质和能力。

广东第二师范学院政法系　罗越媚

2024 年 7 月 31 日

目　录

《课间十分钟》教学设计

中山市小榄镇西区小学　韩庆龙

教学课题：《课间十分钟》
课时安排：2 课时

一、教材分析

　　《课间十分钟》是部编版《道德与法治》一年级上册第二单元第 7 课。本单元的主线是"校园生活真快乐"。这一课包含"我喜欢的课间游戏""玩个课间小游戏""课间还要做什么""这样做好吗"四个框题，属于入学适应教育主题，引导学生关注校园生活中的课间活动，教会学生合理安排课间时间，享受文明、快乐的课间生活。本课为两个课时，前两个框题为第一课时，后两个框题为第二课时。

二、学情分析

　　课间活动是校园活动的重要组成部分，但一年级新生往往不知道课间十分钟的作用，不知道应该干些什么、怎么干、要注意什么，更不会合理支配自己的课间十分钟，甚至不知道课间准备的先后顺序。学生经过一节课的学习后，会感觉疲惫，参与课间活动有助于放松心情，有利于上好下一节课。同时，一年级学生缺乏独立支配课间时间的经验，并且在游戏中安全意识不强，需要教师指导学生劳逸结合，根据自身情况，学会合理安排课间活动。

三、教学目标

（一）学科核心素养目标

1. 法治观念：遵守学校纪律，了解基本的安全常识，具有初步的规则意识。
2. 道德修养：遵守学校秩序，课间游戏中与同伴友好相处。
3. 健全人格：在课间游戏中懂得自我保护，远离伤害，感受课间活动的快乐。

（二）知识、能力、情感态度价值观目标

1. 知识目标：知道课间十分钟需要做哪些事情，懂得为上课做好充分准备。
2. 能力目标：学会合理安排课间活动，动静结合，培养良好的课间休息习惯。
3. 情感态度价值观目标：养成自觉遵守游戏规则、安全文明参与课间活动的意识，享受课间活动的快乐。

四、教学重点和难点

1. 教学重点：培养学生养成安全文明参与课间活动的意识。
2. 教学难点：教会学生如何合理安排课间十分钟，并根据实际情况适当调整。

五、教学方法

1. 参与式教学法：通过引导学生自主参与课间游戏，教会学生选择合适的课间游戏，享受校园生活的乐趣。
2. 情境教学法：通过创设具体真实的情境，促进学生养成课间活动要遵守规则、安全文明的意识。

六、教学过程

第一课时

▶ 导入环节

教师活动：播放音乐动画"课间十分钟"后提问：

1. 刚刚儿歌中的画面发生在什么时候?

2. 他们玩了什么?

学生活动:学生汇报展示。

教师总结:课间生活真是丰富多彩,今天我们就一起走进第七课《课间十分钟》。

【设计意图】由音乐动画"课间十分钟"引入,让学生在动画情境中感受课间十分钟的乐趣,产生共鸣,引出课题。

▶ **讲授新课环节**

环节一:课间游戏选一选

教师提问:你最喜欢的课间游戏是什么?是怎么玩的?

学生活动:学生交流自己喜欢的游戏。

教师总结:根据同学们的描述,我们发现像跳房子、跳绳这类游戏需要玩的人多或需要大一点的场地,这是室外游戏(板书:室外);像折纸、翻绳这类不需要太多人、在教室里就可以玩的游戏是室内游戏(板书:室内)。

教师提问:小朋友们,你们觉得课间我们适合玩下面这几种游戏吗?

(游戏一:扔石子;游戏二:踢足球)

学生活动:学生思考、交流后回答。

教师总结:扔石子容易打到别人,不安全;下课十分钟太短了,足球场又比较远,课间去踢足球回到教室可能会迟到。所以,我们要从时间和地点等方面选择合适的课间游戏,一定要在保证人身安全的情况下开心地玩。(板书:会选择、重安全)

教师提问:大家来说一说,平时你玩的课间游戏中,有哪些不适合或不安全的游戏?

学生活动:学生回忆、讨论后,交流汇报。

【设计意图】通过引导学生分析课间是否可以进行"扔石子""踢足球"的游戏,引申到学生的生活实际,让学生知道课间要选择合适的、安全的游戏。

环节二:课间游戏有秩序

教师活动:播放学生玩跳绳的视频,提问:视频中的小朋友在课间游戏中遇到了什么问题?该怎么解决呢?

学生活动:学生思考后回答。

教师提问:你平时在课间游戏中遇到过什么问题?是怎么解决的呢?

学生活动：学生回忆、思考后全班交流。

教师总结：为了开心安全地度过课间十分钟，每个小朋友在游戏时都要遵守规则，互相倾听对方的想法，做文明的参与者。（教师适时板书：遵守规则、互相倾听、文明参与）

【设计意图】利用视频中的游戏情境引起共鸣，同时启发学生遵守游戏规则和懂得要文明玩耍。

环节三：课间游戏齐体验

活动一：室内游戏体验

教师活动：教师出示课间室内游戏"照镜子"图片，讲解游戏规则后组织学生分组进行游戏。

（"照镜子"游戏规则：1. 两人一组面对面，一人当镜子里的人，一人当照镜子的人。2. 照镜子的人做任意动作，镜子里的人学出相应的动作。

注意：镜子里的人和照镜子的人动作是相反的，如照镜子的人举起了右手，镜子里的人就应该举起左手。）

学生活动：学生分组进行游戏。

教师活动：教师采访学生玩游戏的感受。（板书：快乐游戏）

学生活动：谈游戏感受。

活动二：室外游戏体验

教师活动：教师出示教材第29页图片，讲解"丢沙包"游戏规则后组织学生到操场上去玩"丢沙包"。

（"丢沙包"游戏规则：1. 两边分别站一到两名同学，其余的人站在中间。2. 两边的同学向中间的同学丢沙包，中间的同学注意躲闪或者接住沙包。3. 被打中的同学到两边交换，接住沙包的则加分。）

学生活动：学生分组玩游戏"丢沙包"。

教师活动：教师采访学生游戏心得，并追问：

1. 如果你是两边的同学，怎么能更好地打中中间的同学呢？

2. 如果你是中间的同学，怎么能更好地闪躲或者接住沙包呢？

学生活动：分享游戏体会。

【设计意图】通过让学生亲自参与体验相关的室内外课间游戏，让学生在感受课间游戏乐趣的同时，体会寻找游戏"小窍门"的智慧乐趣。

▶ **小结环节**

教师提问：学完本节课你们有什么收获？

学生活动：学生分享课堂收获。

教师小结：小朋友们，课间游戏真有趣，我们可以一个人玩，两个人玩，也可以好几个人一起玩；可以在室内玩，也可以去室外玩，但老师建议大家游戏时要学会选择，在玩游戏时要遵守规则，互相倾听对方的想法，做文明的游戏参与者。

课堂练习环节

请你根据本课学过的知识进行选择，把正确的序号填在（ ）中。

1. 下面哪个课间游戏适合在室内玩？（ ）

A. 跳绳　　　B. 踢毽子　　　C. 画画

2. 下面哪个游戏适合在课间玩？（ ）

A. 追跑打闹　　B. 剪刀石头布　　C. 滑楼梯扶手

3. 下面哪种课间游戏行为是不正确的？（ ）

A. 插队　　　B. 遵守规则　　　C. 互相谦让

► **课后作业**

课间游戏可以玩出小花样，请你选择一个课间游戏，讲解一下游戏原来的规则，再说一说你的新玩法，和更多人分享你的创意并玩一玩。

► **板书设计**

7 课间十分钟（第一课时）

```
室外                    会选择
      \            /
        快乐游戏
      /            \
室内                    重安全
```

┌────────┐ ┌────────┐ ┌────────┐
│ 遵守规则 │ │ 互相倾听 │ │ 文明参与 │
└────────┘ └────────┘ └────────┘

第二课时

▶ 导入环节

教师提问：同学们课间除了做游戏，还可以做哪些事情呢？

学生活动：学生思考、回答。

教师小结：今天我们继续来学习《课间十分钟》（第二课时）。

▶ 讲授新课环节

环节一：求助信引发思考

教师提问：班上的小明同学最近遇到了一件苦恼的事情，我们一起听听吧！

（出示录音：今天考试我没有做完试卷，很伤心。因为老师发试卷的时候，看见我的桌面很乱，提醒我整理，等我收拾好桌面，旁边的同学已经写完一版了。我赶快拿起笔写，没写多久，就感觉到有点尿急，于是请假去了厕所，回来后不久下课铃就响了……）

学生活动：学生听录音后交流小明答不完试卷的原因。

教师总结：看来课间休息我们仅仅玩得开心还不行，还要整理书本、及时上厕所。

【设计意图】通过一个孩子的烦恼，切入话题，引发学生对课间合理安排时间的重视。

环节二：课间活动会安排

教师活动：出示教材第 30 页图片，提问：谁来说一说，不做这些事情会怎样？

学生活动：学生思考、交流后回答。

教师活动：教师组织学生对课间要做的四件事（做游戏、上厕所、喝水、整理书本）进行排序，并说一说理由。

学生活动：学生思考、交流后回答。

教师提问：如果你是值日生、班干部，课间还需要做什么？

学生活动：学生思考后回答。

教师总结：看来我们要学会合理安排课间活动，重要的事要先做，次要的事等一等，作为值日生或班干部还要承担好自己的职责。（板书：合理安排）

【设计意图】结合学生的生活实际，通过交流讨论，使学生知道课间十分钟哪些事情需要先做，学会合理安排课间活动。

环节三：课间活动有讲究

活动一：课间身体要休息

教师活动：教师指导学生做"和身体对话"的小游戏，引导学生讨论这些器官在学习中都发挥了什么作用。例如，我是眼睛，我能帮助大家读书、看黑板……

学生活动：同桌合作做游戏。

教师活动：教师引导学生结合生活实际谈一谈，如果让某一器官持续工作，会有哪些感觉。

学生活动：学生思考后回答。

教师小结：人的身体工作一段时间后需要休息、调整，适当地休息、放松才能够提高学习效率。（板书：适当放松）

【设计意图】在趣味角色体验中，学生更好地感受到课间合理放松与休息对自己的身体有好处。

活动二：课间学习要适度

教师活动：教师出示教材第31页右上方的插图，提问：下课了，这名同学还在看书，这样做好不好？

学生活动：学生思考后回答。

教师活动：教师出示课表，引导学生结合具体情况进行分析。

教师小结：同学们，学习要适度，要学会在课间结合课表安排活动。（板书：学习适度）

【设计意图】引导学生从实际生活出发，根据实际课程的不同，动静结合，合理安排课间十分钟。

活动三：课间要注意安全

教师活动：教师出示教材第31页的另外三幅插图，让学生说说这些做法是否合适。

学生活动：学生交流后回答。

教师活动：引导学生思考——课间休息时，还有哪些安全文明问题需要注意？（板书：安全文明）

学生活动：学生思考后全班交流。

【设计意图】使学生在讨论教材插图中明确课间活动要注意安全文明。

▶ **小结环节**

教师活动：教师出示教材第31页的儿歌。

学生活动：学生拍手齐读。

教师总结：同学们，看来课间十分钟也有大学问，课间十分钟要准备好、活动好、休息好，同时还要注意安全，希望每一个小朋友都能开心安全地度过课间十分钟。

【设计意图】以儿歌的形式对本节课内容进行总结，加强巩固，使学生牢记于心。

课堂练习环节

请你根据本课学过的知识进行选择，把正确的序号填在（　　）中。

1. 课间十分钟我们还要做好哪些准备？（　　　　）

A. 上厕所　　　　B. 喝水　　　　C. 课前准备

2. 数学课和语文课之间的课间十分钟，最好选择（　　　　）。

A. 游戏　　　　B. 做题　　　　C. 看书

3. 刚上完体育课后的课间十分钟，最好选择（　　　　）。

A. 丢沙包　　　　B. 休息　　　　C. 跳绳

▶ **课后作业**

根据本节课学习的知识，结合课表制订自己的课间活动计划表。

▶ **板书设计**

7　课间十分钟（第二课时）

合理安排

适当放松　　学习适度　　安全文明

七、教学反思

1. 教师可以提前准备，抓拍本班学生课间活动的瞬间，用学生真实的课间活动图片补充课本的插图，这样可以使教学情景更真实，更能引发学生的共鸣。

2. 学生介绍自己喜欢的游戏时，老师要根据地域特点、场地条件、天气情况等，结合学生实际有针对性地进行指导。开展游戏时，教师可以给学生推荐比较熟悉或带有地方特色的游戏，并引导学生对传统的游戏进行适当的创新，在发挥创意的同时注意以下两点：一是游戏要达到适当放松的目的；二是选择符合学生活动空间的游戏，以安全为前提。

3. 教师在教学过程中要积极表扬学生课间活动中表现好的地方，让学生继续发扬下去，对学生课间活动中表现不足的地方，引导学生进行改正，使教学更有针对性。

《吃饭有讲究》教学设计

江门市新会东区学校　梁穗红

> **教学课题：**《吃饭有讲究》
> **课时安排：** 1 课时

一、教材分析

　　《吃饭有讲究》是部编版《道德与法治》一年级上册第三单元"家中的安全与健康"中的第二个主题。本节课为第二课时。吃饭，在人的一生中至关重要。吃饭直接关乎儿童的身体健康，是儿童健康成长的基本保障。本节课的四个话题紧密结合"吃饭"这一主题，围绕卫生、健康、安全、合理、文明礼让等相关内容，来诠释"讲究"，分别突出不同的要点。

二、学情分析

　　在对班级学生的调查中发现，一年级孩子爱吃、好吃，但他们对于食物的取舍完全取决于自己的个人喜好，一些学生遇见自己喜欢吃的食物就吃得特别多，不喜欢的就吃得很少，甚至不吃。学生对于食物营养知识的了解主要来自父母。大部分学生知道牛奶、蔬菜、水果对身体有帮助，但是有什么帮助，该如何均衡营养则知之甚少。怎样好好地吃？如何吃出健康与营养？吃饭时需要讲究些什么？对这方面的认识他们还处在懵懂状态。根据学生已有的食物营养知识来自父母的介绍这一情况，本节课以情感上获得真切的体验、反思自己的生活为重点，通过创设"设计营养餐"的情境，帮助学生全面认识食物的营养，从而科学饮食。

三、教学目标

（一）学科核心素养目标

围绕"健康生活"这一主旨，努力做到不挑食，不偏食，不暴饮暴食，不浪费食物，均衡、合理安排自己的饮食。

（二）知识、能力、情感态度价值观目标

1. 知识目标：初步了解一些常见的食物，了解日常的科学饮食常识。
2. 能力目标：努力做到不挑食，不偏食，不暴饮暴食，不浪费食物，初步掌握合理安排自己饮食的能力。
3. 情感态度价值观目标：懂得均衡、健康、安全的饮食有利于自己的健康成长，养成良好的饮食习惯。

四、教学重点和难点

1. 教学重点：如何合理安排自己的饮食。
2. 教学难点：了解日常的科学饮食常识，培养良好的饮食习惯。

五、教学方法

情境教学法。

六、教学过程

▶ 导入环节

1. 观看视频，唤醒体验。

师：今天，梁老师想跟同学们分享一条有味道的视频。

生：（观看"中山美食"小视频）

师：哇，我好像听到了咽口水的声音，其实老师刚才也咽了口水，视频中的饭菜香不香呀？你们都会吃饭吗？

生：香！会呀！

师：其实吃饭也是一门学问！好，我们准备上课。

2. 情景导入，激发兴趣。

师：今天我们来学习《吃饭有讲究》。（板书课题）

生：（齐读课题）

师：上节课，我们知道吃饭要讲卫生，讲礼仪（板书：讲卫生、讲礼仪）。今天，我们继续来学习吃饭还要讲究些什么。

吃饭之前，我们先把小手洗干净。还记得"七步洗手法"吗？来，请大家站起来，我们跟着音乐一起洗手。（播放视频《洗手歌》）

生：（跟着视频洗手）

师：小手洗干净了，我们准备吃饭啦！

▶ 讲授新课环节

探究活动一：吃得营养

师：看，梁老师给大家带来了好多食物。哪些是你认识的？

生：（根据课件出示的图片，说出食物的名称）

师：这么多食物，该怎么挑选呀？是的，我们可以给它们分分类。同学们，这是——

生：（说出食物种类）

师：食物品种真丰富！我们应该怎样科学、健康地搭配？老师给大家请来了一位小伙伴，他叫阳阳。

师：（邀请一学生）请你扮演阳阳，你最爱吃什么呢？

生：我最爱吃鸡腿、薯条……

师：白菜、胡萝卜、雪梨等，这些蔬菜、水果都想跟阳阳交朋友。

全班齐读：阳阳，我们交个朋友吧！

师：阳阳却说——

生：（扮演阳阳的学生）去去去，我才不愿和你们交朋友呢！

师：同学们，阳阳吃这些食物，健不健康呀？

生：（回答问题）

师：阳阳，你这样吃健康吗？

生：（扮演阳阳的学生）谢谢同学们，我要跟蔬菜、水果交朋友。

师：看完故事，你学会了什么？

生：偏食、挑食是不好的行为！（齐读）

师：同学们，我们为什么要吃各种各样的食物呢？（出示营养膳食金字塔图片）我们来看食物的家，它是一个大大的三角形。有的食物之家大，有的食物之家小，这座房子叫作"营养膳食金字塔"，我们每天所必需的营养就是从这几大类食物中获取的。我们来听听食物们怎么说。（播放音频："五谷类要多吃，果蔬类要适量多吃，肉蛋奶类要适量，而最上面的重油重盐的我们要少吃！"）

师：吃饭有讲究，均衡营养身体好。（板书：要营养）

生：（齐读）吃饭有讲究，均衡营养身体好。

探究活动二：吃得安全

师：老师还有一个问题，所有的东西都能吃吗？

生：不是的。

师：（出示图片：发芽的土豆）吃了这些食物有什么后果？我们来听听妈妈怎么说。

生：（观看小视频《发芽的土豆》）

师：看完后，你们知道了什么？

生1：我知道发芽的土豆有毒。

生2：我知道发芽的土豆吃多了会有生命危险。

师：原来，发芽的土豆含有有毒物质——龙葵碱，食用过多，可能会危及人的生命！那烂的橘子、有毒的蘑菇呢？它们能吃吗？吃了这些食物有什么后果？

生：吃了毒蘑菇可能会出现幻觉，严重的会死亡！

师：是啊，有毒的食物不能吃！

师：（出示图片）同学们，这是——

生：薯条、奶茶……

师：吃太多这样的食物会有什么后果？

生：会变成大胖子，还会营养不良。

师：同学们，你们实在太厉害了！吃饭有讲究，我们要注意食品安全。（板书：重安全）

师：为了保证食品安全，保障大家的身体健康，我国专门出台了《中华人民共和国食品安全法》。（出示《中华人民共和国食品安全法》封面图片）有了法律的保护，我们就能吃得安全，吃得放心！

探究活动三：珍惜粮食

师：接下来，请大家打开课本第 43 页，观察这 4 幅图，看一看图中的小朋友吃饭时的行为对不对。

生：（看书，观察 4 幅图）

师：同学们，这样的行为对我们的身体有什么影响呢？

生：（小组内交流）

师：哪位同学来进行展示？

生 1：边吃饭边看电视会导致消化不良，也容易发生意外，比如鱼刺、骨头卡到喉咙。

生 2：饭前喝水会影响消化。

生 3：挑食会造成营养不良或者营养过剩，影响我们的生长发育。

生 4：狼吞虎咽会加重肠胃负担，引发消化不良。而且吃得满桌都是饭，太浪费了！

师：是啊，谁知盘中餐，粒粒皆辛苦。让我们一起来了解《一粒米的旅程》。

生：（观看视频《一粒米的旅程》）

师：看完视频，你们知道了什么？

生 1：看完这个视频，我想起了"谁知盘中餐，粒粒皆辛苦"。

生 2：我们要珍惜粮食，不能浪费。

师：是呀，当前我国倡导"光盘行动"，就是希望大家珍惜粮食，吃光盘中的食物。

▶ 小结环节

师：我们每天都要吃饭，吃好饭有很大的学问。但是，在上课之前，老师从爸爸妈妈那儿了解到，我们班上有很多同学存在挑食的坏习惯。经过今天的学习，你们知道吃饭时应该怎样做了吗？

生：我们知道了！

师：让我们一起读儿歌。

生：（读儿歌）

　　　吃饭应注意，

　　　健康和礼仪。

　　　挑食暴食不可取，

　　　浪费粮食更不宜。

师：通过这节课的学习，你们知道了什么？

生 1：吃饭要营养均衡。

生 2：吃饭要注意食品安全。

生 3：我们要珍惜粮食，不能浪费。

师：同学们这节课的表现可真好，希望你们以后能够做到合理饮食，不偏食、不挑食，节约粮食，从小养成饮食好习惯。下课！

课堂练习环节

自我评议：我在吃饭时有哪些不良行为？

互相说一说，评一评。

▶ **课后作业**

1. 努力改掉一个吃饭时的不良行为。

2. 和家长一起完成一份关于自己吃饭习惯的调查表。

▶ **板书设计**

$$
吃饭有讲究
\begin{cases}
讲卫生 \\
讲礼仪 \\
要营养 \\
重安全
\end{cases}
$$

七、教学反思

本课，我采用丰富的活动来激发学生的学习兴趣，这是本节课的最大亮点。课前，我通过观察、下发问卷等方式，了解孩子在家、在校的用餐情况。针对学生的年龄特点，我从兴趣入手，让学生在原有生活经验的基础上得到提升和发展。

道德源于生活，远离生活的道德教育是悬空的、缺少根基的。只有将品德教育回归孩子的生活世界，才能使两者建立起真实而有意义的联系。整节课，我创设了一个个宽松、愉悦的生活情境，同学们观察图片、联系生活畅谈感受，积极参与，在一个接一个的活动中体验、感悟，基本达到了预期的教学效果。

　　平时，有的孩子挑食、偏食，不注意就餐礼仪等，需要家长和老师加强教育引导。本课在评价方式上略显单一，只有师生互动评价和生生评价，如果能够利用互联网，加上家长对孩子的评价，我想效果会更好些。如何把本课学到的知识延伸到课外，也是我接下来需要思考的地方。

《大家排好队》教学设计

云浮市新兴县天堂镇五一小学　胡华敏

教学课题：《大家排好队》
课时安排：1 课时

一、教材分析

　　本课是部编版《道德与法治》二年级上册第三单元"我们在公共场所"的第 3 课，即第 11 课。教材从学生熟悉的生活情境——发放作业本引入，让学生联系生活经验，为理解排队的好处做铺垫。本课教学注重以学生为主体、教师为主导的教学理念，旨在于实践过程中通过体验对比，引导学生建立排好队的意识，认识到排队的重要性和好处，在实践中掌握排队的方法，并自觉地运用到实际生活中去。

二、学情分析

　　排队是日常生活中经常会遇到的事情。二年级的学生经过一年的学习后基本理解了学校生活规则，初步养成了良好的学习习惯、行为习惯，能比较好地参与到老师设计好的一些实践活动中来，并且接受新事物的能力较强。但是他们的规则意识不强，他们的行为多是根据自己身体的感受和自身利益来决定的。特别是小学生在发放作业本、课间活动等情况下存在秩序混乱的现象，因此很有必要给学生上好这一课，引导他们养成自觉遵守和维护公共秩序的好习惯，做到在公共场所排好队。

三、教学目标

（一）学科核心素养目标

使学生能够深刻理解公共秩序的重要性，培养规则意识，提升实践能力，增强人文关怀，建立良好行为习惯，为他们的成长打下坚实的基础。

（二）知识、能力、情感态度价值观目标

1. 知识目标：结合社会生活实际，了解排队的基本行为规则。
2. 能力目标：在活动中体验集体排队的快乐，掌握遵守排队的基本行为规则。
3. 情感态度价值观目标：感受集体活动中秩序的重要性，懂得在公共场所要自觉排队，做一个讲文明、有教养的人。

四、教学重点和难点

1. 教学重点：学会排队，掌握遵守排队的规则。
2. 教学难点：如何理解集体活动中秩序的重要性。

五、教学方法

情境教学法、小组讨论法、游戏体验法。

六、教学过程

▶ 导入环节

师：上节课有 10 名学生表现得非常好，老师决定要给他们奖励一个小礼物，快来领取吧。

（老师和同学们在一旁观察学生领取礼物时的秩序）

师：请同学们说一说，看到刚才的场景，你有什么样的感受？

师：刚才老师看到小朋友们领取小礼物时，特别担心，就怕太挤了有人受

伤了怎么办，所以我们应该怎样做才可以不这么乱，并且大家都能顺利地领取到礼物呢？

（教师引导学生通过讨论想出排队的方法）

师：我还要表扬刚刚讨论中表现好的小朋友，这次我们再一起排好队领取礼物吧。

师：同学们，在我们的生活中，有哪些地方需要排队？

（学生回答，教师引导学生尽量把话说完整，同时说说不排队有哪些不好的地方）

（教师根据学生回答总结，引出本节课内容）

（教师板书：大家排好队）

▶ **讲授新课环节**

环节一：还是排队好

师：我们来一起看看下面几种场景。

师：（出示图片）你喜欢哪种发作业本的方式呢？为什么？说说你的理由。

（学生参与交流，并回答相关问题）

师：看来，排好队可以让事情又快又好地完成，还是排队好。

师：排队除了能提高办事效率外，还有什么好处呢？我们来看下面这幅图片。

师：（教师出示图片）

你们看到了什么？不排队挤在一起危险吗？你觉得这种行为文明吗？如果是你准备怎么做？

（学生交流，并回答）

师：排队是基本的规则，先来后到按顺序排队，保证公平。但有时遇到需要帮助的人，我们表示礼让，也是文明的表现。

（教师播放视频"上海外滩踩踏事件"和"昆明明通小学踩踏事件"）

师：踩踏事件给人们的生活带来了什么伤害？为什么会发生这样的惨剧？怎样才能避免这样的踩踏事件发生？（教师引导、提示）

生：不排队，乱哄哄，不文明；不排队，没秩序；不排队，不公平；不排队，很危险……所以，还是排队好！

（教师板书：还是排队好）

（教师引导学生谈论看法，充分发表自己的见解）

师：老师原本以为这些踩踏事件离我们很远，可是在几年前有一次老师乘坐地铁的时候，那种拥挤的感觉忽然就让我想到了这一幕。当时地铁到站了，车门一打开，黑压压的人群不等我走出就一拥而进。最后我是从很小的缝隙中使了很大的劲才挤出来。请同学们帮忙解决一下应该如何安全上下地铁呢？

生1：必须在门口两侧有序排队。

生2：两队中间要空出来，方便车厢里的人出入。

游戏体验：几张课桌代表车厢，两名学生代表车厢门，部分学生站在车厢里面，另一部分学生站在门外扮演等地铁的乘客。教师引导学生有序地排队站在门口两侧。教师发出"车站到了"的声音，表示地铁已到站。车厢门打开（两名扮演车厢门的学生先拉手并肩站立，然后松开手各向外侧移动两步，表示门开了），"乘客"有序地先下后上。

环节二：哪些地方需要排队

师：同学们，请你们仔细观察这些图片，说一说生活中哪些地方要排队？

生1：在班级里要排队喝水、排队下楼、排队出行……

生2：在社会中，超市要排队收银、上下车也要排队……

师：做这些事情为什么要排队？如果不遵守秩序、不排队，会出现什么后果？

（学生讨论并回答）

师：无论在学校还是在公共场所，我们都要坚持做一个讲礼仪、守秩序的人。

环节三：怎样排队好

师：同学们，你们能找出并改正图中的错误做法吗？

（学生讨论，并举手回答）

师：在公共场合，不管有没有明文规定或是他人监督，我们都应该主动排队。先来的排前面，后到的排后面，排队时应与前面的人保持适当距离，能主动批评、制止不守秩序的人，维护公共秩序。

（教师板书：排好队 守秩序）

环节四：奖励巩固

师：刚才同学们在发言的时候，都能按照秩序一个一个地发言，表现得真好，教师再奖励你们每人一个小礼物。请刚才发言的同学上台领取。（强调排好队，有序领取）

▶ 小结环节

师：通过这节课的学习，我们知道了排队的重要性，也知道了排队好处多多，更知道了排队守秩序是文明的体现。同学们，排好队，是秩序；排好队，是安全；排好队，是文明；排好队，是公平。正是因为有你们这些排队小明星，我们的社会才会变得更加和谐。

（教师板书：安全　文明　公平）

师：同学们，老师真诚地希望通过今天的学习后，每一位同学都能养成自觉排队的好习惯，让好习惯伴随我们一生。

▶ **课后作业**

结合生活实际，制作"自觉排队"宣传画。

▶ **板书设计**

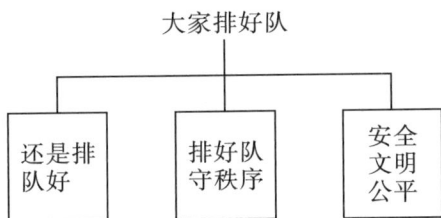

七、教学反思

在组织本课教学时，我以学生参与体验为主，让学生在真实的情境中，通过实操感受、观察思考等方式来认识到排队的重要性，帮助他们形成应有的规则意识，并在体验过程中根据不同场合感知排队的具体方法。

通过本节课，我深刻地感受到体验活动在低年级道德与法治教学中的重要性和必要性。孩子们参与体验，在体验的过程中感受和分辨，并获得相应的渗透和熏陶。本课的不足之处是：有个别学生在学习上不够主动，学生们总体的知识储量不够丰富。因此，在以后的教学中，必须关注每一个学生，应多表扬多鼓励，同时也应引导学生多看书，开阔他们的视野。

《我是一张纸》教学设计

东莞市莞城中心小学　钟炳枝

教学课题：《我是一张纸》
课时安排： 1 课时

一、教材分析

　　本课是部编版《道德与法治》二年级下册第三单元"绿色小卫士"中的第 3 课，即第 11 课。它与第 9、10 课是并列的环保主题，这 3 课与第 12 课是分与总的关系。

　　本单元上承一年级下册"我和大自然"单元主题，下接四年级上册的"让生活多一些绿色"，起到过渡的作用，使绿色与环保主题得以保持延续。本单元以"绿色小卫士"为题，引导学生从自己身边可触可感的资源出发，通过自己的智慧与创造，改善生活环境，遵守相关法律法规，节约资源，文明生活，让自己成长为"绿色小卫士"。

　　《我是一张纸》主要介绍了我们的生活离不开纸、纸的来源、纸的苦与乐几个方面的内容，旨在让学生深入了解纸的来源及纸张在生活中的重要作用，引出纸与森林有关，与人的活动有关，更与我们的生活、学习有关。本课为第二课时，旨在让学生认识节约用纸与保护森林的关系，从而养成自觉节约用纸的良好习惯，树立节约用纸、珍惜资源、爱护环境的环保意识。

二、学情分析

本课的教学对象为小学二年级学生，他们对"纸张"的认识比较粗浅，认为每天的用纸是理所当然的，不能理解"纸张"的背后是一片森林，难以理解节约几张纸和环保的关系。因此在教学中我设计了多个活动，让学生参与其中，明白树木是造纸的主要原料，树木一旦被过度砍伐，森林将会遭到破坏甚至给人类带来灾难。本课在设计时注意同儿童的生活经验相结合，在课前带领全班学生参观造纸厂，并亲身体验造纸的过程，通过实践体验来启发学生对节约用纸、保护森林的思考。

三、教学目标

（一）学科核心素养目标

1. 道德修养：培养爱护一草一木、保护自然环境的责任感，初步养成不浪费纸张的习惯。
2. 责任意识：树立爱护动植物、珍惜纸张资源的环保意识。

（二）知识、能力、情感态度价值观目标

1. 知识目标：初步了解纸的来源，知道纸与生活密切相关。
2. 能力目标：学习利用废纸制作简单的生活用品，改变生活环境。
3. 情感态度价值观目标：初步养成珍惜纸张资源的环保意识。

四、教学重点和难点

1. 教学重点：树立珍惜纸张资源的环保意识，培养节约用纸的习惯。
2. 教学难点：理解纸与生态环境的关系。

五、教学方法

讲授法、调查法、直观教学法、游戏法、讨论法、体验法。

六、教学过程

▶ **导入环节**

师：同学们，你们熟悉这张纸吗？它是怎么做出来的？哪位小朋友愿意带着我们一起去回顾一下呢？

（学生发言）

师：这真是个有意义的活动！我们把纸浆变成粗糙的纸，这只是造纸的其中一步。今天这节课我们将继续探究纸，学习第11课《我是一张纸》。请翻开书本第42页。（板书课题：11　我是一张纸）

【设计意图】以学生做的纸引出，看自己造纸的照片，回忆造纸的过程，唤起活动体验，激发学生参与的欲望和兴趣。

▶ **讲授新课环节**

环节一：我从哪里来

学生活动1：摆一摆。（小组合作动手把造纸的过程图片按顺序摆出来。请一组同学上台来摆）

师：你们为什么要这样摆？

（小组长回答）

师：（出示造纸过程）他们摆得对不对呢？我们一起来看看造纸过程。

师：你们是否也摆对啦？都摆对的小组请举手！

【设计意图】学生以小组为单位进行游戏，通过动脑、讨论、动手操作，引导学生探究造纸过程，学生的兴趣得以持续。

环节二：我的烦恼

1. 生活中的纸。

学生活动2：百宝箱里有什么？（教师出示百宝箱，学生从中一样一样抽出来，看看分别拿出来了什么）

师：它有什么作用？没有它会怎么样？

（学生参与游戏，并回答问题）

师：（出示课本第42页的图片）纸天天陪伴着我们的生活和学习，是我们的好朋友、好伙伴！

师：生活中，你还在哪些地方发现过纸呢？

【设计意图】依据二年级学生的兴趣特点，采用学生喜闻乐见的百宝箱形式来展示各种纸制品，让学生知道纸在我们的生活中是无处不在的。

2. 生活中的浪费。

师：（出示课本第 44 页的四幅图）同学们，图上的人做了什么事，令纸宝宝这么不开心？（画苦脸）

（学生小组内交流，自由发言）

师：他们这样做有什么不对吗？

（学生回答）

师：在日常的生活、学习中，你还见过哪些浪费纸张的行为呢？下面我们来进行一个小调查。

学生活动 3：调查知浪费。

教师拿出调查表，采访学生所填的答案。出示调查统计表。

【设计意图】让学生寻找生活中的浪费现象，完成自己的调查问卷，意识到自己也有不同程度的浪费现象，从而反思自己的行为，体会到生活中应该合理利用纸。

3. 了解纸与环境的关系。

师：同学们，我们现在先来看一看纸张与树木的关系。（出示数据对比）

（学生集体朗读）

师：那么只要多种树就可以随意浪费纸张吗？（出示纸的浪费和树的成长的速度对比动画）

（学生观看）

师：同学们，请你们谈一谈，此时你有什么感受呢？

（学生讨论，回答）

师：假如有一天森林消失了，对我们会产生什么影响呢？

（学生讨论，回答）

师：（出示《中华人民共和国森林法》第十条）植树造林、保护森林，是公民应尽的义务。各级人民政府应当组织开展全民义务植树活动。

教师播放《沙尘暴的自述》微课。

（学生观看）

师：如果地球上没有森林了，会产生怎样的影响？

学生活动 4：一张纸的旅行。（学生在平板上动手做一做浪费纸张的生物链）

一名学生进行展示，师生一起反馈小结。

师：人类大量浪费纸，造成森林消失，导致了水土流失、洪水泛滥、土地荒漠化、动物无家可归等一系列的生态灾难，最终使人类遭殃。

师：人类遭受的这一系列灾难，是谁造成的呀？

（学生讨论，回答）

师：难怪纸宝宝这么生气，这么伤心，我们应该怎样做才能令纸宝宝高兴呢？

生：节约用纸。（教师板书：节约用纸）

【设计意图】通过数据对比、观看微课、动画演示等体验活动，直观形象地让学生体会到浪费纸张就等于砍伐森林，能够让他们设身处地地感受到森林的消失对我们人类以及地球环境所带来的灾难，促使学生产生强烈的感受，增强保护环境的责任感。再用法律条文的规定，使学生明白浪费纸就是毁灭森林，从而达成培养学生珍惜纸张资源的环保意识的目标，突破纸与生态环境的关系这一难点。

环节三：我的快乐

1. 节纸金点子。

师：同学们，要节约用纸，你们有什么金点子呢？

（学生进行小组讨论）

师：同学们，课本第45页图上的小朋友又有什么好点子呢？

（学生举手发言）

师：除了这些，你们还有什么节约用纸的金点子，能令"纸兄弟"更开心呢？

（学生回答）

师：（介绍分类回收的小黄狗，出示小黄狗图片）哪些同学所住的小区里有小黄狗呢？请举手。

（学生举手）

师：你们有没有亲自往小黄狗里投递过废纸品？

（学生回答）

师：小朋友们真聪明，可以想到那么多金点子。这节课我们知道了生活中很多废弃的纸制品，我们可以回收循环再利用，为环保出一分力，还可以利用废纸品来做装饰品，改善我们的生活环境。

【设计意图】此环节充分发挥学生的发散性思维，结合自身的生活经验，带动学生有条理性地寻找日常生活中节约用纸的方法，让学生明白节约用纸应从我做起，从身边的小事做起，从而自觉地保护树木，爱护环境，树立环保意识。

2. 变废为宝。

教师出示"变废为宝"的图片。

学生活动5：创意无限。（每个小组准备纸巾筒，充分发挥自己的创意，小组合作利用纸巾筒制作工艺品，并进行作品展示）

【设计意图】此环节让学生用同样的材料制作工艺品，既培养了学生的创新思维，也以实际行动让学生知道：合理用纸，使用纸形成良性循环，废旧的纸品也能给我们的生活创造无限的奇迹，从而加强学生节约用纸的意识。

▶ **小结环节**

有了大家的金点子和动手创作，纸宝宝从伤心变得高兴了。（画笑脸）只要我们每个人都能节约每一张纸，我们就是保护森林、保护环境的"绿色小卫士"。（板书：保护环境）希望在期末的时候，每个同学都能拿到这枚精美的徽章。（出示徽章）

▶ **板书设计**

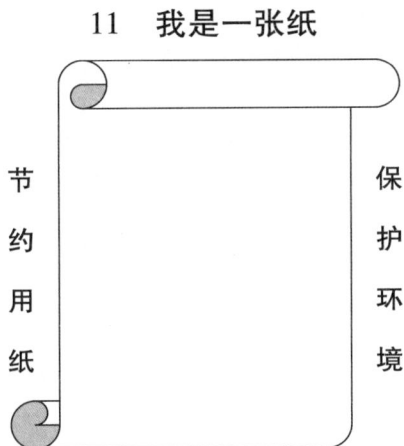

11　我是一张纸

节约用纸

保护环境

七、教学反思

《我是一张纸》是部编版《道德与法治》二年级下册第三单元"绿色小卫士"中的第3课。本课要让学生知道树木是造纸的主要原料，了解树木与人类生活的关系，体会节约用纸、保护环境的重要意义，增强学生的环保意识。本节课我设计了三个层层推进、环环相扣的环节。

第一个环节通过让学生动手操作，探究纸的生产过程，激发他们发现纸的秘密的兴趣。带领他们走进造纸厂，让学生观看造纸的过程，理解纸在生活中不可缺少，得来不易。第二个环节用数字说话，了解用纸量的庞大。观看森林消失后我们所面临的自然灾害，体会节约纸张的重要性。引导学生思考纸张与森林的关系，知道节约用纸就等于保护森林。第三个环节结合学生生活实际，提出节约纸张的金点子，用废纸品装点我们的生活。让学生注意在日常生活中节约用纸，从身边的每一件小事做起，自觉地保护环境。

▶ 本课亮点

1. 正确理解教材内容，把握教材意图。本课课题虽是《我是一张纸》，但我认为本课的教学重点应放在让学生了解纸与森林的关系，让学生了解节约用纸是保护森林的表现，也是保护人类家园的行为，从而增强学生的环保意识，并鼓励学生为此付诸行动，在生活中做到节约用纸。

2. 尊重学生的生活经验，适当运用媒体资源。启发学生思考，让学生理解节约用纸、保护资源的重要性。课堂上，我通过视频创设了好几个情境。播放森林消失后沙尘暴的危害，观看用纸与种树速度的对比，感受森林被砍伐带来的影响，引发学生对此现象的思考，直面自然灾难，感受大自然对人类的惩罚。再通过学习《中华人民共和国森林法》，加强法制观念，体会保护环境的迫切性。这些情境的设置，可以让学生设身处地思考，激发学生情感，引起共鸣，进一步增强学生保护环境的责任感。

《不一样的你我他》教学设计

中山市港口镇中心小学　林国瑜

> **教学课题：**《不一样的你我他》
> **课时安排：**2 课时

一、教材分析

2019 年 6 月 23 日，由中共中央、国务院印发的《中共中央　国务院关于深化教育教学改革全面提高义务教育质量的意见》中指出：坚持以习近平新时代中国特色社会主义思想为指导，全面贯彻党的教育方针，落实立德树人根本任务，遵循教育规律，强化教师队伍基础作用，围绕凝聚人心、完善人格、开发人力、培育人才、造福人民的工作目标，发展素质教育，培养德智体美劳全面发展的社会主义建设者和接班人。意见同时提出了树立科学的教育质量观，坚持德育为先、全面发展、面向全体、知行合一等基本要求。

《不一样的你我他》是部编版小学《道德与法治》三年级下册第一单元中的第 2 课，本单元有《我是独特的》《不一样的你我他》《我很诚实》《同学相伴》4 课内容。在大单元教学的概念下，本单元的学习主题是"我和我的同伴"，整个单元的逻辑结构是在认识交往主体自我与他人的基础上，培育学生与人友好交往的品质，以及感受到与同伴交往时团结友爱的快乐。

同伴交往是学生学校生活的重要部分，是影响学生健康成长以及校内生活的重要因素。本课根据《义务教育道德与法治课程标准》（2022 年版）第二学段培养核心素养中的"道德修养"，要求学生"掌握基本的交往礼仪，懂得个人成长离不开社会和他人的支持与帮助，诚实守信"；在"健全人格"的核心素养方面要求"学会认识自己，理解他人，对他人有同情心"。《不一样的你我他》共有三大板块，分别是："找找我们的'不同'""与'不同'友好相处""'不同'让生活更精彩"。本课主要是从接纳、欣赏"不同"的角度，引导学生理解、尊重同学，学会与同学友好相处。

二、学情分析

三年级的学生在自我认知、积极的思想品质和健康的生活态度等方面的认识有待提高。教师要引导学生正确认识自己，能够自我调节，培养学生乐观开朗的健康心理品质。家长溺爱、同伴缺失、表达障碍等因素，都有可能导致学生不懂与他人相处，甚至不能认识到人与人之间的不同，更无法理解这种不同的合理性和重要性。"交友"对于三年级的孩子来说并不是难事，"处友"才是学问所在。在生活中，在学习上，真正地做到"和而不同、美美与共"，需要周边的人一起交流，相互学习，共同进步。

三、教学目标

（一）学科核心素养目标

通过认识"不同"，学会与"不同"友好相处，帮助学生树立健全的人格。

（二）知识、能力、情感态度价值观目标

1. 知识目标：认识到人与人之间的"不同"，理解"不同"让生活更精彩。
2. 能力目标：学会理解、宽容、欣赏他人，与"不同"的人友好相处。
3. 情感态度价值观目标：培养学生与人友好交往的品质，让学生体会到与同伴交往时团结友爱的快乐。

四、教学重点和难点

1. 教学重点：引导学生去"中心化"，看见"不同"的别人。
2. 教学难点：学生需要掌握一定的交往技能，接纳别人的不同之处。

五、教学方法

实践教学法、情境教学法、启发式教学法。

六、教学过程

第一课时

▶ **导入环节**

教师活动：播放一段听书，引出名著《西游记》相关人物，并提问：
《西游记》里的人物，同学们最喜欢谁？为什么？

学生活动：学生举手回答。

【设计意图】《西游记》是我国四大名著之一，学生也非常熟悉里面的
人物情节，"最喜欢谁""为什么喜欢"两问的设计，为下一环节的学习作
铺垫。

▶ **讲授新课环节**

活动一：画圆

教师布置任务：根据课本中的学习内容设计一个圆，并涂上颜色，送给
《西游记》里自己最喜欢的人物。

学生活动：学生画圆。

活动二：说圆

学生活动：学生展示作品，并介绍设计理念。

师：老师现在知道你们最喜欢《西游记》里的哪个人物了，我们身边的
同学，大家年龄差不多，在同一所学校、同一个班级学习，又有很多共同的
兴趣爱好，能够聊到一起，玩到一块儿。在班上，你觉得哪位同学跟你最
友好？

学生活动：学生举手回答。

【设计意图】学生通过设计作品、介绍作品，去认知自己喜欢的东西，并
能表达自己为什么喜欢，这是一个认识他人、认识自我的过程，同时也是学生
健全自我人格的第一步。

活动三：找"不同"

师：在《西游记》里，师徒四人性格迥异，也都有各自的不足，但在取经途中克服了九九八十一难，终于取得真经！他们为什么能取得真经呢？

生1：猪八戒（好吃懒做、憨厚有力）。

生2：沙僧（忠诚善良、木讷平庸）。

生3：孙悟空（机智勇敢、争强好胜）。

师：正是因为他们的"不同"，我们才拥有一个丰富多彩的世界。

【设计意图】利用故事中的人物引导学生认识"不同"。

活动四："不同"的精彩

教师活动：播放交响乐视频，布置观看任务：为什么这么多的不同的乐器能够在一起演奏出美妙的音乐？

学生活动：学生讨论并举手回答。

【设计意图】通过寻找生活中各种"不同"和谐相处的现象，真正理解"不同"对于生活的重要意义。

▶ **小结环节**

我们的世界充满不同，我们要学会和各种不同的人交往，学会接纳不同、欣赏他人，这样，我们的生活才会更丰富、更精彩。

课堂练习环节

请同学们向同桌介绍自己设计的圆的创意。

▶ **课后作业**

请同学们每人在校园里捡一片树叶，然后和其他同学的比一比，你们的树叶各有什么特点？

▶ 板书设计

找找我们的"不同"

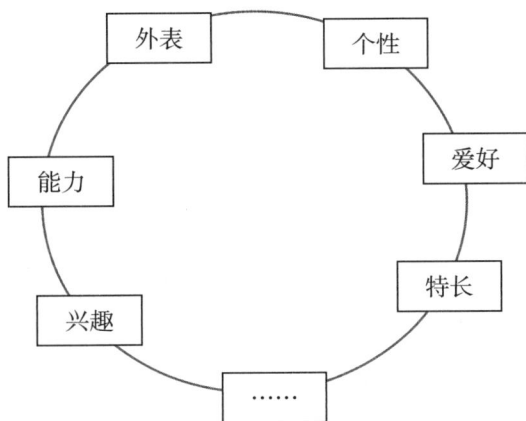

外表　个性　爱好　特长　……　兴趣　能力

第二课时

▶ 复习导入

师：同学们，上节课我们认识到了"不同"的精彩。最近周同同遇到了一件麻烦事，他交不到朋友。让我们来一起帮助他吧！

学生活动：自主阅读"周同同日记"。

【设计意图】三年级的学生有一股热心肠，当知道需要他们帮忙时，学习的积极性就会一下子提起来。

活动一：讨论交流

师：同学们，你对周同同的交友要求有什么看法？

学生活动：学生举手回答，其他同学补充。

【设计意图】此环节旨在让学生通过对周同同的交友观点作出纠正，从而认识到交友的前提是接纳与自己的"不同"，初步学会理解、宽容和欣赏他人。

活动二：阅读绘本《勇敢的克兰西》

教师进行绘本导读：绘本中的克兰西是一头牛，它一出生就与众不同，父母感到很失望，同伴也很嫌弃它。

【设计意图】用读绘本的形式增加课堂的趣味性。让学生在阅读绘本的过程中产生心理变化。

师：你有和"不同"的同学交往的经验吗？你们有什么不同，又是怎么好好相处的呢？

学生活动：学生讨论并回答。

师：克兰西为了得到同伴的认同，很努力地作出改变，我们一起来看看。克兰西家族所在领地上的草被吃得差不多了，想到草地的另一边去寻觅食物，但是遇上一群比它们强壮的牛群，因此，克兰西家族的牛群只好灰溜溜地走了。（师生共同阅读绘本）

师：同学们，猜一猜，接下来，会发生什么事呢？

学生活动：学生在绘本中寻找答案，并读出来。（克兰西和家族的其他牛偷偷钻进红牛的领域，其他牛因为身上的白圈而被踢出牛圈，克兰西因为全身黑，所以没被发现，安心地吃着美味的草）

【设计意图】用克兰西的故事引导学生发现每一样事物都有自身的用处，再次强化要接纳"不同"、欣赏"不同"。

教师提问：此时，你觉得克兰西是一头怎样的牛？

学生回答：努力、可爱、坚持不懈……

师生继续共读绘本，并提出问题：随着克兰西的日益强壮，家族给予它重要的任务：战胜红牛。如果你是克兰西，此时的心情是怎样的呢？

学生讨论并回答。

【设计意图】用问题导读的形式引导学生体会克兰西的宽容和善良。

教师提问：克兰西如何对待被打败的对手呢？打败对手后是如何表现的？

学生回答：优待对手。

【设计意图】让学生理解绘本中主人公的行动并引导学生掌握人际交往的技巧，真正学会平等待人，与"不同"友好相处。

教师小结。

活动三：情境辩论

教师出示三种情境。

学生分组自选情境进行辨析，然后选一名代表汇报。

【设计意图】创设三种情境是为了检验学生的认知是否发生了变化，并了解学生掌握这一知识点的程度。

▶ **小结环节**

与"不同"的人交往，不仅能够让我们收获更多的友谊，还能锻炼我们的交往能力。与"不同"的人交往，可以让我们相互学习、相互进步、优势互补。

▶ 板书设计

与"不同"友好相处

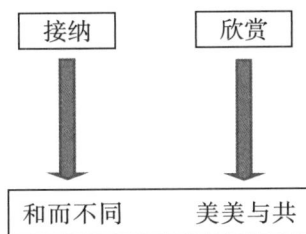

```
┌──────┐        ┌──────┐
│ 接纳 │        │ 欣赏 │
└──────┘        └──────┘
   │               │
   ▼               ▼
┌──────────┐   ┌──────────┐
│ 和而不同 │   │ 美美与共 │
└──────────┘   └──────────┘
```

七、教学反思

设计本课教学时，刚好经历了新旧课标的更替。通过对比新旧课程目标，我发现新课标"道德修养"和"健全人格"中第二学段核心素养的培养目标有着具体的要求，因此，我在第一课时的设计中融入了中华优秀传统文化《西游记》的元素，以增强学生的文化素养。同时播放交响乐演奏的《射雕英雄传》主题曲，目的就是让学生在欣赏美的过程中理解"不同"带来的精彩。在体味经典中认识"不同"人物的不同性格，强化对"不同"的认识。

新课标中第二学段里的第二个学习主题"生命安全与健康教育"，要求学生"掌握良好的人际交往技能，学会倾听和表达，学会团结和包容，养成礼貌友好的交往品质，形成合群而独立的健康人格"。因此，第二课时的设计以《勇敢的克兰西》绘本贯穿课堂，不仅增加了课堂的趣味性，而且在阅读中培养学生正确的价值观。我深知要把一种观念传递给学生，不可能一蹴而就，需要一点一滴去浸润。因此，在共读绘本中，遇到每个情节关键点，我都会结合学生交友的实际情况提出疑问，一步一步地引导学生学会理解他人、欣赏他人，用宽容的心态与"不同"的人友好相处。这样就把德育融入故事情节当中，潜移默化地影响着学生的言行，真正地让德育润物无声。

三年级的学生处于认知的增长期，无论是认识自我，还是认识他人，都需要正面的引导，需要落实核心素养。"道德与法治"这门课程的根本任务是立德树人，教学要实现的目标很多时候都是抽象的。为了将其具体化、形象化，我创设情境去贴近学生的生活实际，并遵循学生的年龄特点和认知规律，顺利实施教学。但学生内化的程度如何，还需要更多的探讨与研究，毕竟无论是过程性的评价，还是结果性的评价，都只能体现在学生的行为上。

《爸爸妈妈在我心中》教学设计

深圳市蛇口育才教育集团育才二小　容玲姗

教学课题：《爸爸妈妈在我心中》

课时安排：1 课时

一、教材分析

本课是部编版《道德与法治》三年级上册第四单元"家是最温暖的地方"第 11 课《爸爸妈妈在我心中》的第一课时。通过第 10 课的学习，学生已经体会并理解了父母对自己爱之深。本课的第一课时旨在从子女与父母之间的爱出发，引导学生关心父母、了解父母、爱父母，为第二课时"学会用行动去爱父母"作铺垫。本课时分为两个板块，第一板块的话题是"我们都爱父母"，从日常生活情景切入，调动学生爱父母的天然情感，让学生感受和父母之间的爱，表达对父母的关心。第二板块的话题是"我们了解父母吗？"，引导学生通过为父母写档案，发现自己对父母了解的不足，从而主动想方法加深对父母的了解。

二、学情分析

通过课前对学生家庭的调查发现，本班学生大多是独生子女，受到家人较多宠爱。学生比较关注学习，对父母了解并不深，也不知道如何去了解父母、爱父母，甚至会觉得父母对自己的爱是理所应当的。由于父母忙于工作，学生忙于学习，学生没有足够时间和机会了解父母的世界，感受父母的辛苦。因此，认识到自己对父母了解的不足、学会如何了解父母，是这节课需要解决的重点和难点。

三、教学目标

（一）学科核心素养目标

培养学生健全的人格，提高道德修养。

（二）知识、能力、情感态度价值观目标

1. 知识目标：认识到自己对父母的了解并不深。
2. 能力目标：学会通过不同的方式了解父母，在生活中关心父母、了解父母。
3. 情感态度价值观目标：感受与父母之间的爱，形成主动关心父母、了解父母的意识。

四、教学重点和难点

1. 教学重点：感受与父母之间的爱，形成主动关心父母、了解父母的意识。
2. 教学难点：认识到自己对父母的了解并不深，父母爱我们更多。

五、教学方法

情景体验教学、资料探究教学、任务驱动教学、小组合作教学。

六、教学过程

▶ 导入环节

教师活动：课前收集本班学生父母照顾孩子的照片，通过电影胶卷滚动的方式展示照片，让学生感受与父母之间的爱，唤起学生爱父母的自然情感。

学生活动：学生分享看完照片后的感受。

▶ 讲授新课环节

活动一：爱的感受齐分享

1. 展示本班学生在妈妈生病时担心的场景，引导学生回顾自己的已有情感体验。

2. 学生分享自己心疼、担心和想念父母的经历和感受。

教师小结：关心、心疼父母，是爱父母的方式。但如果只是关心父母，爱的天平无法平衡，因此，我们还要了解父母。

活动二：爸爸妈妈我介绍

1. 课前让学生思考如何用自己喜欢的方式介绍自己的父母。

2. 学生介绍父母。

教师小结：学生对父母有一定的了解，但还不够深入。

活动三：我为父母写档案

1. 学生根据自己的了解，填写父母档案。

2. 学生阅读父母写的档案。（课前通过问卷星，让学生父母填写同样内容的孩子档案）

3. 小组讨论对比两份档案后的发现和感受并分享。

教师小结：通过对比，我们发现原来父母对我们的了解比我们对父母的了解要多得多，同时大家也都渴望了解父母并想深入了解父母。

活动四：了解父母方法多

1. 小组合作探究，讨论可以通过哪些方法了解父母，并写在锦囊中。

2. 小组分享方法，把小锦囊放在天平上，让爱的天平再平衡一些。

▶ 小结环节

1. 拓展学习：绘本《猜猜我有多爱你》。

2. 总结：父母爱我们比我们爱父母要多得多，爱的天平可能永远无法平衡，但我们可以努力通过关心父母、了解父母，加深对父母的爱，并把这份爱落实到行动上。

▶ 课后作业

把对父母的关心亲口告诉他们，并用小锦囊中的方法，深入了解父母，完成父母的档案。

▶ 板书设计

11　爸爸妈妈在我心中

了解父母
关心、心疼

七、教学反思

本课从学生的真实生活出发，让学生感受和父母之间的爱，从而唤起学生对父母的情感，导入课堂。

从生活的具体场景切入，从情感角度激活学生已有的经验，帮他们打开思路，表达对父母的关心和爱。通过爱的天平形象地体现父母对我们的爱远比我们对他们的多，并以天平的平衡度贯穿课堂，体现课堂的整体性。

通过开展介绍父母的活动，引导学生在活动中学习，并借助已有经验，为写档案活动做铺垫；通过看父母写的关于学生自己的档案，让学生感受到父母对自己浓浓的爱，以真实生活促进学习；通过对比两份档案，在真实体验中感悟到自己对父母的了解并不深，激发学生深入了解父母的内在动力和渴望了解父母的真实情感。

通过合作探究，反思生活中可以加深对父母了解的方法，并通过这些方法让爱的天平平衡一些，引导学生践行这些方法，了解真实的父母。

最后用学生熟悉的绘本来总结课堂，用形象的图画来升华情感，更贴近学生的思维层面，从而激发学生的真实情感。教师再次指出学生对父母的关心、了解还不够，鼓励学生通过行动落实这份爱，为第二课时的学习作铺垫。本节设计把课堂活动延伸到课后实践中，从生活中来，到生活中去，实现知行合一的学习目标。课前活动促进学习、课中活动体验学习、课后活动践行学习，形成以学生为主体、以活动为中心的学习方式。

《大家的"朋友"》（第一课时）
"认识我们的'朋友'"教学设计

韶关市武江区阳山小学　莫子庆

教学课题：《大家的"朋友"》（第一课时）"认识我们的'朋友'"
课时安排： 1 课时

一、教材分析

　　《大家的"朋友"》是部编版《道德与法治》三年级下册第三单元第 8 课的内容，本课是根据《义务教育道德与法治课程标准（2022 年版）》中"道德教育"里的"体验公共设施给人们生活带来的便利，形成爱护公共设施人人有责的意识"而编写的。教材共八个页面，设计了"认识我们的'朋友'"以及"善待我们的'朋友'"两个一级活动主题，每个主题各安排一个课时完成，本节课为第一课时。教材采用图文结合的方式，通过一些关键性问题的引导，以及"知识窗、活动园、阅读角"等栏目的设计，帮助学生在多样化的教学活动中知道什么是公共设施，体验公共设施给人们生活带来的便利。

二、学情分析

　　三年级的学生在二年级第一学期时通过学习《这些是大家的》一课，对校园里的公物有了一定的认识，知道这些公物是属于大家的，是为了方便我们的在校生活，因此，他们有了一定的爱护公物的意识并能自觉在行动中落实。这些对于本课的教学起到了很好的铺垫作用。此外，学生也非常熟悉自己生活的社区、街道以及自己所去过的公共场所里的公共设施，也充分享受着它们给我们的生活所带来的方便快捷。但是，在日常生活中，学生往往会忽略这些默默无闻的"朋友"在生活中的陪伴以及付出，也没有感受到这些"朋友"在我们生活中是不可或缺的。我们所使用的公共设施还有哪些有待完善的地方？方便快捷的生活中还缺少了哪些公共设施呢？这些都是学生日常所忽略的。通过本课的学习，学生将学会用不同的眼光、不同的态度去重新认识我们身边的这些特殊"朋友"，而且个人的创新意识、同伴间的合作分享、交流互动等能力也会在活动中得到新的提升。

三、教学目标

（一）学科核心素养目标

培育学生的道德修养，养成良好的道德品质和行为习惯，把社会公德内化于心、外化于行。

（二）知识、能力、情感态度价值观目标

1. 知识目标：认识生活中常见的公共设施，并了解这些公共设施给大家生活带来的便利以及对环境的美化作用。

2. 能力目标：通过采用自主合作探究的方式让学生认识公共设施，了解这些公共设施的作用。

3. 情感态度价值观目标：培养学生爱护公共设施的良好习惯，争做文明小公民。

四、教学重点和难点

1. 教学重点：让学生体验公共设施给人们生活带来的便利，形成爱护公共设施人人有责的意识。

2. 教学难点：理解公共设施在人们生活中所发挥的作用。

五、教学方法

讲授法、情境教学法、讨论法。

六、教学过程

▶ 导入环节

今天这节课，老师要带大家认识一些新朋友，它们的名字就藏在下面的谜语中，请同学们动动脑筋，猜一猜，都是些什么朋友？

▶ 讲授新课环节

环节一：认识公共设施

1. 教师用课件展示谜语，学生猜谜。

（1）小小木房站路旁，两边开着活门窗。要使街道干干净，果皮纸屑往里装。

（2）谁也知他最热心，不欺老少不嫌贫，不怕风吹和雨打，夜夜辛苦照行人。

（3）一个小伙三只眼，每天路口来值班。目光一变下命令，如果乱闯出危险。

2. 师生解谜：垃圾桶、路灯、红绿灯。

3. 描述引导：

师：它们每天都在帮助着我们，默默地付出着，无怨无悔。它们算不算我们的朋友呀？

生：算我们的朋友。

师：是的，它们就是我们的朋友，一群不会说话的朋友，一群非常特殊的朋友，和我们平时人与人之间的朋友是有区别的，所以我们的课本中给"朋友"一词加上了引号。那大家平时都是在哪里见到过这些朋友呢？

（师生自主合作探究并交流）

生：小区、马路、学校、公园……

4. 教师小结：同学们刚刚说的小区、马路、学校、公园……这些地方是公共场所，这些不会说话的朋友就是在公共场所供大家使用的，为大家服务，它们有一个好听的名字，叫作公共设施。（课件展示）

5. 教师提问：除了刚刚讲到的垃圾桶、路灯和红绿灯之外，你还知道哪些公共设施？

（学生举手发言）

（教师展示图片：电话亭、休息椅、健身器、公共厕所、马路护栏、凉亭等）

6. 教师引导：大家知道的可真多呀，都是知识渊博的小博士，老师为你们点个赞。

环节二：深入新课——感受公共设施的作用

1. 这些不会说话的朋友，在公共场所供大家使用，为大家服务，它们究竟为我们提供了怎样的帮助？让我们来一起听听它们的自我介绍吧！（课件展示）

（1）我是休息椅——当你行走在公园里，想坐下休息时，我会张开双臂，让你坐下来歇一歇。

（2）我是垃圾桶——当你想扔掉手中的垃圾时，我会笑眯眯地对你说："扔到我这里，保持街道的清洁！"

（3）我是广播小喇叭——居住在这里的老人们喜欢听我讲卫生保健知识；青年人喜欢听我讲科技致富的方法；孩子们喜欢听我讲童话故事。我给大家带来了知识与快乐！

（4）我是路灯——漆黑的夜晚，我为人们照亮回家的路。

2. 教师提问：你还了解哪些公共设施的作用呢？请你选择一种自己熟悉的公共设施，说一说或者用表演的方式展示公共设施的作用。

3. 学生活动：说一说、演一演。

生1：小区健身器材：可以帮助我们锻炼身体，增强我们的体魄。

生2：马路中间护栏：分道行驶，提高了道路交通的安全性，改善了交通秩序。

…………

4. 教师小结：这些公共设施默默地为我们服务，为我们的生活提供了很大的便利。同学们想一想，如果没有了这些公共设施，我们的生活将会是什么样呢？我们一起来看看小叮当的旅行遭遇吧。

5. 课件展示：小叮当来到一个没有公共设施的国度。他在路上走了很久，想乘坐公共汽车，但没有找到。步行的人们告诉他，这里从来就没有公共汽车。小叮当走啊走啊，实在走不动了，想坐下来休息一下，但到处找不到休息椅，他只好席地而坐。小叮当又饿又渴，便拿出自己带的干粮吃了起来。吃完后，他想扔掉手中的垃圾，却四处都找不到垃圾箱。小叮当还想给妈妈打个电话，但找不到公用电话……

6. 教师提问：同学们想一想，小叮当还会遇上哪些不方便？谁能把故事接着讲下去？

7. 学生接着补充故事。

8. 课件展示：假如没有公共设施，我们的生活会是怎样的呢？

9. 教师小结：由此可见，公共设施的作用可真大呀，正是有了公共设施的默默付出，我们的生活才更加方便。假如没有公共设施，我们的日常生活将会变得十分不便甚至寸步难行。

▶ **小结环节**

通过这节课的学习，我们认识了身边的公共设施，知道了这些"朋友"在我们日常生活中的作用，因此，我们要行动起来，珍惜和爱护我们的"朋友"。

课堂练习环节

开展活动——新型公共设施设计大赛

为了让公共设施更大程度地发挥它们的作用，为我们的生活提供便利，我们举办一个"新型公共设施设计大赛"活动。

1. 请你设计一种新型的公共设施。（要求：可以是对现有公共设施的改进和完善，也可以设计一种新型的公共设施）

2. 作品示例，激发兴趣。

3. 展开想象的翅膀，比比谁的设计最具有创意。

4. 个人独创或小组合作，研讨设计方案。

5. 向全班同学展示或介绍一下你的设计方案。

▶ **课后作业**

进一步完善新型公共设施设计方案。

▶ **板书设计**

认识我们的"朋友"

我们的"朋友"——公共设施
感受"朋友"的作用

七、教学反思

　　道德与法治可以有很多课堂活动，但活动的开展需要已有的经验，更需要学生打开思路。此时老师的"支架"作用就很重要。例如，我在课堂练习环节设计新型公共设施的活动中，不是马上让学生设计，而是先谈自己喜欢去红旗电影院、不喜欢去星汇电影院的原因是前者座椅的设计更方便、贴心，后者存在一些不足；再让学生讨论，发现其他公共设施的不足，这样由点到面，抛砖引玉，打开学生的思路，学生就能迸发出思维的火花。在这里老师的前两步就是起到铺设支架的作用，了解学生的难处，帮助其顺利克服困难，后面的活动自然水到渠成。

《古代科技　耀我中华》（第一课时）
"灿若繁星的古代科技巨人"教学设计

广州市花都区狮岭镇育华小学　周威利

> **教学课题**：《古代科技　耀我中华》（第一课时）"灿若繁星的古代科技巨人"
> **课时安排**：1 课时

一、教材分析

部编版《道德与法治》小学五年级上册共有四个单元，第四单元分别以文字、科技和传统美德为主要内容，引导学生体会中华文化源远流长、博大精深的特点，突出中华优秀传统文化的传承与弘扬，让学生树立文化自信，建立政治认同。《古代科技　耀我中华》是第四单元第 9 课，由四个板块话题组成，本课时将进行第一个话题"灿若繁星的古代科技巨人"的教学。根据《义务教育道德与法治课程标准（2022 年版）》中第三学段课程内容要求"了解中华文化的悠久历史和博大精深，体会中华优秀传统文化的精髓""了解中华民族对人类文明的贡献，为中华民族创造的文明成就感到自豪，坚定文化自信"，本课时从人物入手，主要介绍张衡、祖冲之、李时珍三位古代伟大科学家的故事和他们的科学贡献，展示领先世界的中国古代科技成就，旨在引导学生在具有一定的家国情怀的基础上，进一步了解古代科学家的成就，点拨学生获得启发和感悟，为后续学习"独具特色的古代科学""独领风骚的古代技术创造""改变世界的四大发明"，培养民族自信心、自豪感，建立政治认同做铺垫。

二、学情分析

　　五年级学生伴随生活领域的不断扩大,认知水平和能力的提高,视野扩大到国家和社会生活层面。他们对祖国已经有一定的情感基础,也具备一定的信息搜集能力与分析、感悟能力,但由于时代久远,学生对我国古代科技状况及影响了解不多,提到"科技"往往会想到现代技术。因此本课应重点引导学生了解我国古代科技人物故事及成就,学习科学家的精神,增强民族文化认同和自豪感。

三、教学目标

（一）学科核心素养目标

　　1. 了解中华优秀传统文化的主要代表性成果及其意义,为中华民族创造的文明成就感到自豪。

　　2. 感悟中华民族价值认同和文化自信的正确价值取向,培育政治认同核心素养。

（二）知识、能力、情感态度价值观目标

　　1. 知识目标:了解古代科学家的故事,知道中国古代科技巨人的成就与影响。

　　2. 能力目标:能够梳理中国古代科技成就,结合实例说明中国古代科学家的精神品质。

　　3. 情感态度价值观目标:领悟古代科学家求真、求善的精神,增强对中国古代科技的认同和自豪感,立志向古代科学家学习。

四、教学重点和难点

　　1. 教学重点:了解古代科学家的故事,知道中国古代科技巨人的成就与影响。

　　2. 教学难点:感受古代科学家求真、求善的精神,增强民族文化认同和自豪感。

五、教学方法

讲授法、合作探究法。

六、教学过程

▶ 导入环节

师：同学们，科技在我们的生活中无处不在，例如移动支付、高铁、北斗卫星定位系统、智能机器人、5G 技术等，"科技"不专属于现代，我国古代也有许多科技成果，我们来看两段视频，共同感受一下。

（播放视频：①现代中国科技展示；②古代科技成果）

师：通过视频，我们可以感受到中国不仅现代科技发达，古代科技成就也熠熠生辉，这背后有着许多伟大科学家的贡献。课前同学们了解了古代科学家的信息，准备了"星星卡"。现在请大家将你心仪的古代科学家的名字写到卡上，并向同学们推举你心目中的科技之星。

（学生根据搜集的信息简要介绍古代科学家姓名、成就及其成就与现代生活的关系，把写有科学家姓名的星星卡纸贴到黑板上）

▶ 讲授新课环节

环节一：品味故事

师：古代科技巨人多如繁星，他们各自有着怎样的故事呢？今天我们就开展一次古代科技巨人故事探索之旅。请各小组使用资源包，互相交流从资料中你知道了哪些古代科学家，他们有什么科技成就，结合事例说说你感受到了他们具有怎样的品质。

（出示阅读材料：请学生浏览教材第 72 页阅读角内容，分发给各小组资源包：包含张衡、祖冲之、李时珍三位科学家和他们的科技成就以及背后的故事）

（学生快速浏览教材阅读角，自由查看三位科学家的相关资料，与组员互相交流）

师：现在，请小组代表汇报。首先让我们走近张衡。

（各小组代表谈张衡的成就，结合事例评价张衡的品质）

师：跟随张衡的脚步，后人一直致力于研究检测地震的仪器。近年我国出台了世界第一个"智能地动"检测系统，为人们应对地震争取了宝贵时间，大大减少了财产损失和百姓伤亡。当年地动仪的发明意义重大，由此我们能感受到张衡敢于开创、为国为民的精神。

（教师补充出示"智能地动"检测系统图文介绍）

师：接下来我们谈谈祖冲之。学贵有疑，读完与祖冲之有关的材料后，老师还想问，当时计算条件有限，且前人已经算出圆周率为 3.14，为什么祖冲之还要继续研究圆周率？请同学们看以下视频，边看边想想原因。

（教师出示动画视频：现代人使用先进的计算机仍未能算尽圆周率，人类还未停止对圆周率的探索。祖冲之当时的计算条件与现在相比相差甚远，只用竹片计算出圆周率小数点后 7 位）

（学生回答）

师：为了纪念张衡、祖冲之的伟大贡献，国际上用张衡、祖冲之的名字来命名月球上的环形山。除了他们还有哪些古代科学家也获此荣誉？

（教师出示教材第 73 页链接内容）

（学生根据课前预习回答石申、万户、郭守敬等人物及成就简介）

（教师出示课文截图、载人航天以及登陆月球背面的新闻报道）

师：同学们学过一篇语文课文叫《千年梦圆在今朝》，知道了万户是"世界航天第一人"，我们深深感受过他献身科技、敢为人先的精神。今天，我们已经实现了载人航天、登陆月球背面的梦想，探索太空的精神从古奠定，也将代代延续下去。

师：另一位科学家李时珍也十分著名，大家从资源包中获得了有关李时珍的哪些信息？

（学生回答）

师：为了弄清楚疑问，研究药物，他可能要面临生命危险。请欣赏小组代表合作演绎的小故事，并思考：从故事中你又进一步感受到了李时珍具有怎样的品质？

（小组代表角色扮演李时珍冒险观察蕲蛇，记录蕲蛇的形状、产地、习性、药用价值的故事。其他学生交流感受）

师：李时珍对药物的准确记载纠正了很多用药错误，也令后人受益匪浅。请同学们结合生活经验，谈一谈是什么力量促使李时珍如此付出，创造出巨大的科学成就的，这一成就对后世有什么影响？

（学生回答）

师：李时珍勇于实践，善于观察。直到今天，《本草纲目》仍然十分有用。就像钟南山爷爷细致研判疫情，坚持"真话与真药一样重要"，为人们提供准确的信息和方法指导，保护了无数老百姓的生命安全。说到这里，我们就更能理解李时珍潜心研究、追求真理、造福百姓的初心。

环节二：探究成就

师：古代科学家们求真求善的精神引领着我国古代科技发展破浪前行。2016 年中国科学院出台《中国古代重要科技发明创造》，收录 88 项世界公认的中国古代科技成就。请小组各成员结合课前搜集的资料，开展讨论，按照年代顺序完成教材第 73 页表格。

（教师出示中国古代科技成就简表、朝代顺序表）

（学生根据资料与组员讨论交流，合作填写表格并汇报）

师：答案很丰富，说明我国古代科技成就确实很多。若简表上增加"领域"一栏，请同学们再次思考，补充表格，并说说有什么发现和感受。

（教师在原有简表基础上增加"领域"一栏）

（学生回答）

环节三：情感升华

师：这些发明创造都是中国古代科技领先世界千百年的灿烂标记，作为中华民族的一员，你们有什么感受？

（学生回答）

师：我国古代科学家的故事、科技成就对你有什么启发？

（学生畅所欲言）

师：尽管斗转星移，沧海桑田，他们的精神总是历久弥新，催人奋进。新时代科学家精神与古代科技巨人的精神品质实际上是一脉相承的。

（教师出示新时代科学家精神的含义）

▶ 小结环节

1. 总结课堂所学。

师：学习这一节课同学们有什么收获？

（学生回答）

2. 表达心迹。

师：作为新时代少年，你们是祖国的未来和希望，撑起祖国一片科技星空的神圣使命将交给你们！看完以下视频，你们想对祖国说什么？

（教师出示视频，整合展示中国从古至今科技发展缩影、中国古今科学家形象掠影、学生努力学习的镜头）

（学生表达心迹）

师：希望同学们都能以实际行动继承和发扬我国科学家精神，将来能成为耀我中华的科技之星。

课堂练习环节

1. 请同学们互相交流、讨论，按年代顺序完成教材第73页表格。

2.《领先世界的中国古代科技成就简表》增设"领域"一栏，请补充填写并交流发现。

领先世界的中国古代科技成就简表

人物	时代	突出成就	领域
蔡伦	东汉	改进造纸术	
张衡	东汉	发明地动仪	
华佗	东汉	发明"麻沸散"	
祖冲之	南朝	把圆周率的精确值推算到小数点后第七位	
毕昇	北宋	发明活字印刷术	

▶ 课后作业

1. 查阅资料，继续补充简表。

2. 参观科技馆或博物馆，并用自己擅长的方式讲述古代科学家的故事。

▶ 板书设计

9 古代科技 耀我中华

灿若繁星的古代科技巨人 {
品质 { 求真 / 求善 }
成就 { 领域广 / 影响大 }
}

七、教学反思

　　"品味故事"这一过程挖掘了科学家的精神品质，并且相应拓展了现代相关素材，可以有效拉近学生与古代科学家的距离，有利于引导学生感受到科学家精神是一脉相承的，促使学生产生共鸣。教学中对教材表格进行创新，让学生在自主梳理中更加清晰地感受到我国古代科技涉及领域之广，引发自豪感。教学过程中运用小组资源包阅读学习的形式，发挥学生主观能动性，注重学生探究与合作，突出学生主体性。但是，学习能力不同的学生能否真正内化价值观，还有待观察评价。

《爸爸妈妈在我心中》教学设计

汕头市龙湖区朝阳小学　王晓敏

教学课题：《爸爸妈妈在我心中》
课时安排：1 课时

一、教材分析

本课是部编版《道德与法治》三年级上册第四单元"家是最温暖的地方"第二个主题，即第 11 课，侧重讲孩子对父母的爱，引导学生多了解、体贴父母，并将自己对父母的爱落实在行动中。本课共三个话题，分别是"我们都爱父母""我们了解父母吗?""爱父母，在行动"。

二、学情分析

三年级学生知道父母爱他们，但一般不会主动关注父母，对父母之爱的表达方式有误解，也不能体察到自己的问题，甚至存在理所当然享受父母关怀的现象，这些都需要进行引导。孩子都是爱父母的，可他们对父母的了解并不深，不清楚怎样去爱父母，因此本课需要引导他们用行动去爱父母，学会表达，做自己力所能及的事，为家庭服务。

三、教学目标

（一）学科核心素养目标

学生知道爱父母，懂得感恩；能用多种方法了解父母，学会用行动爱父母；也愿意关心父母，并用多种途径表达爱。

（二）知识、能力、情感态度价值观目标

1. 知识目标：养成留心观察生活的习惯，从调查中了解父母，明晰爱父母的表现。

2. 能力目标：通过课前调查、课上汇报交流，走近父母的内心世界，深入了解父母。

3. 情感态度价值观目标：通过课堂分享，感受在日常生活中与父母互相之间的爱，体会孩子对父母的理解、思念、心疼、担心都是爱父母的表现。

四、教学重点和难点

1. 教学重点：让孩子理解父母的爱，并能感恩父母。
2. 教学难点：学会感恩，并付诸行动去体谅父母。

五、教学方法

调查法、小组合作探究法、创设情境法。

六、教学过程

▶ 导入环节

师：同学们，猜猜图片上哪一只是海马妈妈？哪一只又是海马爸爸呢？对啦，小海马就是海马爸爸怀孕才来到这个世界上的。今天海马爸爸也来到了我们的课堂，我们掌声有请海马爸爸。（利用希沃系统制作教学课件，动态出示图片进行比较）

学生情境展示：

学生1扮演怀孕的海马爸爸（将一个装满东西的包背在前面，模拟怀孕的肚子），学生2扮演一个老人家，两人进行情境表演。

学生2：海马爸爸你快坐，怀着孕的感觉如何？（身体很沉重）

（哎呀，粗心的海马爸爸鞋带掉了）

学生2：我最近老寒腿，蹲不下去，你自己系上吧！

（海马爸爸艰难地慢慢蹲下系好鞋带）

教师提问海马爸爸：这个过程你感觉如何？

学生1回答提问。（很不方便）

教师提问全班同学：联想起自己的妈妈，你有什么想说的？

教师小结：怀着小宝宝的海马爸爸行动不便，我们的爸爸妈妈亦是如此。从我们还在妈妈的肚子里时，爸爸妈妈就开始照顾我们，陪伴我们，爱着我们。

引出新课，学生齐读课题——爸爸妈妈在我心中。

【设计意图】新课的呈现采用情境表演自然引入，符合三年级小学生的年龄特征，能够激发学生的学习兴趣。通过情境观察，让学生了解感受妈妈的伟大，以及对自己孩子无私的爱。

▶ **讲授新课环节**

师：同学们，和爸爸妈妈在一起的日子，快乐一定是很多的。现在请拿出与爸爸妈妈的合照，开始和你的小组成员分享照片背后的故事！

（小组成员分享，小组代表汇报）

师：大家的开心与幸福都是爸爸妈妈给的。你们爱爸爸妈妈吗？

出示亲情调查表：爱要从了解开始。

（课前布置任务，完成调查表）

师：通过调查，大家对爸爸妈妈的了解一定更多了。那么你在完成表格时有没有遇到什么困难？你是通过什么方式了解到的？你有什么收获？谁来说一说？

（学生回答）

师：有些同学收获许多，有些同学似乎意识到自己对爸爸妈妈的了解还不够。我们了解爸爸妈妈可以通过和爸爸妈妈交流、日常生活中观察父母的言谈举止、向长辈询问等方式。希望大家把这些调查结果好好藏在心里，牢牢记在心上，因为爱要先从了解开始。我们来一起通过实例寻找爱！

师：了解是一把钥匙，它能够打开父母与我们之间爱的大门。让我们闭上眼睛，一起走进这扇爱的大门。（播放背景音乐）欢迎来到爱的城堡，在爱的城堡里，有许多爱父母的小朋友。你知道他们是怎样表达对父母的爱的吗？如果你知道，就能获得一面爱心旗。记住哦！爱心旗数量最多的小组有惊喜！现在大家睁开眼睛，一起寻找爱吧！

1. 爱是担心。

（1）你找到爱了吗？这种爱是什么？

（2）你有没有担心过自己的爸爸妈妈？

师：其实越是我们爱着的人，我们就越在乎，也就越担心，所以担心就是爱的体现。

2. 爱是心疼。

（1）你找到爱了吗？爱是什么？

（2）小女孩在想些什么？如果可以的话，你愿意像小女孩一样代替妈妈生病吗？你不怕生病的痛苦吗？

（3）同学们一定有许多心疼自己的爸爸妈妈的瞬间。谁来说一说？

师：是啊！当我们父母劳累或者生病的时候，我们都有一个共同的感受，那就是心疼。因为我们爱他们。同学们，你们同意吗？

3. 爱是思念、理解。

（1）你找到爱了吗？爱是什么？

（2）谁在思念谁？为什么思念？小女孩每天的生活是什么样的？我们请小翎来和我们聊一聊。

（请同学上台表演情景短剧：《小翎和她的爸爸》。教师介绍短剧：小翎的爸爸在外地上班，陪伴在她身边的时间比较少）

①你经常和谁在一起？

②爸爸在哪儿？

③你多久可以见到爸爸一次？

④想爸爸吗？想他时你会做些什么？

老师在"小翎"上台后给了她一个拥抱，并提问全班同学：大家知道老师为什么要抱抱"小翎"吗？因为没有爸爸在身边的日子，小翎一定会有许多孤独的时刻，大家平时也要多关心她。

活动一：师生互动

师：小翎，你责怪过爸爸吗？爸爸离你那么远，没有时间陪你玩，辅导你学习，你会不会埋怨、责怪爸爸呢？

小翎：没有，我知道爸爸是因为工作太忙。

师：老师要给小翎竖起大拇指，你们知道为什么吗？

（学生讨论回答）

师：同学们，你们从小翎的话里找到爱了吗？

生：找到了，一种"理解"的爱。

师：谁理解谁？是小翎理解爸爸，因为爸爸有工作上不得已的理由，在离开家、离开小翎的时候比小翎更难过。

活动二：家长与孩子电话连线

师：我们知道小翎很思念爸爸，爸爸一定也很思念她。今天这节课，除了送给小翎拥抱、大拇指和掌声之外，老师还有一个提议——我们现场连线让她听到爸爸的声音。（询问学生：有什么特别的话想和爸爸说吗？是不是有些紧张害羞呀？你们猜小翎想对爸爸说什么？）

（教师请另一名学生扮演小翎的爸爸，拨号并接通电话）

师：小翎爸爸，你好。我是王老师。我们现在在上一节道德与法治课，主题是"爸爸妈妈在我心中"，小翎特别想和你说几句话，请问你有时间吗？

【设计意图】通过创设生活化的语言情境，让学生真正感受到由于距离所产生的思念的情绪，以及对父母的理解。让学生学会理解他人，也学会自己面对孤独的情绪，从而学会勇敢。

师：同学们，刚刚小翎表达了对爸爸的爱。爱需要表达，更需要行动。爱爸爸妈妈的第一步就是言行上尊重父母。国学经典《弟子规》里有这么一段话——

（课件出示，学生齐读）

师：你们知道这段话是什么意思吗？那我们再把它唱出来好吗？

（学生讨论并唱出来）

师：除了在言行上尊重爸爸妈妈，你还会用什么行动表达对爸爸妈妈的爱呢？

（学生讨论并发言）

师：你可以选择最简单但又最暖心的陪伴，陪妈妈运动、陪爸爸看报纸，还可以在节日送上一份小礼物；你也可以选择做爸爸妈妈的好帮手，帮忙做家务、帮爸爸打字、帮妈妈浇花、照顾弟弟妹妹，等等。最后，这也是所有爸爸妈妈的心愿：学会自立，学会自己的事情自己做，学会生活自理，自觉学习，爸爸妈妈也就获得了最大的快乐。但是还有一种爱比较特殊，请看大屏幕。（出示与不良的行为习惯相关的图片，例如：抽烟、酒驾、闯红

灯、乱丢垃圾等)

师：如果你的爸爸妈妈存在以上这些情况，你会怎么做？你的父母有不健康的习惯吗？

(学生讨论并发言)

教师小结：爱父母并不是对爸爸妈妈言听计从，如果他们存在一些不良的行为习惯，我们应该及时提醒，所以，提醒也是一种爱。

活动三：孩子与家长的对话

师：爱的表达形式有这么多，你们的爸爸妈妈有接收到吗？我们看看爸爸妈妈怎么说。(大屏幕出示课前家长准备的视频)

师：更多的爸爸妈妈把他们的爱与感动化成文字，藏在了你们的书桌里，请大家拿出来，好好读一读爸爸妈妈写给你们的话，开始吧！

师：读完爸爸妈妈的留言，你有什么想说的？

(学生说一说，写一写)

【设计意图】通过三个不同的活动，让孩子在真实的语言情境中，充分体会到爸爸妈妈对自己的爱以及自己对爸爸妈妈的爱。让学生了解到"理解"就是感受别人的不容易，认识到如何在行动中表达爱，从而学会用不同的形式来表达爱，进而变成更好的自己。

▶ **小结环节**

同学们，天底下最值得感恩的人是我们的爸爸妈妈。从小到大，无论发生什么事情，陪在我们身边的总是我们的爸爸妈妈。所以，我们也要用我们的关心回报他们，千万不要爱得太迟。

相信今天同学们收获了许多爱与感动，也知道了怎样去爱我们的爸爸妈妈。希望大家把这份爱与感动藏在心底，对爸爸妈妈说上一句"我爱你"！同时，也要化作具体行动，去回报他们的爱。

▶ **课后作业**

回家为家长做一件小事，表达自己的爱。

▶ 板书设计

11　爸爸妈妈在我心中

心疼　　思念
担心　理解

提醒

七、教学反思

　　本节课通过课前的调查，课堂的活动，运用调查表、电话连线、视频等方式让学生走进父母的内心世界，深入了解父母。同时通过课堂分享，让学生感受在日常生活中与父母互相流动的温暖的爱，体会到自己对父母的理解、思念、心疼、担心都是爱父母的表现，较好地达到了预期的教学效果。本课不足的地方在于学生读爸爸妈妈信件的时候，没有给出具体的任务，导致学生在谈感想的环节达不到预期的教学效果。

《我的家庭贡献与责任》（第一课时）
"我的家庭贡献"教学设计

河源市连平县第一小学　温妮瑾

教学课题：《我的家庭贡献与责任》（第一课时）"我的家庭贡献"
课时安排： 1 课时

一、教材分析

　　部编版《道德与法治》四年级上册第二单元"为父母分担"主题是道德教育和中华优秀传统文化教育，共有 3 课，分别是：第 4 课《少让父母为我操心》，第 5 课《这些事我来做》，第 6 课《我的家庭贡献与责任》。三课共同主题内容都与学生的家庭生活有关。第 6 课《我的家庭贡献与责任》是关于对家庭的贡献与责任，包括两个话题，话题一"我的家庭贡献"，探讨学生为家庭做贡献的方式；话题二"我也有责任"，重在让学生认识自己的家庭责任，体会负责任精神的内容。话题一"我的家庭贡献"是本课的第一课时，体现的是《义务教育道德与法治课程标准（2022 年版）》道德教育、中华优秀传统文化与革命传统教育，着力培养学生道德修养、健全人格和责任意识等核心素养。

二、学情分析

　　四年级的学生对家庭的概念已经逐步清晰，能感知家庭中的亲情，乐于以恰当的方式表达对父母的情感。但他们对父母爱的认知停留在父母为自己付出多少的层面上，容易忽略父母承担家庭责任的辛劳，想为家里做点贡献却无从下手。由于他们劳动经验少，劳动意识较淡薄，一直是家庭中的受益者，因此希望通过本单元的学习能让他们作为小主人参与家庭生活，成为家庭的贡献者之一。

三、教学目标

（一）学科核心素养目标

结合《义务教育道德与法治课程标准（2022 年版）》中的道德教育主题"关心家庭生活，主动分担家务劳动"和中华优秀传统文化与革命传统教育中的"感受父母长辈的养育之恩，以恰当的方式表达对他们的感激、尊重和关心"，着力培养学生道德修养、健全人格和责任意识等核心素养。

（二）知识、能力、情感态度价值观目标

1. 知识目标：通过了解为家庭做贡献的各种方式，学会处理与家庭的关系，主动关心家人，互相支持，互相帮助，培养互助精神。

2. 能力目标：通过了解为家庭做贡献的各种方式，增强为家庭做贡献的意识，主动关心家庭生活，培育责任意识，提升对家庭的责任感。

3. 情感态度价值观目标：①通过学生在家庭的日常生活，培养学生对家庭深厚的情感，培育学生对中华优秀传统文化的认同。②通过学生对家庭贡献的认识，体会父母的养育之恩，深化对父母的感恩之情，传承中华民族传统美德。

四、教学重点和难点

1. 教学重点：通过了解为家庭做贡献的各种方式，增强为家庭做贡献的意识，主动关心家庭生活，培育学生的责任意识，提升他们对家庭的责任感。

2. 教学难点：通过学生对家庭贡献的认识，体会父母的养育之恩，深化对父母的感恩之情，传承中华民族传统美德。

五、教学方法

情境创设法、讨论法、谈话法、合作探究法、角色体验法等。

六、教学过程

▶ 导入环节

师：书香世家、家长里短、家道从容、爱国如家、家家户户……中国人从古至今向来重视家庭，有着很强的家庭观念。作为家庭中的一员，我们能为家庭做些什么？今天我们就来学习第6课《我的家庭贡献与责任》第一课时"我的家庭贡献"。（板书：6　我的家庭贡献与责任　贡献）

师：我们学校的小杰同学最近心里有个烦恼，是什么呢？我们一起看一下吧！

1. 教师播放视频（小杰看到家里每个人都为家里做贡献，觉得自己什么也没有做，没有为家里做过贡献）。提问：你是否同意小杰的看法呢？说说你的观点。

2. 播放小杰家人评价小杰的视频。问：小杰家人对小杰满意吗？

师：你想知道家人对你的评价吗？这里有几位家长给你们惊喜。我们一起来看一下吧！

3. 播放家长对班级学生的评价。

师：其实只要你们健康快乐地生活，也是对家庭的贡献。（板书：健康懂事乐成长）

【设计意图】通过播放一段关于学生小烦恼的视频，引起学生的共鸣，通过思维的碰撞，了解到我们是家庭不可或缺的一分子，只要我们健康快乐地生活就是对家庭的贡献，直奔"家庭贡献"这一主题。

▶ 讲授新课环节

活动一：我是贴心小棉袄

师：为家庭做贡献，无关年龄，无关事情的大小，虽然我们年纪小，但我们能做的家庭贡献多着呢。课前老师也布置了任务，让大家完成课前预学单，下面就请同学们根据课前预学单的内容，小组内分享一下自己为家里做的贡献吧！

1. PPT 出示预学单上的内容：

我们的家庭贡献	
爸爸	
妈妈	
我	

2. 小记者采访学生代表。

出示问题：

（1）请问你为家里做了哪些贡献？

（2）请问当时你为什么会想做这些事呢？

教师小结：是啊！爸爸妈妈在外面工作不容易，回到家也还有忙不完的事，我们也想帮父母减轻一点负担，虽然我们的能力有限，但只要做了力所能及的事就是为家庭做贡献了。（板书：力所能及多做事）为家人做贡献的方式有很多，如果遇到这些情况你会怎么做呢？

3. 出示情境图片，请学生说一说：遇到这些情况你会怎么做？这里藏着我们对家人的哪些贡献呢？

（1）当父母辛苦工作一天回到家时，你可以＿＿＿＿＿＿＿＿＿＿＿＿＿＿

（2）当父母生病的时候，你可以＿＿＿＿＿＿＿＿＿＿＿＿

（3）当妈妈要出门工作，弟弟/妹妹却缠着她，作为哥哥/姐姐，你可以＿＿＿＿＿＿＿＿＿＿＿＿

（4）爸爸需要运动减肥，你可以＿＿＿＿＿＿＿＿＿＿＿＿

教师小结：不管是关心生病的家人还是支持父母的工作，这些行为的背后都藏着你们对家人浓浓的爱！你们已经懂得了用实际行动来表达对家人的关心、支持、陪伴，这就是我们能为家人所做的贡献。（板书：陪伴关心互支持）那么你们能发现家人间相互陪伴、相互关心、相互支持的事情吗？课前老师让你们准备了和家人相互陪伴、相互关心、相互支持的场景图，请你们拿出来，和大家一起分享一下吧。

4. 学生上台分享自己与家人相互陪伴、相互关心、相互支持的事情。

教师小结：听了你们的分享，老师感受到了家人间的温暖。中华民族历来重视家庭，尊老爱幼、母慈子孝，兄友弟恭……这是中华民族的传统家庭美德，是家庭文明建设的宝贵财富。

5. 出示《中小学生守则》第5条：孝亲尊师善待人。孝父母敬师长，爱集体助同学，虚心接受批评，学会合作共处。

【设计意图】此环节通过课前预学单的运用，对自己家人的贡献做了调查，再利用小记者采访的环节让学生说说自己对家里的贡献，以及为什么会这样做，最后通过分享自己与家人的温暖故事，引导学生体会到父母的辛苦，学会用自己的方式表达对父母的感激之情。

活动二：我是生活智多星

1. 师：同学们，刚才我们看到的家庭贡献只是我们大家做的一小部分，尽管我们的能力有限，但是我们也是可以为家庭事务出主意的，你曾为家里出谋划策提供好的点子吗？和你的同桌分享一下吧！

2. 请同学携带自己的"创意点子"分享。

教师小结：同学们为家庭出主意，利用自己的创意和行动，让我们的家、我们的生活变得更加温馨、舒适，"勤俭持家"是中华民族的传统美德，也是我们为家庭作出的贡献。（板书：出谋划策有行动）

【设计意图】通过设计分享孩子们的生活"创意点子"的环节，引导学生联系生活经验，运用自己的创意、动手能力，解决在日常生活中可能遇到的小难题，提升学生的主人翁意识。

活动三：我是情感联络员

师：在家庭生活中，家庭成员间总会有一些小问题，如果你们遇到这些情况，你会怎么做？

1. 出示"家庭任务袋"的内容。

2. 学生抽取任务，先说一说妙计，再演一演。

教师小结：你们的点子真不错！家和万事兴，其实孩子就像是维系家庭成员之间亲情的纽带，通过我们的小妙招，再把妙招转化成实际行动，可以让我们的家庭更加和谐。（板书：增进情感多交流）

【设计意图】通过设计"演一演"的环节，让学生在具体的情境中，利用所学内容解决生活中的实际问题，学会处理家庭成员间的关系，培育学生的健全人格。

课堂练习环节

为了联络家人间的情感，不少家庭都组建了微信群，家庭微信群成为我们与家人维系感情的新载体。老师这里搜集了班里几个同学的家庭群的名称截图，这些群的名称是我们家长取的，如果以"我爱我家"为主题给家庭群取名，这几个群的名字符合主题吗？如果让你给家庭群重新取一个群名称，你会怎么取呢？说说你的理由。

出示群名称截图让学生判断。

出示群名：林氏族人　幸福之家　吃喝玩乐群

▶ **小结环节**

贡献有时是父母劳累时你送上的一杯水，有时是亲人相见时的一个拥抱，有时是一句简单的问候。同学们，通过这节课的学习，你有什么收获？

▶ 课后作业

1. 完成"我的家庭贡献能量收集卡",并评选"贡献小达人"。

我的家庭贡献能量收集卡

班级：　　　　　　　　　　　　　姓名：

时间	贡献方式：关心家人、陪伴家人、支持家人、做家务……	
	具体贡献方式	贡献能量数量（画星星）
星期一		
星期二		
星期三		
星期四		
星期五		
星期六		
星期日		
贡献总量　共获得（　　）颗		

2. 完成本课的表现性学习评价表。

《我的家庭贡献与责任》第一课时表现性学习评价表

班级：　　　　　　　　　　　　　姓名：

核心素养	评价内容	评价标准				自评	组评	师评
		4分	3分	2分	1分			
政治认同	我爱我家（对家庭有深厚的情感，认同中华优秀传统文化）	十分认同	比较认同	一般认同	不认同			
道德修养	我会分享（通过分享我的家庭贡献，能体会到父母的辛苦）	清晰	基本清晰	一般	不清晰			
	我有创意（通过分享自己的创意点子让家里变得更温馨舒适，懂得用自己的方式表达对父母的感激之情）	清晰	基本清晰	一般	不清晰			

（续上表）

核心素养	评价内容	评价标准				自评	组评	师评
		4分	3分	2分	1分			
健全人格	我会表达（通过分享自己与家人相互关心、相互支持、相互陪伴的事，培养互助精神）	清晰	基本清晰	一般	不清晰			
	我会表演（根据情境表演，学会处理与家庭成员的关系，做维系家庭成员之间亲情的纽带）	能处理	基本能处理	勉强能处理	不能处理			
责任意识	我会行动（了解为家庭做贡献的方式，会主动关心家庭生活，对家庭有责任感）	全部了解	基本了解	大概了解	不了解			

【设计意图】通过给家庭群起名，让学生参与家庭事务，再引导学生结合板书谈收获，总结本节课学到的为家庭做贡献的方式，最后再通过完成贡献能量收集卡的课后实践，让学生以自己的行动表达对家人的爱，提升他们对家庭的贡献意识，增强对家庭的责任感。课后实践重在让学生以自己的行动表达对家人的爱。

▶ **板书设计**

6　我的家庭贡献与责任

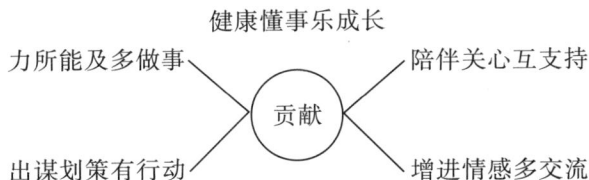

七、教学反思

我认为本节课的亮点在于：

1. 立足于大单元设计，明确本课的教学定位。本单元以"为父母分担"为主题，结合新课标道德教育主题的第一条"关心家庭生活，主动分担家务劳动"和中华优秀传统文化与革命传统教育的第一条"感受父母长辈的养育之恩，以恰当的方式表达对他们的感激、尊重和关心"，着力培养学生道德修养、健全人格和责任意识等核心素养。

2. 多样态教学形式。本节课采用了独立思考、小组合作交流、角色模拟等多种教学形式。在这些教学形式下，学生可以主动地可持续地参与到课堂中来。

3. 别样的作业。本次作业分为三个部分：课前的预学单，课堂上的给微信群更换成符合主题的名称，课后坚持的实践作业。

4. 多元评价方式。除了教师的评价，本节课还设计了学生评价环节，制定了详细的表现性学习评价表，有利于对学生学习过程和效果进行客观、科学、激励性的评价，使得学生更乐于与同伴进行交流与合作，促进学生核心素养的发展。

当然，本节课也有一些不足，需要在今后的教学中不断完善和改进。第一，在评价学生的时候语言还是比较单一，夸得不够具体；第二，在活动三表演时没有掌控好，表演的时候没有安排好其他同学，导致上面同学表演时下面的同学没有任务，注意力不够集中；第三，很多同学在回答问题时，都说是"帮妈妈干活"，我没有及时纠正指出家务事不仅仅是妈妈的事，应告诉孩子们家务事是一家人共同承担的。

《买东西的学问》教学设计

茂名市第二中学（小学部）　柯瑞红

> **教学课题：**《买东西的学问》
> **课时安排：** 1 课时

一、教材分析

《买东西的学问》是部编版《道德与法治》四年级下册第二单元第 4 课的内容。根据四年级学生的认知水平和已有的生活经验，结合本单元的教学目标，教学中以教材为范例，选择学生熟悉的购买学习用具为例进行讲解，将文明购物和合法维权的知识融入活动中，让学生在活动中探究、学习，用所学的知识有效地指导和提升学生的现实生活。

二、学情分析

四年级是小学生知识、能力和情感价值观形成的关键时期，他们对自我、他人、家庭、社会有了一些浅显的认识，随着社会生活范围的不断扩大，他们接触的环境更为多样，如何文明购物是他们必须掌握的生活技能，但是他们对于维权的认识不足，迫切需要提高认知，因此要针对这个年龄段的孩子进行相关的道德教育和法律教育。在《买东西的学问》第一课时的学习中，同学们知道买东西应该关注商品的哪些重要信息，还知道如何避免购物小麻烦。但买东西不仅仅涉及经济问题，还涉及道德修养问题和法治观念问题，所以这节课的重点，就是要教学生如何文明地购买东西和维护自己的合法权益。

三、教学目标

（一）学科核心素养目标

通过学习合理消费、文明购物的途径和方法，懂得勤俭节约的家庭美德，养成文明礼貌、遵纪守法的社会公德，知道法律能够保护我们的生活，树立法治观念和规则意识，做社会的好公民。

（二）知识、能力、情感态度价值观目标

1. 知识目标：通过课本知识让学生了解什么是不文明的购物行为，学习消费者维权的方法。

2. 能力目标：通过相关案例让学生能更好地区分文明与不文明购物行为，找到维护合法权益的途径。

3. 情感态度价值观目标：培养学生文明的购物习惯，树立维权意识，做社会的好公民。

四、教学重点和难点

1. 教学重点：培养学生文明的购物习惯。
2. 教学难点：学会维护自身的合法权益。

五、教学方法

讲授法、讨论法、练习法。

六、教学过程

▶ 导入环节

教师活动：通过上一课的学习，我们懂得买东西的过程中有不少学问，要学会看包装，要懂得避免购物小麻烦。但买东西的学问远不止这些，所以这节课我们继续学习《买东西的学问》。（课件出示课题）[板书课题：买东西的学问（二）]

学生活动：翻到书本《买东西的学问》。

▶ **讲授新课环节**

环节一：看一看，认识购物（课件播放视频）

1. 教师活动：

过渡语：现在，请大家边看视频边思考：这样买东西的消费者文明吗？你觉得哪些是不文明的购物习惯？

播放电视剧《我的前半生》里罗子君妈妈到子群超市买菜的视频，让学生观看。

2. 学生活动：

学生交流汇报。（课件出示"小分享"提问环节）

3. 教师活动：小结。（课件出示"探究一"）

同学们说得真棒！做一个文明的消费者，这既是必要的行为规范，也是社会道德的基本要求。（板书：文明购物）这节课，我们先来学习买东西讲文明。

【设计意图】让学生熟悉了解日常生活中的不文明购物行为，引入新课。

探究一：购物讲文明

环节二：找一找，不文明的购物行为有哪些

1. 教师活动：

（1）看一看，说一说。（课件出示探究一：购物讲文明、"三幅图片"）

我们书本上的雯雯同学觉得下面买东西的习惯很不好。同学们认真观察，这些购物习惯好吗？如果不好，表现在哪些方面？

（2）思考：在你平时的生活中，你有遇到过这样的购物行为吗？

（3）在生活中，你还遇到过哪些类似的不文明购物情景？

如：明确表示不能试吃的商品，却悄悄地试吃；在不讲价专柜购买商品时，为了讲价争得面红耳赤；把小件商品放在大件商品里，逃避扫码付钱……

（4）看到这些行为，你有什么感受？你有什么想说的？

（5）出示课本中"刘晓明购买文具盒"的案例。

过渡语：我们身边的刘晓明最近也去购物了，他去购买文具盒，也就是我们书本第33页的故事，找一找刘晓明的观点和行为，你同意吗？为什么？

2. 学生活动：针对刘晓明的观点和行为进行辩论。

3. 教师活动：

教师根据学生的辩论进行总结：刘晓明的观点和做法都是不正确的。因为新的商品不能打开包装，作为消费者就不能强行打开，而且他的语言和行为还非常不礼貌，不是一位文明的顾客。

过渡语：我们要想成为文明的消费者，购物时的语言和行为都一定要讲文明。

4. 学生活动：

说一说：如何做一个文明的顾客？学生自由发挥。

5. 教师活动：

出示课件，总结文明顾客的语言（板书：语言）和行为（板书：行为）。

6. 教师活动：

小结：在日常的购物中，我们要时刻注意自己的语言和行为，做一个文明有礼貌的顾客，养成文明的购物习惯。（出示课件）

7. 学生活动：

分小组表演情景剧。（课件：穿越时空隧道）

环节三：演一演，注意文明语言和行为

背景：当刘晓明学会文明购物的语言和行为后……

学生活动：两人一组自由交流，然后选择两组上台表演。

教师活动：为表演小组颁发"优秀小组"小红花积分。

【设计意图】让学生参与活动，引导学生利用已有的知识经验，讨论问题，提高学生课堂学习的积极性，让学生明白在购物时需要培养文明的购物习惯，做一个文明的消费者。

探究二：维权意识不能少

教师活动：

1. 过渡语：我们在购买东西的过程中，有时候会遇到一些黑心商家，买到一些过期或者质量不合格的商品，那我们应该怎么办呢？让我们一起走进维权的世界，学习如何维护我们自身的合法权益。（板书：学会维权）

2. 视频导入，初识维权。（课件播放视频）

环节四：学一学，初识维权

1. 教师活动：根据视频内容，我们可以知道维权就是维护我们消费者自身的合法权益。消费者的权益维护途径有哪些呀？（出示课件）

2. 学生活动：了解《中华人民共和国消费者权益保护法》第二十七条、消费者协会投诉电话（12315）。

3. 教师活动：

（1）小结：在购物的过程中，如果遇到一些侵犯自己权益的行为，我们要有维权意识，学会利用法律维权，到相关部门投诉等正规途径。

（2）读例子。（出示课本中"雯雯的伤心事"的案例）

（3）过渡语：雯雯同学遇到了伤心事，她在一次购物的过程中好像权益被侵害了。现在请大家翻到课本第34页，看看她到底遇到了什么事情。

（4）指名复述故事。

谁是讲故事的小能手？老师请他上来说说这个故事。

4. 学生活动：小组交流讨论。

出主意：遇到跟雯雯一样的事情，你会怎样做呢？

小组派代表反馈。

5. 教师活动：小结。（板书：协商、投诉）

环节五：辩一辩，了解协商和投诉

1. 教师活动：

（1）过渡语：对于雯雯的遭遇，同学们都有着自己的想法。以下的做法可取吗，会带来什么后果？

2. 学生活动：讨论。出现两种观点，一是"算了算了，给他们看看口袋和书包也没什么，咱们身正不怕影子斜"。二是"你应该把这些坏了的彩笔狠狠地扔到结账台上，和他们吵，是他们售卖劣质商品。不要怕，我陪你去！"

3. 教师活动：

小结：同学们给雯雯出的主意都是不可取的。在购物过程中，如果遇到一些侵犯自己权益的行为，我们要有维权意识，维护自身合法权益，但要通过正常的渠道维权。（出示课件）

▶ **小结环节**

1. 教师活动：

过渡语：生活中免不了要购物，我们要做文明的消费者，现在，我们一起来跟着雯雯读读购物小贴士，把文明购物和学会维权记在心上！

2. 学生活动：边拍手边朗读。

购物言行须文明，

注意尊重和礼貌。

学会协商与投诉，

维权意识不能少。

【设计意图】把学习成果巧妙编成儿歌的形式，让学生有节奏地边拍手边读，有助于落实教学目标，增强学习效果。

课堂练习环节

教师活动：老师发现我们班的同学对买东西的知识领悟很快。那老师再考考大家，看看谁像孙悟空一样具有火眼金睛，懂得识别判断。（出示课件）

【设计意图】让学生通过知识竞赛活动，进一步认识到购物要讲文明，维权意识不能少。

▶ 课后作业

B 类：根据这节课学到的内容，给你的家人提一些文明购物的小建议，同时列出维权的一些方法。

A 类：请小组合作填一填《"做文明的消费者"倡议书》。

"做文明的消费者"倡议书

同学们：

　　茂名市正在创建全国文明城市，我们小学生也要出一分力，我们可以在购物时培养良好的购物习惯，维权时注意合理合法。文明购物和合法维权不能仅仅是一句口号，我们还要时时刻刻注意。为此，我们向全校同学发出"做文明的消费者"的倡议，让我们从今天起努力做到以下几点：

　　1.

　　2.

　　3.

　　一份倡议，一个承诺，一种责任。亲爱的同学们，让我们行动起来吧！

阳光中队全体少先队员
2023 年 5 月 18 日

▶ **板书设计**

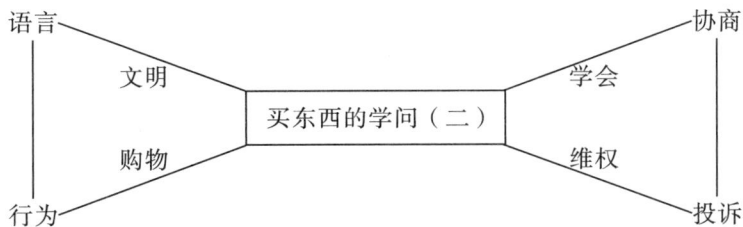

语言
文明
购物
行为
买东西的学问（二）
协商
学会
维权
投诉

七、教学反思

　　本节课能够紧紧围绕学情、教材的整体设计与教学建议、单元结构展开教学，立足核心素养，遵循育人规律和学生成长规律，强化课程一体化设计。同时把握思想教育基本特征，做到"灌中有启""启中有灌"，实现说理教育与启发引导有机结合。本节课也存在不足，比如课堂评价语言欠缺完整性和生成性。对学生发言以鼓励为主的同时，应注意评价用语不可过于单调乏味，不能降低表扬的标准，也不能让课堂掌声廉价，要帮助学生改进学习。

　　课后推行的"作业自助餐"模式很受学生欢迎。通过设置分层作业，布置了A、B两类作业，B类属于基础巩固性作业，A类属于能力提升性作业。以个性化作业克服了重复性作业，避免了惩罚性作业，让每个层次的学生都能在写作业过程中找到自信，感到愉悦，推动了学生对知识的深入理解，尊重了学生的总体水平和个性差异，坚持了统一性和多样性相统一。

《推翻帝制　民族觉醒》（第一课时）
"革命先驱孙中山"教学设计

中山市小榄镇西区小学　韩庆龙

> **教学课题：**《推翻帝制　民族觉醒》（第一课时）"革命先驱孙中山"
> **课时安排：**1 课时

一、教材分析

　　《推翻帝制　民族觉醒》是部编版《道德与法治》五年级下册第三单元"百年追梦　复兴中华"的第 8 课，本课重点引导学生了解孙中山和其他革命党人为推翻清朝反动统治、探索救国救民道路所进行的努力，感悟仁人志士英勇无畏的革命精神，了解辛亥革命在推动近代中国变革上的重要意义。本课由三个框题组成，分别是"革命先驱孙中山""辛亥革命推翻帝制""民主共和渐入人心"。"革命先驱孙中山"是第一课时，教材内容包含时代背景、中山纪念、中山故事、革命思想、中山名言、对接现实等多个方面，引导学生从不同方面了解孙中山先生的革命思想，以及他为推进民主革命作出的巨大贡献。因此在本节课教学中可以通过创设情境探寻"中山印记"，借助各类场所、文物，分析资料，探究"中山秘密"；形成认知，概括"中山精神"；最后对接历史与现实，由知导行，树立为振兴中华接力奋斗的情感目标。

二、学情分析

　　革命先驱孙中山离学生生活的时代较远，但我们身边有着很多与孙中山有关的事物。五年级的学生可能听说过或了解过孙中山的故事，但对于他作为革命先行者探索救国救民道路的贡献却并不清楚或没有深入了解。本课的认知增长点是引导学生多角度认识理解孙中山先生，知道他为救国救民所作出的贡献，知道对孙中山最好的纪念就是学习和继承他的革命精神。

三、教学目标

（一）学科核心素养目标

1. 政治认同：具有维护国家利益和祖国尊严的意识并能付诸行动，形成中国人的身份认同感。

2. 责任意识：树立维护国家统一和民族团结的责任意识。

（二）知识、能力、情感态度价值观目标

1. 知识目标：通过收集孙中山的故事，知道孙中山生活的时代背景及其主要事迹。

2. 能力目标：了解孙中山探索救国救民道路的努力，知道孙中山革命思想的内涵。

3. 情感态度价值观目标：懂得对孙中山最好的纪念就是学习和继承他的革命精神。

四、教学重点和难点

1. 教学重点：了解孙中山探索救国救民道路的努力及其革命思想的内涵。

2. 教学难点：懂得对孙中山最好的纪念就是学习和继承他的革命精神。

五、教学方法

情境教学法和启发式教学法。通过创设具身情境引导学生探寻孙中山先生一生足迹，在启发式问答下引导学生感悟中山精神。

六、教学过程

▶ 导入环节

师：（出示图片）这是"博爱"的中山市，你们猜猜，为什么这座城市要叫作中山市？

生：缅怀和纪念孙中山。

师：我们所在的城市是伟人孙中山的故里，就像同学们说的一样，为了缅怀和纪念孙中山所以叫中山市。其实在我们的生活中有众多的中山印记，都是为了缅怀和纪念孙中山先生，请同学们默读以下材料。

（课件出示"数字中山"：据中国中山联谊会统计，目前全世界共有75座中山公园，其中内地51座，台湾16座，香港2座，澳门1座。外国有5座，包括美国夏威夷2座，加拿大2座，日本千叶市1座。如广西壮族自治区的河池市、梧州市、桂平市、北海市、钦州市、贵港市都有中山公园，另外据不完全统计，全国各个城市定名为"中山路"的道路有5 276条，它们大多处于城市的中心繁华地带。）

师：你们知道人们为什么要缅怀和纪念孙中山先生吗？

生：他是一个革命者，他推翻了清朝统治……

教师小结：今天就让我们带着对这个问题的思考，一起穿越历史时空，探寻革命先驱孙中山先生的一生足迹，揭秘孙中山先生是一个怎样的人，来寻求答案吧。（出示课题）

【设计意图】采用"数字中山"拉近学生与孙中山先生的距离，由现实导入历史，激起学生对孙中山先生的了解欲望。

▶ 讲授新课环节

活动一：走近幼年、少年孙中山

师：（出示图片，见下图）这里就是孙中山先生出生的地方，通过这张图片，你觉得孙中山先生幼时的家境如何呢？

学生活动：学生思考交流。

教师小结：孙中山先生出生在一个很普通的农家，老师去到孙中山先生的故居时，感受就是只有很多农具，没有什么装饰品和摆设。

师：在孙中山故居里，老师印象最深的是这个孙中山幼年的铜像和旁边的小故事，请同学们默读。

（课件出示：孙中山6岁就参加劳动，和姐姐一起上山砍柴，喂猪放牛，干农活，直到十多岁都是光脚，幼时孙中山曾经立下宏愿："中国儿童应该有鞋穿，有米饭吃。"）

师：读了孙中山幼年的故事，你觉得孙中山小时候是一个怎样的孩子？

学生活动：学生思考交流。

教师小结：孙中山从小就不怕吃苦，而且从小就有报国的志向。

师：了解了孙中山先生的幼年生活，我们再来看看他的求学经历。

（课件出示：孙中山的求学经历很丰富，9岁在村塾读书，13岁开始出国留学，据说孙中山在英国留学时生活很苦，都到了没钱吃饭的境地。有几个中国留学生为了让他吃上饭，就凑了40英镑给他。可是过了几天，他们再去看他时，发现孙中山桌子上摆满了新书。原来他花了30英镑来买书，他说："买书比买吃的还重要。"）

教师提问：从材料中可以看出孙中山是一个怎样的学生？

学生活动：学生思考交流。

教师小结：通过以上学习，我们知道了孙中山先生幼时过着穷苦的日子，深知生活的不易。他从小立下宏愿，要让人们过上好日子。为了这个宏愿，他一直在努力学习。

活动二：走近青年孙中山

师：这样一个好学、有志向的少年，究竟成长得怎么样了呢？下面我们一起走近青年时期的孙中山。这是孙中山青年时期工作用的工具。（出示行医器具）猜猜孙中山先生从事的工作是什么？

生：医生。

师：我们一起来看看孙中山先生行医的故事。请同学们自由读一读。

（课件出示：孙中山先生以优异的成绩毕业于香港西医书院，后被镜湖医院聘为西医科主任。他是这所中医院聘任的第一位西医，每日上午在该医院免费出诊，不收分文。下午在写字楼应诊，周日 10 时至 12 时在此接种牛痘。当时镜湖医院没有西药，孙中山想出"自愿赠医""药局赠药"的办法，由他向镜湖医院借款白银 1 400 两，开办中西药局。孙中山赠诊后，由这个药局赠西药给病人。就这样，有很多中外人士都被孙中山的妙手诊治好了。他精通解剖手术，曾经在镜湖医院的一次手术中取出一颗肾结石，大如鸡卵，称重一两七钱。当时，能取出这么大的结石，实属罕见。）

教师提问：了解了孙中山先生的从医经历，你觉得孙中山先生是一个怎样的医生？

学生活动：学生思考交流。

师：孙中山先生医术精湛，还开设药局赠药，在当地成为一名家喻户晓的医生，据说孙中山当时一年的收入可以过万呢！这在当时可是相当高的收入，可为什么这么好的职业他说放弃就放弃了呢？我们一起来听听孙中山先生是怎样说的。（播放视频《十月围城》片段）

教师提问：

1. 孙中山先生为什么要"弃医从政"？

2. 孙中山选择"弃医从政"说明他是一个怎样的人？

学生活动：学生交流汇报。

教师小结：清政府的腐朽、落后、无能，早已刺痛了孙中山的爱国心，于是他决心改变政府，改"医人"为"医国"，从此走上了立志救国、振兴中华的道路。

活动三：走近中年、晚年孙中山

师：接下来我们通过一段视频了解孙中山的革命之路。（播放视频）

教师提问：

1. 了解了孙中山的革命经历，你能说一说人们为什么称孙中山是"革命先驱"吗？

2. 从孙中山的革命之路又能看出他是一个怎样的人呢？

学生活动：学生思考交流。

师：这是孙中山先生的遗嘱内容，请同学们默读。

（课件出示："余致力国民革命凡四十年，其目的在求中国之自由平等。积四十年之经验，深知欲达到此目的，必须唤起民众及联合世界上以平等待我之民族，共同奋斗。现在革命尚未成功，凡我同志，务须依照余所著《建国方略》《建国大纲》《三民主义》及《第一次全国代表大会宣言》，继续努力，以求贯彻。最近主张开国民会议及废除不平等条约，尤须于最短期间，促其实现。是所至嘱！"）

教师提问：看了孙中山先生的遗嘱，此时此刻你又有什么想说的？

学生活动：学生交流汇报。

教师小结：孙中山先生从没有停下革命的脚步，他的一生都致力于如何振兴中华，直到生命的尽头，依然在想着如何将革命继续下去。

【设计意图】根据具身认知理论，以时间为脉络，借助孙中山先生生活的场景图片，求学、从医等典型事例，纪录片、影视作品等恰当的方式活化历史、再现历史，和学生一起探寻革命先驱孙中山先生的一生足迹，揭秘孙中山先生是一个怎样的人，来寻求课前导入问题"人们为什么要缅怀和纪念孙中山先生"的答案，前后呼应，形成认知。

活动四：感悟、传承中山精神

师：同学们，我们一起探寻了革命先驱孙中山先生的一生足迹后，现在你能理解人们为什么要缅怀和纪念孙中山先生了吗？

生：刻苦学习、立志救国、振兴中华、信仰坚定、革命先驱……

师：中山精神因孙中山的事迹而生，也伴随着他的话语，经常出现在我们的身边。课前我让大家查阅了教材活动园中山语录的含义，并说说对它的理解，请四人小组一起来交流一下吧。

学生活动：汇报分享。

生：我们探究的语录是："一息尚存，不忘救国。"意思是说：只要活着，就要救国，体现了孙中山先生的爱国思想，精神内涵是爱国。

师：除了书上介绍的关于孙中山先生的名言，你还知道孙中山先生其他的名言吗？

学生活动：汇报分享。

教师小结：今天我们要从孙中山先生身上学习什么呢？习近平总书记已经告诉了我们，请同学们一起读一读。（课件出示：热爱祖国、献身祖国的崇高风范；天下为公、心系民众的博大情怀；追求真理、与时俱进的优秀品质；坚韧不拔、百折不挠的奋斗精神。）

师：大家还记得孙中山先生走上革命道路，提出的挽救国家危亡的口号是什么吗？

生：振兴中华。

师：孙中山先生在生命的最后时刻仍在感慨还未能实现"振兴中华"的愿望。这个愿望在中国共产党的领导下，今天实现了吗？

生：实现了。

师：今天，这盛世如他所愿。下面请同学们给孙中山先生写一封信，把今天中国的现状或成就告诉孙中山先生。

学生活动：写信并交流分享。

师：同学们，今天，我们的祖国不负期望，走上了富强之路，但孙中山先生的爱国志向和奋斗情怀还需要我们传承和发扬，作为新时代的好少年，我们应该如何去继承和践行孙中山的精神呢？

学生活动：交流分享。

【设计意图】通过中山语录，概括"中山精神"，并思考"我们的纪念方式"，学习和传承孙中山先生的革命精神和爱国精神。开展与孙中山先生隔空对话活动，对接历史与现实，由知导行，树立为振兴中华接力奋斗的情感目标。

▶ 小结环节

教师总结：同学们，习近平总书记在纪念孙中山先生诞辰150周年大会上的讲话中说，我们对孙中山先生最好的纪念，就是学习和继承他的宝贵精神，团结一切可以团结的力量，调动一切可以调动的因素，为他梦寐以求的振兴中华而继续奋斗。习近平总书记呼吁，把孙中山先生等一切革命先辈为之奋斗的伟大事业继续推向前进，把近代以来一切仁人志士为之奋斗的伟大事业继续推向前进，把近代以来中国人民和中华民族为之奋斗的伟大事业继续推向前进。让我们谨遵习近平总书记的嘱托，学习和继承孙中山精神，做振兴中华的新时代好少年，为实现美丽的中国梦而奋斗！

课堂练习环节

（多选题）在探索救国救民的道路上，孙中山成为杰出的代表，下列对其活动和评价说法正确的是（　　　　）。

A. 是一位推动中华民族复兴的伟大革命先驱

B. 他高举反对封建专制统治的旗帜

C. 为推动民主革命积极奔走

▶ **课后作业**

"3D 云游"孙中山先生纪念馆。

▶ **板书设计**

8　推翻帝制　民族觉醒（第一课时）

革命先驱孙中山

振兴中华

立志救国　刻苦学习　信仰坚定　革命先驱

七、教学反思

《义务教育道德与法治课程标准（2022 年版）》强调要积极探索议题式、体验式、项目式等多种教学方法，引导学生参与体验，促进感悟与建构。因此，在本节课教学时，可以用平板电脑进行学习的学校应考虑让学生在课堂上借助网络云平台开展网络"红色研学之旅"，以"云游"的形式走进孙中山先生的纪念场馆，来探寻孙中山先生一生的足迹；没有相关教学条件的学校，教师可以以项目式学习的形式开展前置性探究学习，引导学生课前自己或者以小组的形式来探寻孙中山先生一生的足迹，在课堂上汇报和展示。

《人无精神则不立　国无精神则不强》教学设计

东莞市东城中心小学　赵　莹

教学课题：《人无精神则不立　国无精神则不强》
课时安排：1 课时

一、教材分析

《人无精神则不立　国无精神则不强》是小学高年级《习近平新时代中国特色社会主义思想学生读本》（以下简称《读本》）的第 8 讲，共有两个部分。第一部分"当代中国精神的集中体现"，重点讲述了社会主义核心价值观基本内容及其与当代中国精神的关系。第二部分"德不可空谈"，重点讲述了少年儿童培育和践行社会主义核心价值观的方法，主要是记住要求、心有榜样、从小做起、接受帮助。

两部分内容，从明确社会主义核心价值观是当代中国精神的集中体现，到落实小学生践行社会主义核心价值观的四个板块：记住要求—心有榜样—从小做起—接受帮助，逻辑非常清晰，图文并茂，关注儿童生活的实际，达到铸魂育人的目的。

教师在教学中要联系儿童生活，通过树立"我心中的榜样"，从而感悟人物所具有的时代精神。化抽象为具体，符合学生的年龄特点，能促使学生以榜样为行动的力量，落实到日常的小事之中，进而践行社会主义核心价值观。

二、学情分析

五年级学生具有一定的理论分析能力，在学习生活中，对社会主义核心价值观基本有所了解。但是对于这一讲中提到的当代中国精神与社会主义核心价值观之间的关系，学生并不是很清晰，也缺乏对如何践行社会主义核心价值观的具体方法的认知。《读本》关注学生的年龄特征，充分利用学生已有的经验与认知，从四个板块帮助学生理解社会主义核心价值观的含义，感受社会主义核心价值观的重要性，引导学生树立正确的价值观，把社会主义核心价值观内化于心并转化为行为指导。

小学阶段是学生世界观、人生观、价值观初步形成的关键时期，要培养学生的核心素养，促进道德认知，夯实政治认同，铸牢责任担当意识。作为教师要查阅相关资料，从核心素养出发，提供学习支架，深入解读，整体把握《读本》。

三、教学目标

（一）学科核心素养目标

1. 道德修养：初步了解当代中国精神，树立心中的榜样，形成自尊自律、文明礼貌、诚信友善、孝亲敬长等良好行为意识。

2. 责任意识：初步了解社会主义核心价值观是当代中国精神的集中体现，增强学生社会责任感，理解并自觉践行社会主义核心价值观。

（二）知识、能力、情感态度价值观目标

1. 知识目标：懂得当代中国精神的实质，知道社会主义核心价值观是当代中国精神的集中体现，了解社会主义核心价值观的基本内容及意义。

2. 能力目标：通过多种方式，提高搜集信息、整理资料的能力，提升对当代中国精神的认知。

3. 情感态度价值观目标：认同社会主义核心价值观，增强国家认同感。

四、教学重点和难点

1. 教学重点：知道社会主义核心价值观是当代中国精神的集中体现，了

解社会主义核心价值观的基本内容及意义。

2. 教学难点：认同社会主义核心价值观，增强国家认同感。

五、教学方法

1. 引用资料——回顾华夏文明，了解中国精神的世代传承。

2. 情境体验——学习中国当代人物精神，树立心中的榜样。

3. 讨论交流——树立目标，从小事做起，付诸行动。

六、教学过程

▶ 导入环节

（一）走近中国精神

1. 谈精神。

（1）创设情境：看，这位同学腰杆挺得直直的，真精神！这组同学眼神专注，意气风发！这一组精神抖擞！

同学们，老师刚刚说到的"精神"，是在夸你们什么？

（2）引发思考："精神"这个词还有什么含义？

2. 悟精神。

（1）播放视频：为了真正实现民族独立和人民解放，无数仁人志士甘愿抛头颅、洒热血，敢为人先的画面。

引发思考：你们看到了什么？

（2）播放视频：中国女排几代运动员流血流汗刻苦训练，赛场上祖国至上，顽强拼搏、永不言败的精神面貌。

引发思考：你们又看到了什么？

（3）播放视频：五千多年的华夏文明，积淀着独特的中国精神，勤俭奉公、刻苦耐劳的精神，南泥湾精神，张思德精神，载人航天精神……习近平总书记说，中国精神就是以爱国主义为核心的民族精神，以改革创新为核心的时代精神。

3. 揭题板书。

师：实现中国梦，必须弘扬中国精神。今天，就让我们走进《读本》第8

讲《人无精神则不立　国无精神则不强》。（板书：人无精神则不立　国无精神则不强）

【设计意图】从学生生活实际出发，通过谈话、视频来创设情境，了解一脉相承的中国精神，谈自己的所观所感，调动学生思考的积极性。

▶ **讲授新课环节**

（二）明晰当代中国精神

1. 明确当代中国精神。

（1）话题引入：当代中国精神是什么呢？请翻开《读本》第46页，边读边画出相关内容。

（2）明晰概念：社会主义核心价值观，凝聚着全党全国人民的共同理想和目标，是我们共同的价值追求。

（课件出示：正如习近平总书记所说："如果一个社会没有共同理想，没有共同目标，没有共同价值观，整天乱哄哄的，那就什么事也办不成。"）

2. 明晰当代中国精神。

引发思考：社会主义核心价值观包括哪些内容？

教师小结：人民有信仰，国家有力量，民族有希望。只要是中国人，就应该自觉践行社会主义核心价值观。

【设计意图】通过学习《读本》明确当代中国精神，并知道社会主义核心价值观的具体内容，强化理论基础，为践行社会主义核心价值观奠定基础。

（三）践行当代中国精神

1. 启疑导思，明确任务。

（1）引发思考：作为少年儿童，我们如何践行社会主义核心价值观呢？习近平总书记到北京市海淀区民族小学参加活动时讲道——

（课件出示：少年儿童如何培育和践行社会主义核心价值观呢？应该同成年人不一样，要适应少年儿童的年龄和特点。我看，主要是要做到记住要求、心有榜样、从小做起、接受帮助。）

（2）引导学生交流：习爷爷对我们提出了哪些具体要求？请看《读本》第47页。

2. 记住要求——直挂云帆济沧海。

（1）明确要求：什么是记住要求？

（出示课件：记住要求，就是要把社会主义核心价值观的基本内容熟记熟背，让它们融化在心灵里、铭刻在脑子中。）

（2）"争分夺秒"小竞赛。

竞赛准备：小组内自由练习。

小组竞赛：分别完成必答题、抢答题。

教师小结：牢记在心，让我们在成长过程中慢慢品味、细细琢磨、渐渐体会这24字核心价值观。

3. 心有榜样——俯首甘为孺子牛。

（1）话题引入：生活中，有许许多多的人为实现中国梦奉献着自己的力量，他们用自己的实际行动践行社会主义核心价值观，成为人们心中的榜样，你的榜样是谁呢？

（2）小组交流："我心中的榜样"。（课前搜集相关资料，制作"我心中的榜样"卡片）

（3）全班分享：聆听榜样事例，铭记榜样精神。

（4）播放视频。过渡语：这么多感人至深的故事，让我们铭记在心，他们的精神感动了中国，就像在"感动中国2020年度人物评选"中，我们看到很多熟悉的面孔和感人事迹。

师：我心中的榜样就是张桂梅老师，一位把山里的孩子当成自己的孩子，为山区孩子奉献一切的张妈妈！你们看，她双手缠满纱布，身患多种疾病，但是她依然坚守初心，写下了自己的回答。

（5）交流感受：同学们，刚刚分享了这么多为了国家、为了民族、为了身边人而奉献的感人故事，你们听了有什么感受？

教师小结：是呀，他们有科学家，有奥运冠军，有乐于助人的普通人……从他们的身上，我们感受到助人为乐、敬业奉献、见义勇为、诚实守信，等等，这就是当代中国精神！让这种精神树立在我们心中，扎根在我们心中。（板书：立）

4. 从小做起——绝知此事要躬行。

（1）创设情境：都说榜样的力量是无穷的，我们学校正在评选"2021年度最美中心人——慧少年"，评选的标准是：爱国爱校、尊师孝亲、友爱助人、热爱学习、遵纪明礼、勤劳守信，可以从其中一个方面推荐一位同学。（课件出示：评选要求及选票）

师：我作为校刊《方圆》的特聘记者（戴上"记者证"），要采访一下你们心中的"最美中心人"是谁。

（2）随机采访：同学你好，请问你心中的"最美中心人"是谁？为什么？能简单说一个小事例吗？你想成为"最美中心人"吗？你觉得你在哪些方面做得好？那你觉得你在哪些方面还可以做得更好？

（3）投票竞选：课后将选票投入学校 2 楼或 3 楼读书吧的投票箱中。（课件出示：投票箱位置）

教师小结：有这么多同学值得推荐，你们心中有榜样、有目标！你们学习生活中所做的一件件小事，正是爱国、敬业、诚信、友善的表现，正是在践行社会主义核心价值观呀！

5. 接受帮助——吾将上下而求索。

（1）情景再现：人无完人，在成长的过程中我们都会存在不足之处，自己可能没有意识到，其他人可以帮我们指出来。看，遇到这样的情景我们该如何做呢？

播放学生生活中小视频：

A. 房间凌乱，家长提醒孩子整理好房间。

B. 老师提醒学生按时完成作业。

C. 孩子玩手机入迷，家长提醒。

（2）学生交流。

（3）书写行为卡：养小德才能成大德，听得进建议才能克服困难、纠正错误。来，拿出你们的"小行为，好品德"卡片，把自己在以后的学习生活中要如何做写下来吧。

（4）随机采访：你以后打算怎样践行社会主义核心价值观呢？

（5）"种"品德树：好，我们把这些"小行为"种在这棵"好品德"树上吧！

【设计意图】生活是基础，活动是灵魂。本环节贯通思政小课堂与生活大课堂，以一个个感人的人物、一个个暖心的故事作为最灵动深刻的教学内容，从而引导学生树立精神榜样，理解社会主义核心价值观的意义。同时借助评选"最美中心人——慧少年"活动，激发学生在生活中做好一件件小事，践行社会主义核心价值观。

（四）中国精神扎根心中

1. 过渡语：好习惯，好品德，益终生。少年强，则国强。（板书：强）

2. 童谣回顾：最后，让我们齐读社会主义核心价值观歌谣。

同学们，你听好，价值观，要记牢：

富强，民主，文明，和谐，

自由，平等，公正，法治，

爱国，敬业，诚信，友善，

中国人，中国梦，

中国精神记心间。

好儿童，能自强，

争做践行社会主义核心价值观的好少年！

▶ 小结环节

社会主义核心价值观，承载着一个民族、一个国家的精神追求，中国精神是中华民族的灵魂，我们要从身边的小事做起，用实际行动来践行社会主义核心价值观。

▶ 课后作业

1. 用戴上"放大镜"的眼睛记录下你周围践行社会主义核心价值观的行为。

2. 以小组为单位开展研学活动，探访附近的革命历史纪念场所，如榴花公园、广东东江纵队纪念馆，收集革命故事，举行小小分享会。

【设计意图】通过一首童谣，师生再次回顾本节课的内容主线，号召学生以心中的榜样为目标，用实际行动来践行社会主义核心价值观。课后通过参观革命纪念馆等场所，再次感受当代中国精神。

▶ 板书设计

人无精神则不立　国无精神则不强

记住要求　从小做起

立　　　　　　　　　强

心有榜样　接受帮助

【设计意图】本着使学生掌握知识要点的目的，设计的板书简洁明了，起着提纲挈领的作用；"立""强"两个字点明本课主旨，使学生在心中树立起当代中国精神，用行动践行当代中国精神，未来共同建设强盛的中国。

七、教学反思

执教《人无精神则不立　国无精神则不强》这一课后，我对思政课有了更深刻的认识，与其说是教学，不如说是一种与学生共同学习的过程，一种熏陶，一种传承。"学然后知不足，教然后知困。"不断反思总结，才能有不断的进步。

本节课我通过创设"争分夺秒"小竞赛、分享"我心中的榜样"、记者采访等符合学情的教学情境，并运用多种教学手段，调动学生的积极性，使之对"中国精神"有进一步了解。只有打动学生，才能引领学生。小学生没有经历过惊天动地的大事，在生活中遇到的都是平凡小事，如何在小事中做好，体现社会主义核心价值观呢？在交流心中最美的中心人，学生接受采访时，孩子们用赏识的眼光捕捉身边的好行为、好习惯，他们的言语中透着对榜样的赞赏，与自身相比较后，也愿意为成为"最美中心人"而付诸行动。这一小环节的交流，是学生的课堂生成，让我的教学如水到渠成，把当代中国精神深植学生心中，深入每一件小事中，由此探究践行社会主义核心价值观的做法，增强学生对社会主义核心价值观的认同感。

教学是一门遗憾的艺术，本节课内容较充盈，需要更合理地分配教学时间。教师还要不断丰富自己的内涵，灵活优化课堂的生成，变生成为教学资源。

《富起来到强起来》教学设计

深圳市宝安中学外国语学校（集团）新蕾小学　黄健华

教学课题：《富起来到强起来》
课时安排：1 课时

一、教材分析

　　"改革创新谋发展"是部编版《道德与法治》五年级下册第三单元"百年追梦　复兴中华"中最后一课《富起来到强起来》的第一个话题，共呈现了四个板块的教学内容：改革创新取得的辉煌成就、对外开放对社会主义现代化建设的贡献、"科教兴国"战略的意义、弘扬以改革创新为核心的时代精神。这一话题对改革开放的背景和过程进行了介绍，讲述了改革开放给中国带来的巨大变化，并分别展示了农业、工业、科技、文化、生活等领域的发展与变化，让学生了解国家是如何富起来的，理解改革创新的重要意义。

二、学情分析

　　学生们虽然生活在深圳，却没有经历过改革开放前的艰苦岁月，对改革开放的重要影响与意义了解得不多、不全面，也不了解今天富足生活的历史渊源。本课就是要帮助学生认识改革开放的历史过程，了解改革开放以来祖国在农业、工业、科技、文化、生活等领域取得的成就，感悟改革开放对中国发展的影响。使学生懂得复兴中华是每个人的责任，认识到要从自己做起，为国家建设贡献力量。

三、教学目标

（一）学科核心素养目标

落实"政治认同"的核心素养，培养"责任意识"的关键品质。

（二）知识、能力、情感态度价值观目标

1. 知识目标：认识改革开放的历史进程，了解改革开放以来取得的成就和社会各方面发生的变化，知道建设者们勇于探索、努力创新的精神。

2. 能力目标：学习利用调查、访问等方式获取资料了解改革开放的进程，并通过讨论、思辨明晰是非，理解改革创新的重要意义。

3. 情感态度价值观目标：体会改革开放以来祖国的飞速发展，感受建设者们勇于探索、努力创新的精神，增强对祖国的认同感和民族自豪感，珍惜今天来之不易的幸福生活，争当新时代好少年。

四、教学重点和难点

1. 教学重点：体会我国改革开放以来取得的成就和社会生活各方面发生的变化，增强民族自豪感和自信心。

2. 教学难点：学会收集、整理信息，能够运用信息做简单的分析。

五、教学方法

采用体悟探究式的教学方式，让学生在提问法、小组合作法、讨论法中，学会正确的探究方法和思辨方向。

六、教学过程

▶ 导入环节

教师活动：教师播放视频短片《厉害了，我的国》，引导学生思考：看完这段视频，你有什么感受？引入课题。

学生活动：学生观看视频，思考问题。

【设计意图】学生通过对视频内容的思考，初步感知国家的富强，产生对富强现状由来的探索兴趣。

▶ **讲授新课环节**

活动一：探寻时代轨迹，感悟改革创新

教师活动：

1. 指导学生阅读课本，观看视频，了解十一届三中全会。

2. 组织学生分小组，根据教师提供的学习参考资料和教材内容进行讨论探究，归纳总结我国在工业、农业等方面的改革成就。

3. 组织学生汇报探索结果。

学生活动：

1. 合作探究，分析材料，感知改革创新给工业、农业等方面带来的变化。

2. 展示探究结果，交流"中国农村改革第一村——小岗村"和"杂交水稻之父——袁隆平"的故事。

【设计意图】学生通过整合材料，自主学习，了解改革给我国工业、农业发展以及城市、乡村建设带来的巨大变化，获得习得性知识，掌握归纳材料的能力、概括能力和独立思考的能力，为建立科学的世界观和方法论、提升生活智慧奠定基础。

活动二：调查身边变化，感受对外开放

教师活动：

1. 出示深圳在改革开放前后变化的图片。

2. 组织学生分享课前的调查：祖孙三代比童年。（通过实地考察、访谈等方式，对祖辈、父辈以及自己三代人衣食住行用等方面的情况进行调查）

3. 引导学生思考是什么原因造成这种变化的。

4. 出示"拓荒牛"的图片，引导学生感悟"拓荒牛精神"。

学生活动：

1. 分享课前调查的结果。

2. 自主探究什么是"拓荒牛精神"，并进行观点分享。

【设计意图】设计课前小调查的前置性作业，让学生通过实地考察、访谈等方式对身边的亲人进行调查，感受改革开放带来的变化，学生调查得来的真实素材能够帮助其获得更深刻的感受，锻炼学生自我学习能力。

活动三：感知"科教兴国"，增强国家认同感

教师活动：

1. 播放有关改革开放 40 年变化的视频，引导学生思考改革开放 40 年取得辉煌成就的背后支撑力量是什么。

2. 组织学生分小组讨论，分享课前采访的身边人给自己的寄语。

学生活动：

1. 自主探究：改革开放 40 年取得辉煌成就的背后支撑力量是什么？

2. 讨论并分享身边人给自己的寄语。

【设计意图】通过自我探究和感知他人的期盼，使学生领悟到正是"科教兴国"战略的提出让我们的生活、我们的国家发生了巨大的变化。"人才是第一资源"，自己作为新时代的建设者，长大应为祖国建设作出自己的贡献。由此激发学生努力学习的动机。

▶ **课后作业**

观看纪录片《我们一起走过——致敬改革开放 40 周年》并撰写观后感。

▶ **板书设计**

12 富起来到强起来

改革创新谋发展

改革的号角 十一届三中全会

改革创新

对外开放

科教兴国

七、教学反思

本课教学设计结合学生自身家住深圳的有利条件，安排学生对亲身经历过深圳发展巨变的亲人进行采访，从身边寻找发展与变化，进行情境再现，引发思考。情境素材与学生密切相关，贴合学生的生活实际，能使学生有代入感和体验感，容易拉近课堂与学生的距离，让学生乐于参与，有话可说。

本课设计有两大亮点，一是精设阶梯问题。本课教材的叙事逻辑主线是从家国到社会到个人，因此，教师在进行问题设计时遵循由浅到深的逻辑，符合学生的思维方式，引导学生从感性认识上升到理性认识。课堂上适时对学生的初步回答进行追问，引导学生从表面观察走向本质发现，大大提高了教学效率。

二是精选生活资源。课堂上教师注重联系学生生活，针对学生本身就生活在深圳的教学背景，布置学生对自己的家庭成员进行调查，从自己身边亲人的故事来了解改革开放带来的变化，极大地增强了学生的认同感。在引导学生思考"如何做新时代的好少年"时，教师并没有采用刻板的说教方式，而是通过让学生去采访身边的人对自己的期望，引发学生的自我思考，从而对其进行潜移默化的影响。这样鲜活又生动的生活素材无形中提升了学生的认同感。

《建立良好的公共秩序》 教学设计

深圳市龙岗区乐淮实验学校　王云玲

教学课题:《建立良好的公共秩序》
课时安排: 1 课时

一、教材分析

　　部编版《道德与法治》五年级下册第二单元"公共生活靠大家",共包括《我们的公共生活》《建立良好的公共秩序》《我参与　我奉献》这三课内容。这一单元要求学生初步理解公共生活的公共性,懂得公共生活需要共建,公共利益需要共享,从而帮助学生树立关注并积极参与公共生活的责任意识。懂得公共生活需要良好秩序来维护,认识到构建有序和谐的公共生活人人有责。让学生认识到在参与公共生活的过程中,平等相待、文明有礼、服务社区、参与公益是构建和谐社会需要秉持的价值选择,要树立责任意识和社会情感。

　　本节课学习的是第 5 课《建立良好的公共秩序》第一课时,这一课所对应的课程标准是自觉遵守公共秩序,注意公共安全,做讲文明、有教养的人。让学生明白遵守公共秩序的重要性,不遵守公共秩序会造成什么不良影响,引导学生严格要求自己做一个遵守公共秩序的文明学生,共创和谐社会。

二、学情分析

　　五年级学生身心发展较低年级学生有了很大的改变,自主意识变得更强,对很多事情有了自己的想法。随着年龄的增长开始形成"公共生活需要良好的秩序来维护"的理性认知和规则意识，教师需要在此基础上初步培养学生多角度分析问题、解决问题的能力，帮助学生学会用合法、合理的方式解决生活中遇到的问题。

三、教学目标

（一）学科核心素养目标

培养学生树立规则意识、公共意识，做一名文明的小学生。

（二）知识、能力、情感态度价值观目标

1. 知识目标：懂得公共生活需要良好的秩序来维护，了解创建有序公共生活的意义。

2. 能力目标：学会从不同角度观察社会现象，尝试用合理、合法的方式解决生活问题。

3. 情感态度价值观目标：感受有序的公共生活能让人们的生活更美好，树立规则意识和公共意识。

四、教学重点和难点

1. 教学重点：懂得公共生活需要良好的秩序来维护，了解创建有序公共生活的意义。

2. 教学难点：学会从不同角度观察社会现象，尝试用合理、合法的方式解决生活问题；感受有序的公共生活能让人们的生活更美好，树立规则意识和公共意识。

五、教学方法

1. 鼓励学生用多种方式了解、关注、参与公共生活。

2. 引导学生学会从不同角度观察，分析社会现象，讨论交流，尝试用合法、合理的方式解决生活问题。

3. 链接学生真生活，创设情景真体验。

六、教学过程

▶ 导入环节

师：同学们，这节课咱们先来做个小游戏。

（游戏规则：五个同学，每人拉一个球，五秒之内，将所有小球从瓶子里取出来。）

师：我现在请五位同学上来，大家看一下，他们的小球出来了吗？

生：没有。

师：那为什么五秒之内没有将小球全部取出？

生：我们所有人一起拉，所有的小球都挤在一起，所以没有拉出来。

师：那有没有什么办法可以将球全部取出来呢？

生：我们可以按照顺序一个一个取出来。

师：接下来再给你们一次机会，看看能否成功。预备，开始：5、4、3、2、1，这次成功了，我们把掌声送给他们。那我想问一下，这次为什么会成功？

生：我们拉之前商量好了拉的顺序，所以就比第一次快了很多，而且还能顺利拉出。

师：同学们，通过这个小实验，你们明白了什么道理呢？是的，按照一定的顺序，不仅不会使速度变慢，反而会更快。那请同学们想一想，如果这个瓶子就是一辆公交车，瓶子里的五个小球相当于公交车上的五个人。公交车突然起火了，如何在最短时间内保证每个人都安全逃离呢？对啊，就是同样的道理，按照一定的秩序，一个接一个地往外跑，看来在公共生活当中我们的确太需要秩序了。（板书：秩序）

▶ 讲授新课环节

环节一：公共生活需要秩序

师：课前同学们做了一个小调查，请同学们拿出调查表：在日常公共生活中，有哪些地方需要遵守公共秩序呢？四人一组，先在组内分享"我的发现"，时间两分钟，然后汇报。

生1：我发现小区居民排队取快递；小区内司机开车的车速很慢；还发现了小区居民自觉、有序地停放自行车和电动车。

师：自觉、有序地停放车辆，我们感受到这个小区的居民都已经养成约定俗成的习惯了。看来你是生活中的有心人，仔细观察身边的事物，特别认真。

生2：我发现了大家上下公交车时自觉排队，不插队；乘地铁时先下后上，中间出两边进。这些也是大家形成的一种习惯。

师：同学们，我们生活中还有一些用于提醒的公共标志。通过刚才的组内分享和班内的汇报交流，你有什么样的感受呢？

生1：我觉得公共秩序使人们的生活更加方便快捷。

生2：我觉得建立公共秩序，可以使人们的生活更加有秩序，以免影响他人或引发事故。

师：遵守公共秩序，会使人们更加安全，也会使人与人之间的关系更加和谐。就像我们上课前玩的游戏，第一次大家都想快但没成功，第二次看似一个一个慢了下来，但是结果比第一次还要快，这就是我们常说的"欲速则不达"。因此公共生活需要秩序，只有人人遵守公共秩序，我们的生活才会更加便利。

环节二：建立良好的公共秩序

1. 公共标志。

师：请同学们先看这几张图片，这些公共标志你们认识吗？同学们，在高铁上随处可见这样的公共标志（禁止吸烟），可有这样一位先生，他在高铁上吸烟了，我们一起来看这则新闻。（展示材料）

师：同学们，在高铁上吸烟，被处以1 000元罚款。你觉得合理吗？为什么？和同桌交流一下。

生1：我觉得他被处1 000元罚款是比较合理的，因为他没有遵守高铁上的公共秩序，给周围人带来了不必要的困扰。

生2：我也觉得他被罚1 000元是比较合理的。因为在高铁上多处贴有提醒"禁止吸烟"的标志，但这位先生却视而不见，仍然吸烟，所以我觉得他要为自己的任性行为埋单。

师：是的，我们一起来读一读这样一段话，相信一定能解决大家心中的疑惑。

在高铁上吸烟，可能会触发烟雾报警器，导致高铁列车紧急制动，影响到旅客人身安全，同时也会波及整个路网，导致列车晚点延误。

师：同学们，高铁上吸烟会产生严重的后果。我国高铁行驶时是高速的、密闭的，如果发生火灾，那将每三分钟烧毁一节车厢，这样的话，在高铁上吸烟的乘客能够幸免吗？他身边的人能够幸免吗？

生：不能。

师：所以在高铁上吸烟，不仅影响空气、影响健康，甚至还对我们的生命产生威胁，这不仅仅影响自己，还影响其他乘客，可能是整节车厢的，还有可能是整个列车的人，甚至还会影响其他列车。

根据2014年1月1日起施行的《铁路安全管理条例》，在动车组列车上吸烟或者在其他列车的禁烟区域吸烟，按照违法行为的情节和后果，对吸烟行为人处500元以上2 000元以下罚款；对吸烟导致列车火灾等严重后果的，依法追究刑事责任。

2. 法律法规。

师：不知同学们在乘坐高铁时，有没有注意过那些特别想吸烟的人会怎么做？是的，他们在车站停靠时，赶快走下车厢到户外抽一下烟，绝不敢在高铁上吸烟。所以，同学们，建立良好的公共秩序，还需要什么来约束？

生：法律法规。

师：《中华人民共和国宪法》第五十三条规定：中华人民共和国公民必须遵守宪法和法律，保守国家秘密，爱护公共财产，遵守劳动纪律，遵守公共秩序，尊重社会公德。这就是法律法规明确规定须遵守公共秩序的条例。

3. 文明力量。

师：同学们，法律禁止的行为我们能去做吗？

生：不能。

师：那法律没有禁止的行为呢？我们接着看。还是在高铁上，我们来听：在高铁车厢内，有的乘客在安静地看书，有的乘客在闭目休息，这时，马先生的手机铃声响了，他却在旁若无人地大声讲电话。在生活中，你如果遇到像马先生这样的人，你有什么感受？

生1：我会对他立刻产生一种厌恶的感觉。

师：影响他人，就不太和谐。

生2：我觉得他十分不文明，因为他旁若无人地接听电话，影响了周围人看书及闭目休息。

师：心中没有他人。确实，在公共生活中，大家都和你们的感受一样。你看，这位马先生，影响别人，大家都这么烦，而他是怎么说的？（打手机是我的自由！哪一条法律规定高铁上不能打手机？法无禁止皆可为！你管得着吗？）同学们，"法无禁止皆可为"，对于马先生的话，你们怎么看呢？

生1：我觉得他本来就不可以在公共场合大声喧哗，不顾及别人的感受，影响到了别人看书及休息。

生2：法律上虽然没有明文禁止这一条，但宪法第五十三条规定中国公民必须遵守公共秩序，那在高铁上保持安静，小声说话，不影响他人，这也是遵守公共秩序，所以我觉得马先生的做法还是不对。

师：同学们，建立良好的公共秩序，除了公共标志的提醒、法律法规的约束之外，还需要内心的善念和道德的力量，表现出来就是我们的文明力量。

环节三：遵守秩序我能行

师：同学们，遵守公共秩序，会让我们的生活和谐美好。那么，在没有人看见的场合，我们还要遵守公共秩序吗？

生1：我们遵守公共秩序，不是做给别人看的，而是要自觉遵守。这样可以让我们的生活有秩序，更加美好！

生2：虽然没有人看见，但这时遵守公共秩序，更能体现一个人的道德修养。

教师小结：同学们，建立良好的公共秩序还需要内心的善念和道德的规范，这时刻提醒我们一定要自觉遵守规则。只要养成文明习惯，你在任何时候都能自觉遵守公共秩序。

▶ 小结环节

同学们，有的时候并没有别人监督你，但是会有一双眼睛在看着你，那双眼睛就来自你自己。所以同学们，良好的公共秩序，会让我们的生活更加美好，而建立良好的公共秩序，不仅要靠我们每一个人的文明习惯，更要靠同学们的自觉、自律。

"一枝独秀不是春，万紫千红春满园"，遵守社会秩序人人有责，让我们从我做起，从点滴做起，以身作则，共同创建美好家园。

▶ 课后作业

【基础性作业】

一、判断题。

1. 在公交车上，我们不可以大声喧哗。（　　　）

2. 我们可以在公园的草坪上自由玩耍。（　　　）

3. 排队时，我们可以插队，这样可以更快地买到东西。（　　　）

4. 在图书馆，我们可以吃东西和喝饮料。（　　　）

5. 我们应该爱护公共财物，不随意损坏。（　　　）

6. 在公共场所，我们应该遵守秩序，不推不挤。（　　　）

7. 我们可以在电影院里大声讲话。（　　）

8. 我们应该尊重他人，不影响他人的正常生活。（　　）

二、连线题。（把公共标志与它的设置目的连接起来）

安全通道　　禁止吸烟　　请勿大声喧哗　　禁止接打电话　　禁止拍照

【拓展性作业】

1. 小明在学校图书馆内大声说话，影响了其他同学。你认为他的行为正确吗？为什么？

_____

_____

_____

2. 制定一份在学校图书馆的文明行为准则。

_____

_____

_____

▶ 板书设计

5　建立良好的公共秩序

秩序

安全　文明　和谐

公共标志　法律法规　文明力量

七、教学反思

这节课的教学设计通过引导学生观察生活，让学生了解公共生活需要秩序，从而使学生树立维护公共秩序和共建有序生活的意识，这节课主要体现以下三点教学理念：

第一，回归学生生活，增强课堂亲和力。

这节课选取了学生日常生活中的真实情景来开展教学。比如高铁上吸烟受到惩罚的案例，引发学生对生活中真实存在的、个别人无视公共标志提示破坏社会秩序的任性行为进行思考。课堂教学强调真实，教学要直面学生的生活，呈现真实的情景，拉近教材和学生之间的距离，增强课堂的亲和力，让学生在真实的生活情景中体验与感悟。

第二，引发自主探究，强调课堂实效性。

课前，引导学生走出校园观察生活，寻找日常生活中的公共秩序。课堂上通过组内交流、班级汇报，学生分享调查结果，扩大了信息量，大量的信息还激发了学生的探究欲望，对这些问题的讨论和探究，使学生深刻感受到了建立良好的公共秩序，我们每一个人的自觉和自律非常重要。这样的教学设计，将学生的视角拉向了自身，营造了探究活动的有我之境，解决了自身即将面临的问题。

第三，强调德法相容，增强课堂思想性。

部编版教材关注了道德与法治教育的融合，在这节课上，通过生活事件，融合了道德教育与法治教育，关注了法律背后的道德精神的渗透。这节课，在对学生认知和行为的指导上，可谓层层递进。学生通过思考、讨论，明白了法律是全体社会成员都必须遵守的行为规范，除了法律，在我们的心中还有内心的善念、道德的约束，这些都规范着我们的行为。

这节课的教学设计，引导学生理解法律的约束力量、道德教育的感化力量，使学生牢固树立了规则意识、秩序意识，实现了本学科道德教育与法治教育共同的育人功能，提升了学生明辨是非的能力，增长了学生的道德实践智慧，从而让学生更加和谐健康地发展。

《知法守法　依法维权》（第一课时）
"用好法律　维护权利"教学设计

广州市从化区教师发展中心　李婉萍

教学课题：《知法守法　依法维权》（第一课时）"用好法律　维护权利"
课时安排：1 课时

一、教材分析

　　本课学习的是部编版《道德与法治》六年级上册第四单元"法律保护我们健康成长"第 9 课《知法守法　依法维权》第一课时，编写依据是《义务教育道德与法治课程标准（2022 年版）》核心素养中"法治观念"第 4 点"守法用法意识和行为。了解以民法典为代表的、与日常生活以及未成年人保护密切相关的法律法规，树立法治意识，养成守法用法的思维方式和行为习惯"，"责任意识"第 3 点"有序参与。具有民主与法治意识，守规矩，重程序，能够依规依法参与公共事务，根据规则参与校园生活的民主实践"；学段目标中第三学段（5~6 年级）法治观念目标"知道宪法，感受宪法对社会和生活的重要性，形成初步的法治意识"，"知道民法典，了解未成年人的权利，树立用法律保护个人生命财产安全的意识"。《青少年法治教育大纲》中"小学高年级（3~6 年级）教学内容与要求"第 2 条"初步了解公民的基本权利和义务，简要认知重要民事权利，了解法律对未成年人的特定保护；初步理解权利行使规则，树立依法维权意识，树立有权利就有义务的观念，建立对校园欺凌行为的认知和防范意识"，第 3 条"了解制定规则要遵循一定的程序，进一步树立规则意识，遵守公共生活规则。初步了解合同以及合同的履行，理解诚实守信和友善的价值与意义"，第 5 条"初步认知未成年人能够理解和常见的违法和犯罪行为及其危害和要承担的法律责任",第 6 条"初步了解司法制度,了解法院、检察院、律师的功能与作用"。

二、学情分析

六年级学生在成长过程中已经接触了许多生活情境,对于如何处理日常生活事务有了一定的经验和想法。但是在权利受到侵害,或是遇到纠纷时,学生很难运用法律维护权利。本课设定的第一个教学目标是进一步培养学生的法治思维,引导学生遇事时要想到用法律维护权利,并在此基础上寻求相应法律的保护。权利对应着义务,学生在享受法律规定的各种权利的同时,也应当履行法律规定的各项义务。六年级的学生知晓许多不良行为,但并未将这些行为提升至违法的高度,也认识不到自己有"不触犯法律"的义务。本课设定的第二个教学目标是引导学生理解不良行为在法律上的意义,从而在思想和行动上遵守法律,做守法公民。本课设定的第三个教学目标为学生提供方法论上的指导,使学生了解运用法律维权的途径、方法和技巧。同时,本课也引导学生认识预防才是成本最低的维权方式,帮助学生提高自我保护的意识和能力。

三、教学目标

(一)学科核心素养目标

1. 法治观念:了解以民法典为代表的、与日常生活以及未成年人保护密切相关的法律法规,树立法治意识,养成守法用法的思维方式和行为习惯。

2. 责任意识:具有民主和法治意识,守规则,重程序,能够依规依法参与公共事务,根据规则参与校园生活的民主实践。

(二)知识、能力、情感态度价值观目标

1. 知识目标:知道在权利受到侵害时,可以运用相应的法律,依法维护自身权利。

2. 能力目标:培养用法律解决问题的思维方式。

3. 情感态度价值观目标:树立用法律维护权利的观念。

四、教学重点和难点

1. 教学重点：学生权利受到侵害时，能够运用相应的法律，依法维护自身权利。

2. 教学难点：培养学生用法律解决问题的思维方式，树立用法律维护权利的观念。

五、教学方法

讲授法、情境教学法、案例分析法。

六、教学过程

▶ 导入环节

教师活动：

1. 播放视频《做个学法懂法守法的好少年》，提问：你看到了什么？

2. 你们还没有成年，要学法懂法吗？为什么？

学生活动：观看视频，根据老师的提问进行思考，发表看法。

师：今天我们一起来学习第 4 单元"法律保护我们健康成长"中第 9 课《知法守法　依法维权》第一课时"用好法律　维护权利"。

【设计意图】本环节通过视频导入，引导学生探讨问题，激发学生学习兴趣，拉近法律和学生生活的距离。

▶ 讲授新课环节

知识点一：法律规定公民享有广泛的权利

活动一：知晓法律，依法维权

教师活动：

1. 阅读"阅读角"《懂法、用法、学法的心路历程》的内容，想想故事中吕慧娴的哪项权利受到了侵犯？是哪一部法律维护了她的权利？

（出示《中华人民共和国义务教育法》第五条的内容）

2. 你怎样看待案例中不同人物的行为？

教师小结：父亲让吕慧娴退学打工是违法行为，违反了《中华人民共和国义务教育法》和《中华人民共和国未成年人保护法》。方老师、校长、村委会和乡镇教育办公室的叔叔、阿姨劝说父亲，给他讲解法律知识，发放贫困生补助金，这充分体现了学校和社会在这件事中共同承担了保护吕慧娴依法上学的责任。

3. 吕慧娴经历了懂法、用法、学法的心路历程，如果你是她，你有什么话想说？

4. 你从这个故事中受到什么启发？

教师小结：吕慧娴作为未成年人，享受法律规定的特殊权利。《中华人民共和国义务教育法》赋予了她依法接受义务教育的权利，家庭、学校和社会都要共同依法维护她的合法权利。

学生活动：默读"阅读角"的内容，思考问题，找出吕慧娴受到侵犯的权利和维护她权利的法律，表达自己的观点。

【设计意图】本环节通过阅读吕慧娴的案例，让学生对案例中不同人物的行为进行分析，知道法律维护吕慧娴上学的权利，明白国家制定了专门保护未成年人的法律，法律条文维护公民的权利，国家有完整的法律体系和相关的配套制度。

活动二：用好法律，依法维权

教师活动：

1. 吕慧娴考上大学后选读了法学专业。她在法律援助中心实习期间，有一天为几个前来请求法律援助的人提供了建议，请以四人小组为单位，认真阅读第83页"阅读角"和1号资源包的内容，完成下面的学习单。

学习单

人物	遇到的事情	吕慧娴提供的建议	依据的法律
张彤的爸爸			
王晓蒙和妈妈			
何洁			
刘文娟的叔叔			

（1号资源包包括：①仲裁、索赔、报案、行政诉讼的概念。②《中华人民共和国劳动法》第五十条和第七十七条、《中华人民共和国民法典》第一千二百四十五条和第一千二百四十六条、《中华人民共和国治安管理处罚法》第四十九条、《中华人民共和国行政诉讼法》第二条的具体内容。）

2. 谁遇到了什么事？吕慧娴提供了什么建议？依据的法律是什么？

学习单

人物	遇到的事情	吕慧娴提供的建议	依据的法律
张彤的爸爸	施工队拖欠工资	申请劳动仲裁	《中华人民共和国劳动法》
王晓蒙和妈妈	在小区散步时被一条没有拴狗链的狗咬伤	向狗的主人索赔	《中华人民共和国民法典》
何洁	钱包被偷	向公安局报案	《中华人民共和国治安管理处罚法》
刘文娟的叔叔	对交警作出的罚款决定不服	提起行政诉讼	《中华人民共和国行政诉讼法》

3. 请同学们再看看学习单，有什么发现？

教师小结：事情不一样，吕慧娴就会给出不一样的建议。我们可以根据不同的问题采取不同的解决方法。

4. 在现实生活中，你或者家人有遇到过类似的事情吗？你们是怎样处理的？我们可以依据哪些法律来维权？依法维权后有什么感受？

5. 情境创设：小东的妈妈在线上商店买到了假货，她可以怎样做呢？请你与同桌讨论一下，然后发表你的看法。

教师小结：界定案例的性质，选择相应的法律，采取正确的方式，是依法维权的关键。

6. 拓展：我们国家还在积极推进法治社会的建设，制定更加完善的法律法规，保护公民的权利，请看视频《2020年以来全国人大出台了多部重要法律》。看完视频，你有什么感受？

教师小结：同学们，公民享有人身权、财产权、选举权和被选举权、受教育权以及参与经济、文化、社会生活等各项权利。宪法及民法、刑法、行政法等各部门法，从各个角度、各个方面，对公民的权利进行全方位的保护。在公民权利受到侵害时，应当运用相应的法律维护自身权利。（板书：维权有法可依）

学生活动：在小组内讨论，在班上交流，联系自己的生活经历说感受。

【设计意图】本环节通过吕慧娴实习的案例，引导学生了解常见的司法方式，知道当权利受到侵害时，可以依据相应的法律维护自身的权利，初步树立依法维权的法治意识。

知识点二：未成年人的特殊权利

教师活动：

1. 为了更好地保护未成年人的合法权利，处罚侵害未成年人的违法行为，我国制定了专门保护未成年人的法律，你知道有哪些吗？

教师小结：我国专门保护未成年人特别权利的法律有《中华人民共和国义务教育法》《中华人民共和国未成年人保护法》和《中华人民共和国预防未成年人犯罪法》，另外，《中华人民共和国宪法》《中华人民共和国刑法》《中华人民共和国刑事诉讼法》《中华人民共和国民法典》《中华人民共和国治安管理处罚法》《中华人民共和国禁毒法》等，都有保护未成年人的法律条款。

2. 请同学们阅读教材第84页"活动园"的材料，在栏目中选一选，说一说这些情形会运用到下列哪部法律，将合适的序号填写在括号里。

（1）《中华人民共和国反家庭暴力法》

（2）《中华人民共和国预防未成年人犯罪法》

（3）《中华人民共和国义务教育法》

（4）《中华人民共和国未成年人保护法》

（　）罗某某初中没毕业，家里人就让他辍学打工。

（　）贾某某的爸爸经常在酗酒后打他。

（　）15周岁的蒋某某参与贩卖毒品被警察抓住。

（　）学校附近刚开了一家网吧，小学生杨某某放学后经常偷偷去那里打游戏。

3. 在日常生活中，你还见到过哪些涉及未成年人权利保护的情形？请你拿出课前的调查表，在小组内进行交流。

涉及未成年人权利保护的调查表

序号	具体案例	用到的法律
1		
2		
3		
4		

例：禁止向未成年人销售烟酒、禁止未成年人进入娱乐场所和网吧、未满12周岁的儿童不准在马路上骑自行车……

4. 法律在预防未成年人犯罪方面，是怎样做的呢？

5. 小结：法律对于未成年人的保护，还体现在预防未成年人犯罪方面：通过对实施不良行为的未成年人进行及时教育、矫治，将未成年人与可能诱发犯罪的环境隔离开来，以保护其健康成长。

学生活动：完成"活动园"的练习，联系生活完善调查表，思考老师提出的问题，谈谈自己的观点。

【设计意图】本环节从"活动园"中的四个情境引向学生的生活实际，让学生在思考、讨论、交流中理解这些特殊法律的制定是为了保护未成年人的身心健康，预防其犯罪，培养其法治意识。

知识点三：在法律范围内维护权利

教师活动：

1. 赵志刚同学遇到了一件烦心事，我们来听听。（录音播放第 85 页"活动园"的内容）

2. 赵志刚遇到了什么事？无节制的"广场舞"给附近的居民带来怎样的影响？你有没有遇到过这样的事？如果受到这样的干扰，你有什么感受？

3. 请你结合 2 号资源包的内容，说说以下的做法合法吗？为什么？

做法 1：把他们的音箱砸了，揍他们一顿，他们就老实了。

做法 2：实在没人管，咱们也买个大音箱，开大音量跟他们对着干。

做法 3：在广场上抛撒垃圾，把他们赶走。

（2 号资源包包括：《中华人民共和国治安管理处罚法》第五十八条、《城市生活垃圾管理办法》第十六条、《中华人民共和国宪法》第五十一条、《中华人民共和国环境噪声污染防治法》第四十五条的具体内容。）

4. 如果你是赵志刚，应该建议家人怎么做？把你想到的合法的做法写出来，然后在小组内交流一下。

5. 请小区物业或居委会的工作人员来劝说都是避免矛盾激化的好方法，那如果劝说以后，他们还是没有明显的改变，我们还可以怎样做？

6. 拨打"110"报警求助、拨打"12319"向城市管理服务热线投诉都是依法维权的正确方式。请看视频《带您了解 12319 城管热线服务》。你从视频中知道了什么？

7. 案例拓展：阅读以下案例，你认为甲的做法对吗？为什么？他应该怎样做？

临近春节，甲为置办年货从乙处购买了六箱某知名品牌白酒，回家后发现均是假货，于是甲带着一群人去同乙理论，乙称："产品售出，概不退换。"

于是甲一气之下带人将乙的店铺砸烂，并将其打致重伤。

　　教师小结：法律是保护我们权利的最有效、最有力的手段。当权利受到侵害时，我们应当运用法律手段依法维权，而不能用违法方式维权。"运用法律维权益，以暴制暴不可取。"同时，权利的行使和保护也有边界。权利人应当在法律的范围内行使和保护权利，而不能超越法律范围滥用权利，超越法律的诉求得不到法律的支持。（板书：维权有界可循）

　　学生活动：在观看视频、交流中思考"广场舞"事件造成的影响，寻找正确合法的解决方法。

　　【设计意图】本环节引导学生通过思考辨析得出舞民有跳舞的权利，但是要维护他人的合法权益。"以暴制暴不可取"，权利的行使和保护也有边界，要养成用好法律、依法维权的意识。

▶ 小结环节

　　教师活动：通过本课的学习，你有什么收获？
　　学生活动：谈感受。

▶ 课后作业

　　1. 与家长一起了解《教育部等九部门关于防治中小学生欺凌和暴力的指导意见》的内容。
　　2. 推荐阅读：《看得见的正义（第二版）》。

　　【设计意图】与家长一起学法、阅读法治书籍，有助于在家里形成学法的氛围，提高学生的法治意识。

▶ 板书设计

9　知法守法　依法维权（第一课时）

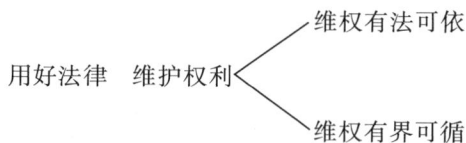

　　　　　　　　　　　　　　　　　　　　维权有法可依
　　　　　用好法律　维护权利
　　　　　　　　　　　　　　　　　　　　维权有界可循

七、教学反思

本课时侧重引导学生充分认识法律的作用，学习运用法律知识分析生活中的现象，解决生活中的问题，培养学生运用法律的意识，使学生掌握针对具体问题寻找相应法律的方法，引导学生依法、用法维护权利。教学时，我借助视频、案例等方式创设真实的情境，引导学生在情境中或是在自己亲身经历的事件中进行小组讨论、案例分析，从而学会选择适当、有效的手段，用法律解决问题而非激化矛盾，真正用好法律，智慧地处理生活中的问题。

《公民意味着什么》（第三课时）
"我是中国公民"教学设计

广州市天河区沐陂小学　　邱　平

> **教学课题：**《公民意味着什么》（第三课时）"我是中国公民"
> **课时安排：**1 课时

一、教材分析

习近平总书记在主持召开学校思想政治理论课教师座谈会时强调，"青少年是祖国的未来、民族的希望。我们党立志于中华民族千秋伟业，必须培养一代又一代拥护中国共产党领导和我国社会主义制度、立志为中国特色社会主义事业奋斗终身的有用人才。在这个根本问题上，必须旗帜鲜明、毫不含糊。这就要求我们把下一代教育好、培养好，从学校抓起、从娃娃抓起。在大中小学循序渐进、螺旋上升地开设思想政治理论课非常必要，是培养一代又一代社会主义建设者和接班人的重要保障。"部编版六年级上册《道德与法治》是小学法治教育专册，教材紧扣《青少年法治教育大纲》，培养法治观念，要求学生初步了解重要法治理念与原则，初步树立法治意识，养成规则意识和尊法守法的行为习惯，初步具备依法维护自身权益、参与社会生活的意识，为培育法治观念、树立法治信仰奠定基础。

"我是中国公民"是部编版《道德与法治》六年级上册第二单元"我们是公民"第3课《公民意味着什么》中的第三课时。本课内容由三部分组成：公民身份从何而来、认识居民身份证、我是中国公民。第一课时"公民身份从何而来"主要是了解公民身份的法律概念和来源；第二课时"认识居民身份证"是为了认识身份证上的信息，了解其用途；本课时"我是中国公民"通过了解中华人民共和国自成立以来所取得的举世瞩目的成就，体会作为中国公民的自豪，理解中国发展的成就离不开中国公民的奋斗和努力；通过活动准确认识中国公民的身份，从世界的角度了解个体行为对国家的影响，有为国家作出贡献的义务，认识到中国公民要努力做好中国名片。本课题既是对前面"公民身份从何而来""认识居民身份证"话题的深化与总结，又对下一主题"公民的基本权利和义务"有铺垫作用，在单元学习中具有承前启后的作用。

二、学情分析

六年级学生社会法治观念不断增强，但法律知识相对薄弱。如知道"公民"一词，但未能具体理解中国公民的自豪感和使命感。本课学习时段适逢举国同欢的国庆节前后，班级爱国主义教育主题班会开展得如火如荼，全校洋溢着浓郁的爱国热情。但这份中国公民的自豪感如何扎扎实实地落实到个体的一言一行，作为六年级的小学生，他们思考得较少。

六年级学生具有一定的搜集、分析及整理资料的能力，能深入社区进行实地调查等主题探究活动，能有效拓宽教学的途径和时空。小学生以感性认识为主要认知形式，因此需要通过具体的情境和典型生动的事例、调查的数据来激发学生的情感，需要教师在教学中注重教学资源的开发与利用，注重教学实践活动的设计与组织。

三、教学目标

（一）学科核心素养目标

《义务教育道德与法治课程标准（2022年版）》法治教育主题要求"认识公民的内涵，了解公民的权利和义务，树立法律面前人人平等的观念"；国情教育主题要求"了解改革开放以来我国所取得的伟大成就"。依据这两个目标，引导学生初步了解国情，具有维护国家利益和祖国尊严的意识与行动，形成中国人的身份认同感，着力培养学生政治认同与法治观念的核心素养。

（二）知识、能力、情感态度价值观目标

1. 知识目标：通过判断辨析、时事讨论、主题探究活动，明确自己的公

民角色。

2. 能力目标：通过小组开展主题探究的形式，了解新中国建设取得的伟大成就。

3. 情感态度价值观目标：激发爱国热情，自觉培养对国家的认同感、自豪感；认识到作为中国公民要为国家建设作贡献。

四、教学重点和难点

1. 教学重点：了解新中国建设取得的伟大成就，激发学生的爱国热情，自觉培养对国家的认同感、自豪感。

2. 教学难点：认识到作为中国公民要为国家建设作贡献。

五、教学方法

情境教学法、主题探究法。

六、教学过程

▶ 导入环节

师：同学们，我们前面学习了中国公民的法律概念。请你来说一说，大家一起来背一背：凡具有中华人民共和国国籍的人都是中华人民共和国公民。我们都是拥有中国国籍的人，所以我们都是中国公民。（板书课题）

▶ 讲授新课环节

知识点一：身份认同——我们是中国公民

师：现在同学们能准确地判断什么人是中国公民了吗？我们一起来做一组判断题。全体起立，我们用手势作出判断，看谁能判断得又快又准。

（学生听老师指令集体做判断）

师：真为你们骄傲，作为粤港澳大湾区的新时代少年，你们对中国公民的概念掌握得很扎实。

那你们了解中国公民在国外遇到危急情况时的求助办法吗？

（学生自由发言）

师：那在海外证明自己是中国公民身份的凭证是什么？

（学生回答）

师：老师这里就有一本护照，我想请一个同学来读读护照中的信息。

（学生读护照首页显示的基本信息）

师：谢谢你，读出了护照上的基本信息。

师：护照的持证人（张同学），请你来补充一下，你的护照上还有哪些信息？

（张同学回答）

师：这本护照不仅能带我们去更多的地方，当在国外遇到危险的时候，它还能带我们回家。

每次当世界上其他国家发生灾难或者是战乱的时候，中国人民解放军总是第一个到达现场帮助我国公民撤离。你想起了哪些影片？或者你了解最近几次最让中国人自豪、让外国人赞叹的撤侨行动吗？

（学生自由谈）

师：你知道《战狼2》的真实背景吗？

师：你知道《红海行动》的真实背景吗？

师：同学们，在这几次撤侨行动当中，也门撤侨是最危险的一次。

师：谢谢你们的分享。现在一起随一段视频了解我国的撤侨行动。

（播放视频片段）

师：此情此景，你想说什么？

师：请你把心中的这份"骄傲"贴在黑板上。

（学生到黑板上贴板书：骄傲）

师：这就是中国人挺起的脊梁！我们是中国人，无论我们身处何方，在我们身后，都有一个强大的祖国！

【设计意图】本环节的设计重在复习概念，引入新课。创设情境，判断辨析，熟悉定义，明确中国公民身份。运用多媒体拉近学生与教材的距离，营造教学氛围。

知识点二：辉煌成就——我们为中国而骄傲

师：今天的中国，到底有多强大？接下来我们围绕"新中国建设取得的伟大成就"这个主题进行学习探究。课前我们围绕主题选了"经济、体育、科技"三个角度分小组进行了探究，下面有请各小组进行汇报。

学生活动：（汇报展示）

第一组："繁荣富强"小组汇报经济发展成就。

1. 奶奶的山歌唱出过去生活的艰苦。

2. 采访长辈,了解今昔生活的对比,互动中汇报采访的收获。

3. 看图猜广州。穿越历史认山河,你还认得我们的广州吗?

4. 编顺口溜"数"说经济发展。

第二组:"强身健体"小组汇报体育发展成就。

1. 聚焦 2019 年中国女排夺冠。

2. 展示中国累计获得体育世界冠军总数并互动。

3. 深入社区开展全民健身的实地调查,收集、整理数据,向全班汇报调查结果。(从运动场所、运动项目、运动时间、运动人群、运动年龄段等角度进行统计分析、汇报)

第三组:"日新月异"小组汇报科技发展成就。

1. 小组共同研读新中国科技的发展历程,并亲自手绘科技发展的高光时刻。

2. 介绍并视频展示科技发展的高光时刻。(大庆油田、第一颗原子弹爆炸、袁隆平、航天工程等)

3. 最美中国色——畅谈近十年中国最新科技成就。("蛟龙"号、第一艘航空母舰辽宁号、首次观测到量子反常霍尔效应、屠呦呦因发现青蒿素获得诺贝尔奖、中国天眼、国产大型客机 C919、中国高铁、5G 等)

师:谢谢各小组精彩的汇报!70 周年阅兵盛典向全世界展现了一个辉煌的中国!这就是今天的中国!我们的中国!最美的中国!(教师在板书的中心处贴上中国地图)(指板书)我骄傲,我是——中国公民。从你们的发言中,老师读懂了一颗中国心。(在板书上画心形)

【设计意图】本环节将客家山歌演唱引进课堂。由奶奶的山歌演唱激发学生对过去生活条件之艰苦的探究。利用多媒体电教手段,体验广州的旧貌换新颜,感受广州沧海桑田、翻天覆地的变化。编顺口溜,用活泼有趣的形式向学生展示新中国经济的发展成就。通过新闻报道、数据列举等形式展现祖国体育建设取得的伟大成就。深入社区进行实地调查,了解身边全民健身蓬勃发展的情况。手绘图展示科技发展,直观形象;通过互动畅谈、视频播放等形式展示新中国科技发展的巨大成就。

知识点三:立志奋斗——中国为我们而骄傲

师:今天的辉煌中国是由亿万中国公民亲手创造的。明天的中国将由你们来着色!孩子们,30 年后将迎来新中国成立 100 周年。请你们畅想 30 年后的自己会在哪里,会做些什么,描绘怎样的中国色?用图画或者文字在红心卡上

表达出来。（学生在音乐声中进行图文表达）

师：哪位同学先来分享？

（学生1回答）

师：为你点赞！请你把红心卡贴到黑板上。

（学生2回答）

师：噢，太好了，那时候的你成了祖国的名片。请你也把红心卡贴到黑板上。

（学生3回答）

师：30年后你向世界讲述中国故事，谢谢你！

（学生4回答）

师：太棒了，30年后七彩的中国由你来描绘！

师：由于时间关系，我们不能一一分享，接下来请挥动你手上的小国旗，将你们的红心卡贴到黑板上。（贴爱心小卡片的过程中，音乐声响起）在举国同庆新中国70华诞的历史时刻，让我们一起放声歌唱祖国。

（全班共唱《歌唱祖国》）

师：瞧，我们的小小红心已经汇聚成了一颗大大的中国心！（指板书：我们——骄傲，我们是——中国公民！）

师：少年当立凌云志，报效祖国会有时！习近平总书记说："祖国的明天必将更加美好。"奋斗吧，中华儿女！从今天，乘风破浪、扬帆远航！30年后的今天，我们将兑现誓言，实现梦想，向新中国成立一百周年献礼！祝愿你们不懈奋斗，努力成长为建设祖国和世界的栋梁之材，做最优秀的中国公民！

【设计意图】关注时事，畅谈庆祝中华人民共和国成立70周年阅兵式中的最美中国色，点燃学生的民族自豪感。基于上一环节，学生作为中国公民为中国特色社会主义建设的成就感到自豪，自觉地把自己的成长同祖国的命运结合起来，立志奋斗，报效祖国。

► 板书设计

七、教学反思

"我是中国公民"是部编版《道德与法治》六年级上册第二单元"我们是公民"第 3 课《公民意味着什么》中的第三课时。本课时"我是中国公民"通过梳理中华人民共和国成立以来所取得的举世瞩目的成就，让学生体会作为中国公民的自豪，理解中国发展的成就离不开中国公民的奋斗和努力；通过活动准确认识中国公民的身份，了解个体行为对国家的影响，认识到公民有义务为国家作出贡献，中国公民要努力做好中国名片。教师通过"我是中国公民"这一课旗帜鲜明、毫不含糊地开展思政教育，有助于落实立德树人的根本任务。

1. 基于阅读，广泛积累——为"拔节孕穗期"的青少年提供优质的养分。

习近平总书记在学校思想政治理论课教师座谈会上用"拔节孕穗期"这个词来形容青少年阶段在人生里程中的重要性。稻、麦、高粱、玉米等禾本科植物到一定发育阶段时，主茎的各节长得很快，这叫作"拔节"。从禾谷类作物旗叶的伸长、展开直至抽穗前，称为"孕穗期"。拔节至孕穗期被称为营养与生殖生长的并进期。这一时期获取什么样的营养，就会决定作物将来的长势与生命力。习近平总书记说，青少年阶段是人生的"拔节孕穗期"，最需要精心引导和栽培。在小学思政课程上，表现为教师如何在课程中为学生提供优质的教育素材、教育材料，具体包括教师和学生在课前、课中以及课后的阅读积累。以小学六年级上册《道德与法治》中的"我是中国公民"为例，课前预习、课中展示出师生围绕本课学习内容进行资料搜集和阅读积累的题材较宽、内容较广：有书本概念，如中国公民的法律定义的理解和运用。有新闻时事，如 2019 年国庆前夕，中国女排在世界杯中以十一战十一胜的辉煌战绩夺冠的体育新闻，2019 年 10 月 1 日在北京天安门隆重举行的新中国成立 70 周年庆祝大会及阅兵式等。有影视作品，如《红海行动》《战狼 2》《我和我的祖国》等电影的观看。有新闻故事，如让世人惊叹的中国式撤侨，特别是 2010 年后中国最自豪的 4 次撤侨：2011 年利比亚撤侨，2015 年也门撤侨，2015 年尼泊尔撤侨，2016 年新西兰撤侨。有传统文化，如客家山歌奶奶用山歌唱出了旧时生活的穷苦。有学生参与的主题探究与社会调查，如"繁荣富强"探究小组研读广州旧时照片，了解广州面貌发生翻天覆地的变化，研读"新中国成立 70 周年的经济发展报告"，提炼出关键数字，并编成朗朗上口的顺口溜；又如"强身健体"探究小组深入社区开展全民健康的实地调查；再如"日新月异"探究小组研读"新中国成立 70 年来科技发展的高光时刻"，并汇报这些科技重器背后的科学家们不懈奋斗、默默奉献的故事等。丰富的资源有效打通时间、空间的壁垒，全方位、多角度选择和提取合适的阅读素材，并让这种阅读积累由课堂学习向课后延伸，为学生拓宽了成长的视野和空间。

2. 深入调查，主题探究——小学思政课的一种理想的学习模式。

探究教学，是教师为学生提供真实的问题情境，让学生运用探究的方法进行学习，如通过阅读、观察、实验、调查、思考、讨论、听讲等多种途径独立探究，主动探索获取知识、发展能力的实践活动。通过这一课，学生能了解到无论身处何方，我们身后总有一个强大的祖国。我们的祖国有多强大？围绕着"新中国建设取得的伟大成就"这个主题，教师指导学生分小组深入调查，进行主题探究。

研究新中国经济发展成就的小组，合作设计调查表。小组邀请全班学生一起参与，采访爷爷奶奶等长辈，了解新中国成立之初物质生活的匮乏。采访得到不同角度的具体实例，包括图文信息。此外，小组共同查阅图文资料了解广州近几十年的面貌发生了翻天覆地的变化，70 周年沧海桑田，广州旧貌换新颜。围绕主题进行不同角度的探究，解读新中国经济发展取得的成就和给人们的生活带来的巨大改变。

研究体育发展成就的小组共同研读新中国成立 70 多年来的竞技体育取得的成绩，特别关注各种体育赛事中获得奖牌、奖杯的数量。在此基础上，共同设计社区实地调查表。小组带着调查表深入社区进行实地调查，组员分头调查了社区里的运动、健身场所，社区居民的运动时间、人数、项目等，经过整理分析，发现小区无论是运动场所、运动项目还是参与运动的人数都非常多；运动人群的年龄跨度大；运动时间包括早中晚各个时段，只是不同时段参与的人群会有不同；并发现学校各项体育活动也和社区体育活动紧密结合。通过调查学习，学生了解到我们国家的体育发展不仅表现为在国内外赛事上争金夺银，成绩傲人，而且为了全体公民的身强体健、身心愉悦，全民健身也在蓬勃开展；了解这是国家发展和社会文明的重要体现。

研究科技发展成就的小组共同研读了新中国科技的发展历程，并亲自将科技发展的高光时刻手绘下来。课堂上小组通过手绘图展示科技发展，直观形象；通过互动畅谈、视频播放等形式展示新中国科技发展的巨大成就。

在小组主题探究的教学活动实施过程中发现几个问题：一是围绕同一个主题展开探究，需要从不同方面选定探究的小角度；二是组员搭配要合理，使学生都能充分发挥特长，保证探究活动的顺利开展；三是主题探究的分享汇报既可以是全组参与，也可以选派代表进行，但汇报过程要特别注重本小组组员与其他同学之间的交流互动，让主题探究是立体联动的，沟通是实时有效的，课堂是生动活泼的。

3. 以情感人，铸魂育人——小学思政课需有春风化雨、润物无声的效果。

习近平总书记强调："我们办中国特色社会主义教育，就是要理直气壮开好思政课，用新时代中国特色社会主义思想铸魂育人，引导学生增强中国特色社会主义道路自信、理论自信、制度自信、文化自信，厚植爱国主义情怀，把爱国情、强国志、报国行自觉融入坚持和发展中国特色社会主义事业、建设社会主义现代化强国、实现中华民族伟大复兴的奋斗之中。""我是中国公民"一课，爱国主义是一条情感主线。用学生关心的时事热点引导进行身份认同的话题讨论，激发爱国情感，明确中国公民身份。通过对中国撤侨事件以及对《战狼2》《红海行动》等影片的讨论，激发民族自豪感；通过主题探究，从经济、体育、科技等角度探究了解新中国成立 70 年来取得的举世瞩目的成就，激发强烈的爱国热情，理解中国发展的成就离不开中国公民的奋斗和努力。明白作为中国公民为中国特色社会主义建设的成就感到自豪的同时，应自觉地把自己的成长同祖国的命运结合起来，为国家作出贡献，有责任努力做好中国名片。通过图文畅想30年后的自己，立志奋斗，报效祖国——向新中国成立一百周年献礼。最后师生在一曲深情的《歌唱祖国》中结束整堂课，将爱国热情推向高潮。整节课的教学活动，厚植爱国主义情怀，把"爱国情、强国志、报国行"贯穿始终。

总之，丰富阅读、夯实积累是上好小学思政课的前提，"我是中国公民"一课信息含量较大，运用的资源较丰富。深入调查、主题探究是上好小学思政课的重要法宝，"我是中国公民"一课教师指导学生开展了探究性学习的实践活动，学生的主体地位和自主能力都得到了加强，能力得到了发展。更难能可贵的是，在探究交流汇报中，学生参与交流互动情绪高涨，在你一言我一语的生生互动中，学生能调动自身的亲身经历，打通了课堂与生活的联结，打通了课内与课外的联结。以情感人、铸魂育人是上好小学思政课的根本，"我是中国公民"是有浩浩中华情的一堂课，有传统文化之根，有法治之魂，有爱国之情怀。习近平总书记强调，"要抓住青少年价值观形成和确定的关键时期，引导青少年扣好人生第一粒扣子"。在小学思政课的教与学中，不断探索合适的实践活动方式，将有利于实现立德树人目标，更好地完成培养能够担当民族复兴大任的时代新人的使命任务。

（本教学设计案例获广州市天河区首届思政课程与课程思政大赛之思政课程一等奖）

《我们受特殊保护》（第三课时）
"特殊关爱　助我成长"教学设计

广州市天河区沐陂小学　邱　平

> **教学课题**：《我们受特殊保护》（第三课时）"特殊关爱　助我成长"
>
> **课时安排**：1 课时

一、教材分析

部编版六年级上册《道德与法治》是小学法治教育专册，教材紧扣法治教育大纲，培养法治观念。要求使学生初步了解重要法治理念与原则，初步树立法治意识，养成规则意识和尊法守法的行为习惯，初步具备依法维护自身权益、参与社会生活的意识，为培育法治观念、树立法治信仰奠定基础。"特殊关爱　助我成长"是部编版《道德与法治》六年级上册第四单元"法律保护我们健康成长"中第 8 课《我们受特殊保护》中的第三课时。第 8 课引导学生了解关于未成年人的法律知识，对自身法律属性有所认知，了解国家给予未成年人特别关怀，制定专门法律来全方位保护未成年人。本课内容由三课时组成：我们是未成年人、专门法律来保护、特殊关爱　助我成长。第三课时"特殊关爱　助我成长"既是对前面两课时话题的深化与总结，又对下一主题"知法守法　依法维权"起铺垫作用，在单元学习中具有承前启后的作用。

二、学情分析

六年级学生具有一定的规则意识和权利意识，但作为处于心理和生理成长期的未成年人，社会阅历不足，辨别能力较弱，自我意识水平较低，未能清晰地认识自己与家庭、学校、社会的关系。六年级学生具有一定的阅读积累和生活经验，需要教师在课堂上提供平台进行归纳整理和分享展示，结合案例、资源的拓展来激发学生情感，总结和体会来自家庭、学校、社会和法律对未成年人的关爱和保护。

三、教学目标

（一）学科核心素养目标

《义务教育道德与法治课程标准（2022年版）》法治教育主题中要求学生"了解未成年人的权利，增强自我保护的意识，学会自我保护""认识公民的内涵，了解公民的权利和义务，树立法律面前人人平等的观念"；引导学生知道民法典，了解未成年人的权利，树立用法律保护个人生命财产安全的意识，树立权利和义务相统一的观念，着力培养学生法治观念的核心素养。

（二）知识、能力、情感态度价值观目标

1. 知识目标：通过阅读，了解儿童的概念以及国际家庭日的意义。
2. 能力目标：通过阅读与探讨，观察与未成年人息息相关的法律现象，了解在法律关系中权利和义务相辅相成。
3. 情感态度价值观目标：体会家庭、学校、社会以及法律对未成年人特别的关爱和保护，形成良好的社会责任感。

四、教学重点和难点

1. 教学重点：体会来自家庭、学校、社会以及法律对未成年人特别的关爱和保护。
2. 教学难点：了解权利和义务相辅相成的关系，形成良好的社会责任感。

五、教学方法

阅读教学法。

六、教学过程

▶ 导入环节

师：同学们，未成年人在我国是指未满 18 周岁的公民，在国际上被称为"儿童"。上周三 11 月 20 日是世界儿童日。请欣赏歌曲《成长的寓言诗》，聆听孩子们的心声。

（学生聆听歌曲）

师：第一部专门保护未成年人各项权利的法律是《中华人民共和国未成年人保护法》。第一部专门保障儿童权利且具有法律约束力的国际性公约是《儿童权利公约》。今年是《儿童权利公约》颁布的 30 周年。全社会都在用特殊的关爱聚焦儿童成长，共同呵护美好的未来。请齐读课题。

【设计意图】复习旧知，引入新课。歌曲营造氛围，聚焦新课主题。

▶ 讲授新课环节

环节一：阅读探讨，品味家庭关爱

师：家庭是儿童成长的摇篮。联合国在 1993 年宣布每年的 5 月 15 日为国际家庭日。请同学们看国际家庭日的标志，从中你读懂了什么？

（学生回答）

师：没错，家是心心相印的地方。推开阅读之窗，我们聆听过许多孩子家庭的亲情故事，请同学们用一句话说说你阅读到的家庭的温暖故事。

（学生回答）

师：在你的成长过程中，你感受到了哪些来自家庭的关爱？请讲述家庭给予你的"爱的瞬间"。

（学生分享）

师：听完你们的分享，让我们怀着感恩之心一起观看生活情境视频：《让爱住我家》。

（全班合唱）

师：这是多么熟悉而温暖的画面！孩子们，家是我们一生都读不完的书。（板书：家庭关爱）19 世纪俄国文学家托尔斯泰说："幸福的家庭家家相似，不幸的家庭各有各的不幸！"并不是每个家庭都能温馨如画，比如有些家庭就会出现暴力画面。（课件出示：2019 年 11 月 19 日《春城晚报》的报道《玩手

机男孩被父亲打出血后狂喊救命》）

（学生阅读新闻故事）

师：由"家暴"这个词你想起了高尔基《童年》里的哪个角色？

师：那读完《童年》后你觉得外祖父卡希林是不是一个十恶不赦的人呢？

（学生交流）

师：在这一轮的交流探讨中，我发现同学们已经学会关心家庭、体谅家人了。也许每一个脾气暴躁的父母背后都是一段心力交瘁的生活，遇上他们心烦气躁的时候我们要体谅父母，学会有效沟通，让家庭变得更和谐。但是并不是所有的裂缝都可以用爱和体谅来弥补的。万一家庭侵害走向了极端，也不用担心，法律会给予我们特别的保护。（板书：法律关爱）

（课件出示《中华人民共和国反家庭暴力法》中的部分内容：

第二条 本法所称家庭暴力，是指家庭成员之间以殴打、捆绑、残害、限制人身自由以及经常性谩骂、恐吓等方式实施的身体、精神等侵害行为。

第十二条 未成年人的监护人应当以文明的方式进行家庭教育，依法履行监护和教育职责，不得实施家庭暴力。）

【设计意图】调动学生课前的阅读积累，提供交流平台，让学生分享生活故事，表达感恩之心。在思辨中理解和体谅家长，了解创造家庭和谐自己也有责任。学习法律知识，提高法治意识。

环节二：观看视频，体会学校关爱

师：儿童在家庭中长大，到了适合的年龄就进入学校，接受学校教育。请大家观看视频《我们多么幸福》，从画面中你能看到儿童在学校里受到怎样的关爱？

（学生回答）

师：你们都有一双慧眼，捕捉到儿童在学校的学习和生活中都受到关爱。请再观看这两幅图（心理咨询、防火演习画面），结合我们学校的实际，从更宽更广的角度，你还能感受到来自学校的哪些特殊的关爱？

师：今天我们坐在宽敞明亮的教室里学习，接受学校的关爱（板书：学校关爱），是因为我们都受到法律的保护——《中华人民共和国义务教育法》。（课件出示法律知识）

【设计意图】创设情境，铺设台阶，调动学生的生活积累，引导学生从不同角度体会来自学校的特殊关爱。

环节三：拓展探究，感受社会关爱

师：走出家庭、学校，儿童就走进了社会这个大环境。习近平总书记曾殷

切嘱托——（请齐读）

（全班齐读："全社会都要了解少年儿童、尊重少年儿童、关心少年儿童、服务少年儿童，为少年儿童提供良好社会环境。"）

师：同学们，结合你的生活经验，在小组内部讨论：儿童在社会生活中受到怎样的特别关爱？

（学生小组讨论）

师：哪个小组的代表先来发言？

（学生回答）

师：这么熟悉儿童用品，你们家是不是有二宝？没错，儿童的日常用品有特殊的类别，而且通常这些商品的标准比普通商品的要求会更严格，这是社会对我们儿童的特殊关爱。你们还知道哪些情况体现了对儿童的特殊关爱？

（学生回答）

师：是啊，社会对于我们少年儿童，很多票价都有优惠，这确实是对我们的特殊关爱。

师：儿童活动有特别场所，你们说这不正是体现了社会对未成年人的关爱吗？

（学生回答）

师：父母作为未成年人的法定监护人，有管教和保护未成年子女的权利和义务。近年来航空公司推出的一项无成人陪伴儿童的特别服务，也叫"儿童托运"，深受大家欢迎，有了解的吗？

（学生结合自己的亲身经历回答）

师：这服务真是太周到了，多让父母放心啊！

（学生回答）

师：你们小组说的明明是禁止行为，这不是限制了我们儿童的行动吗？怎么说这也是社会对我们的特殊关爱呢？

（学生回答）

师：哦！明白啦！这些明令禁止的行为，表面看来是限制了儿童的部分行为，但实际上恰恰是对我们未成年人身心健康的特别保护，这真是来自社会层面的特殊关爱啊！因此，作为少年儿童，我们应从自身做起、从现在做起，自觉遵守规范要求，严格自律，自觉遵守交通规则，自觉抵制不良诱惑，不出入网吧、游戏厅等文化娱乐场所，争做积极向上、文明健康的好学生。谢谢同学们的分享，通过亲身生活的体验，我们已然感受到了来自社会的特别关爱。

（板书：社会关爱）

师：有一部分孩子的生活我们没有参与体验，但是他们也同样受到社会各界的特别关怀。请大家阅读老师刚下发的阅读材料。

（拓展阅读的素材包括：①广州市儿童福利院；②天河区特殊教育学校；③农村孩子的免费午餐；④人民日报人民时评：《给留守儿童更多制度关爱》，2019年7月10日。⑤大学生志愿者参与关爱留守儿童实践活动。⑥中国儿童少年基金会及儿童公益项目。⑦天河区检察院、天河区教育局与广东电视台少儿频道联合举办"预防儿童侵害，守护快乐童年"普法宣传教育活动。）

师：读完材料后，请自由汇报阅读的感受和体会。

（学生自由回答）

师：近年来，随着社会经济的发展，越来越多的劳动人民选择外出务工，由此产生了一个特殊的群体——留守儿童。（课件出示定义：留守儿童是指父母双方外出务工或一方外出务工另一方无监护能力、不满16周岁的未成年人。）

师：这是一个数量庞大的群体。他们缺失父母的亲情陪伴；就读的是相对比较偏远落后的农村学校；社会关爱有时也鞭长莫及。他们内心孤独无助、缺乏安全感。同学们，作为社会的一员，接受关爱的同时，我们也有责任和义务为社会奉献关爱。同学们，我们可以为他们做些什么呢？

（学生回答）

师：多好的活动啊，聆听他们的心声，鼓励他们乐观向上，就是我们对他们的特别关爱。

师：当然，关爱特殊儿童是一项长期又艰巨的工程，是各级政府的重要职责，是全社会义不容辞的责任和义务。希望我们用关爱去温暖他们，让他们走出心灵的荒漠，走进生命的绿洲。愿每一个特殊儿童都能和所有孩子一样享有同一片蓝天，受到同样的关爱。

【设计意图】调动学生生活经验，感受社会对儿童的关爱。拓展阅读材料，从更宽广的范围解读社会对儿童的特殊关爱。由留守儿童话题引发学生思考，引导他们付出关爱。

环节四：担起责任，回报各方关爱

师：亲爱的中国少年儿童，家庭、学校、社会都对未成年人的健康成长给予了无限关怀。我们幸福无比。我们生长在祖国日益繁荣富强的改革年代，成长在中华民族走向复兴的伟大时代，我们责任重大。你们准备怎样回报这样的关爱呢？

（学生回答）

师：让我们在关爱中树立远大理想，刻苦学习，努力成才，将来更好地回报社会、报效国家。

【设计意图】在学生心灵播撒社会责任心的种子。成长在关爱中，立志努力成才回报社会、报效国家。

► 课后作业

1. 阅读文学作品：《爱的教育》、《傅雷家书》、《丁丁当当》系列书籍、《中国留守儿童日记》。

2. 观看关爱儿童成长主题的微电影：如《心泉》《遇上狼外婆》《父亲的鞋子》《借妈妈》等。

3. 关注时事与生活，了解社会关爱儿童成长的案例故事以及相关材料。

► 板书设计

特殊关爱　　助我成长

家庭关爱	《中华人民共和国未成年人保护法》
学校关爱	《儿童权利公约》
社会关爱	《中华人民共和国反家庭暴力法》
法律关爱	《中华人民共和国义务教育法》

七、教学反思

在青少年成长"拔节孕穗"的重要里程中，思政课教师需要在课程中为学生提供优质的教育素材、教育材料，具体包括教师和学生在课前、课中以及课后的阅读积累。丰富的资源有效打通时间、空间的壁垒，全方位、多角度选择和提取合适的阅读素材，并让这种阅读积累由课堂学习向课后延伸，为学生拓宽成长的视野和空间。

本课的教与学，阅读行动贯穿于课前、课中和课后。

课前阅读行动体现在：一方面，调动了学生课前丰富的生活经验，让学生从实际生活中感受家庭、学校和社会给予自己的特殊关爱。另一方面，在专题探究中充分运用了课前的经典阅读积累，如从讲授新课环节一中"推开阅读之窗，我们聆听过许多孩子家庭的亲情故事，请同学们用一句话说说你阅读到的家庭的温暖故事"，又如该环节中讲解"家暴"这个敏感话题的时候充分调动了高尔基的名著《童年》的阅读体会，学生不仅深刻地了解了家暴，同时在新一轮的交流探讨中，学会了关心家庭、体谅家人，也明白了我们作为家庭的一员，享受关爱的同时也有责任共同营造家庭的幸福，学会有效沟通，创造家庭的和谐，可以让家庭变得更美好。

课中阅读行动体现在：一方面，补充了歌曲、照片、视频、新闻报道中的故事案例等多种素材，拓宽了阅读的视野。另一方面，在专题探究中，教师在课堂上适时补充拓展阅读的资源，如环节三中理解社会的关爱，在学生结合生活经验谈社会给予自己关爱的基础上，教师补充阅读资源，让学生通过阅读了解到"有一部分孩子的生活我们没有参与体验，但是他们也同样受到社会各界的特别关怀"，目的在于引导学生从更宽广的范围解读社会对儿童的特殊关爱。

课后阅读行动体现在：阅读要向课后延伸。本课教学结束，教师推荐了相关的文学作品和影视作品以供大家阅读、观赏，同时引导学生关注时事与生活，继续了解社会关爱儿童成长的案例故事以及相关材料。

本节思政课也存在一定的问题。如在拓展阅读环节，学生总体上的分享体会比较浅显。由于城区的孩子对留守儿童的生活现状了解不深，引导关爱留守儿童的环节仍未能进行深入的探讨。课中拓展阅读资源的选择仍需调整，教师的引导也仍需加强，这样才能真正提升阅读素养，收到更好的教育效果。

（本文为广州市天河区小学阅读素养提升行动现场会之道德与法治专场的教学设计案例）

《我们神圣的国土》（第三课时）"一方水土　一方生活"教学设计

茂名市电白区电城镇中心小学　杨景汉

教学课题：《我们神圣的国土》（第三课时）"一方水土　一方生活"
课时安排：1 课时

一、教材分析

本课为部编版《道德与法治》五年级上册第三单元第 6 课《我们神圣的国土》的内容，课文包括三个板块：第一个板块的话题是"辽阔的国土"，目的是让学生知道我国的地理位置、领土面积、海陆疆域、行政区划，知道台湾自古以来是我国领土不可分割的一部分，祖国的领土神圣不可侵犯。第二个板块的话题是"好山好水好风光"，目的是引导学生了解我国领土辽阔，地形多种多样，山河壮美，拥有众多世界自然遗产，初步建立关注世界遗产的意识。第三个板块的话题是"一方水土　一方生活"，目的是引导学生了解我国不同地区自然环境的差异，知道并理解这些差异对生产和生活方式的影响。

二、学情分析

小学五年级的学生对自然环境的关注度还比较低，农村孩子在这些方面的了解更缺乏，对自然环境与当地生产、生活方式的关系还没形成逻辑认识，但五年级学生的日常生活经验及图文理解能力足以理解本课蕴含的环境与生活方式的逻辑关系。通过本课时的教学，学生可以大致了解我国不同地区的自然环境差异，明白自然环境对人们生产生活所产生的影响，感受祖国不同地区的风土人情。认识这些内容，既是学生常识积累的需要，也是他们今后适应社会、服务社会的需要。

三、教学目标

（一）学科核心素养目标

培养学生的政治认同，热爱家乡，热爱祖国。通过学习，让学生认识祖国的地大物博、山河锦绣；了解我国不同地区的自然环境差异较大，理解自然环境与人们的生活关系密切；知道不同地区的人们虽然生活方式和习俗各具特色、不尽相同，但是全国各族人民互相尊重、团结包容，构成中华民族命运共同体。

（二）知识、能力、情感态度价值观目标

1. 知识目标：知道我国地形复杂，了解不同地区的自然环境对当地生产、生活所产生的不同影响。

2. 能力目标：通过观察地图、搜集整理资料、合作探究等方式了解我国地形复杂、气候多样的特点，培养学生的观察能力、搜集整理资料和信息的能力、合作探究的能力等。

3. 情感态度价值观目标：感受祖国的自然风光，体会祖国不同地区不同的风土人情，以及不同的自然环境对当地人们生活的影响，领会各具特色的民族文化，尊重、包容不同民族文化的差异性。

四、教学重点和难点

1. 教学重点：探究不同地区的自然环境对人们生产、生活的影响，理解自然环境与人们生活的关系。

2. 教学难点：尊重不同地区的生活习俗，体会人们对自己生活的地方的深厚情感。

五、教学方法

小组合作探究法、观察法、启发式教学法。

六、教学过程

▶ **导入环节：猜字激趣**

引入：同学们，汉字是现今世界上唯一还在使用的表意文字，通过字形，可以推测它的意思。下面我们来玩猜字游戏，大家猜一猜这些是什么字。

1. 先出示甲骨文"羊、明、休"，再出示甲骨文"家"字。（学生根据字形猜字）

2. 提问：仔细观察"家"字的上半部分，看看它像什么？（房子）

【设计意图】通过甲骨文"家"字导入激趣，激发学生的学习兴趣。

▶ **讲授新课环节**

环节一：观察独特的住所

过渡：说起房子，我们国家有一些独特的民居，我们来看看这两处，同学们见过这些房子吗？知道它们建在哪里吗？

1. 出示蒙古包和竹楼的图片，让学生观察民居周边的环境，引导学生说出它们属于哪两个地区的民居。

2. 引导学生从搭建材料、建筑形状、通风透气性等方面去梳理蒙古包和竹楼的特点差异。（学生仔细欣赏内蒙古蒙古包和云南竹楼图片，自主完成"蒙古包和竹楼特点差异"任务单）

环节二：探究活动

活动一：探究当地自然资源对住所的影响

提问：从竹楼和蒙古包选择的建筑材料来分析，内蒙古和云南地区的自然资源有哪些？请分析建筑材料与自然资源的关系。

（学生自主观察，小组讨论，自由发表自己的见解）

活动二：探究气候特点与住所风格的关系

1. 引导：内蒙古草原上春、秋、冬三个季节多为大风天。在大风的日子里，蒙古包的建筑形状是圆形还是方形？有区别吗？哪位同学能用科学知识来解答？

2. 追问：蒙古包主要是由布和羊毛毡搭建的，下雨天容易淋坏，但是它却能在内蒙古长期存在，说明内蒙古的气候还有着怎样的特点呢？

3. 引导：看着方形而通风透气的竹楼，你感觉云南地区的气候是怎样的？

（学生小组合作，借助提前查阅到的资料作答）

【设计意图】本环节抓住蒙古包和竹楼两种传统民居的差异特点，引领学生通过观察、分析，从自然资源和气候等方面探究内蒙古草原和云贵高原的不同自然环境与住所风格的关系，帮助学生在学习中提高探究素养。

环节三：思考自然环境对人们生活的影响

1. 继续猜字游戏：同学们，我们再来看看甲骨文"家"字的下半部分是什么？

2. 找一找，利用学习资源包解决问题。

提问：内蒙古地区和云南地区的人们在衣、食、住、行方面又有什么不同呢？

（学生自主猜甲骨文"家"字的下半部分含义，然后小组讨论，阅读学习资源包，找出任务单相应所需的图片和资料，并进行思路梳理，然后推选出汇报代表）

3. 小组活动。

（1）交换学习资源包，获取更多资源。

（2）小组间进行交流。

（3）小组代表上讲台汇报。

【设计意图】本环节通过学生的小组合作探究活动，不仅增加了学生的学习兴趣，同时，培养了学生运用新知解决问题的能力。再通过对自己结论的分析、整理、汇报，提高了学生的思维水平和表达能力。

环节四：理解"一方水土　一方生活"的含义

活动一：联系生活，理解自然环境与人们生活的关系

1. 过渡：甲骨文的"家"字合起来看，像不像一幅关于家的简笔画？

2. 播放视频：播放祖国各地传统民居以及当地生活情景的视频。

（学生边观看视频边思考，进一步理解自然环境与人们生活的关系）

3. 提问：想一想，这些传统民居是想建在哪里就建在哪里的吗？我们是不是想建怎样的房子就能建怎样的房子呢？

4. 追问：衣、食、行，我们是不是可以随心所欲呢？

利用课件资源，帮助学生了解更多民风民俗、风土人情、地形地貌和地震区、雷区，找到问题答案。

（小组讨论交流：南方小镇电城人民的生活与自然环境的关系）

5. 阅读《中国地形图》，再次了解我国复杂的地形区。（高原、平原、山地、丘陵、盆地）

【设计意图】鼓励学生说说跟家人外出旅游的所见所闻，激起学生对不同地方的气候、温差、季节更迭、降水量的感性认识，激发学生的好奇心和求知欲。

课堂练习环节

1. 试说说高原、平原、山地、丘陵、盆地主要分布在我国哪些地方。

2. 通过颜色和形状快速从《中国地形图》中辨认出高原、平原、山地、丘陵和盆地（熟悉看《中国地形图》）。

活动二：联系家乡，深刻理解"一方水土　一方生活"的含义

1. 提问：我们的家乡在祖国南方海滨，我们生活中的衣、食、住、行都与自然环境有哪些关系呢？

2. 展示活动：请同学们自由选取一种方式来展现自然环境对当地人民生产生活方式的影响。

3. 妈祖文化介绍（当地天后宫）。

活动三：了解和尊重不同地区的生活习俗

提问：我们祖国山河辽阔，不仅是衣、食、住、行方面有差异，每个地区人们的宗教信仰、文化、风俗习惯、文字、方言等也都不同。面对这些差异，我们该怎么做呢？

（学生思考：面对不同地区的生活习俗，自己该怎么做）

【设计意图】本环节通过对"一方水土　一方生活"含义的理解，让学生联系生活，将抽象的知识与现实生活中的现象联系起来，从情感层面再一次感悟祖国不同地区人们的特色生活，感悟我们同胞的勤劳与智慧，增强对祖国和家乡的认同感与自豪感。

▶ 小结环节

祖国国土辽阔，不同地区的人们根据当地的自然环境创造出最适合自己的生活和生产方式，并形成了各具特色的生活习俗，构成了一幅幅人与自然和谐共生的画面。在"家"的演变中，我们看到了有历史才有现在，有传承才会有将来。让我们增加对彼此的了解和尊重，共同创造更美好的民族大家庭！

▶ **课后作业**

通过请教他人和网络查阅，知道更多地方的居住环境和自然环境，了解衣、食、住、行与当地自然环境的关系。

▶ **板书设计**

一方水土　一方生活

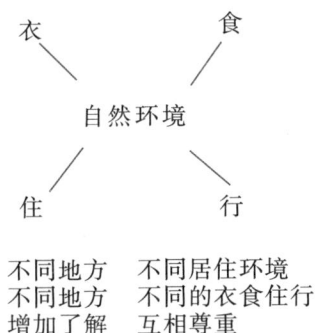

衣　　　　食

自然环境

住　　　　行

不同地方　不同居住环境
不同地方　不同的衣食住行
增加了解　互相尊重

七、教学反思

（一）创设情境　激发兴趣

基于知识源于生活的新课程教育理念，通过猜字引入，引出房子，再到刷新小学生的认知，让学生知道不同地方自然环境不同、气候不同，建筑材料不同，建成房子的风格就不同。同时让学生知道有些地方由于种种原因是不适宜建高楼大厦的，有些地方建造房子是要尊重历史文化的。通过猜谜激趣，制造神秘感，能抓住学生的注意力，诱发学生的求知欲，也为继续学习后面内容埋下伏笔。

（二）探究任务　深度学习

本节课围绕"我国地形复杂，气候多样，人们的生产和生活方式也各具特色"设计符合学生实际认知水平的教案，借助多媒体、教具、学具等设备和学习资源包、任务单等辅助资料，采用合适高效的教法和学法，结合身边的自然环境、人居环境和宗教文化实际，围绕学习任务，设计结构化的活动链，促使学生经历完整的学习过程。学生以比较、分析、推断、辨析等探究式学习为主轴，展开学习过程，有效地实现学习三维目标，能突破重点，化解难点，达到教书育人的目的。

（三）实践迁移　提升素养

本节课的教学内容与学生的生活有一些距离，对此，我充分利用学生到祖国各地的旅行见闻，抛出一些问题，同时引导学生提出问题，探究合作，通过完成学习任务单，对探究结果进行梳理，初步建立尊重文化差异的意识。学生围绕三大核心任务：探秘地形、探秘气候、探秘生产生活方式，进行分组探究，并分享探究成果。学生在探究的基础上逐步认识到，在不同地区，不同的地形气候等影响着当地的自然环境，不同的自然环境影响着各个地方的生产和人们的生活方式。随着时代的发展，不同地区之间的交往越来越多，人们之间的相互了解不断增强，这需要人们相互尊重彼此的生活习俗与生活方式。在真实的情境中达成了教学目标，激发了学生的家国情怀。

编委会名单

主　编：张兴成　罗越媚

副主编：陈俊成　蒋冬梅　孙　懿

编　委：罗越媚　张兴成　陈俊成　蒋冬梅　韩一衍　孙　懿

　　　　吴瑞慧　吴　潇　李　果　梁伟真　汪希达　龙　进

　　　　张　钰　艾展刚　王美舟　韩庆龙　梁穗红　胡华敏

　　　　钟炳枝　林国瑜　容玲姗　莫子庆　周威利　王晓敏

　　　　温妮瑾　柯瑞红　赵　莹　黄健华　王云玲　李婉萍

　　　　邱　平　杨景汉